Egas Moniz
uma biografia

João Lobo Antunes

Egas Moniz
uma biografia

1ª edição

CIVILIZAÇÃO BRASILEIRA
Rio de Janeiro
2013

© João Lobo Antunes/Gradiva Publicações, S. A.

CIP-BRASIL. CATALOGAÇÃO NA PUBLICAÇÃO
SINDICATO NACIONAL DOS EDITORES DE LIVROS, RJ

A642e Antunes, João Lobo, 1944-
Egas Moniz: uma biografia / João Lobo Antunes. – 1. ed. – Rio de Janeiro: Civilização Brasileira, 2013.
il. ; 23 cm.

Inclui bibliografia
ISBN 978-85-200-1127-0

1. Moniz, Egas, 1874-1955. 2. Neurocirurgiões – Portugal – Biografia. 3. Neurociências – Portugal – História. 4. Medicina – Portugal - História. I. Título.

CDD: 926.17
13-01915   CDU: 929:616-89

Todos os direitos reservados. Proibida a reprodução, armazenamento ou transmissão de partes deste livro, através de quaisquer meios, sem prévia autorização por escrito.

Este livro foi revisado segundo o novo Acordo Ortográfico da Língua Portuguesa

Direitos desta edição adquiridos pela
EDITORA CIVILIZAÇÃO BRASILEIRA
Um selo da
EDITORA JOSÉ OLYMPIO LTDA
Rua Argentina 171 – 20921-380 – Rio de Janeiro, RJ – Tel.: 2585-2000

Seja um leitor preferencial Record.
Cadastre-se e receba informações sobre nossos lançamentos e nossas promoções.

Atendimento e venda direta ao leitor:
mdireto@record.com.br ou (21) 2585-2002

Impresso no Brasil
2013

*À memória de meu tio-avô Pedro Manuel de Almeida Lima,
braço direito de Egas Moniz e fundador
da neurocirurgia portuguesa*

À minha mãe

Agradecimentos

Conforme assinalei na introdução deste livro, a minha maior dívida de gratidão é para com a Dra. Rosa Maria Rodrigues, conservadora da Casa-Museu Egas Moniz. Sem a sua ajuda esta obra não teria sido possível. Ela me foi enviando ao longo dos meses toda sorte de documentos, muitos deles inéditos, incluindo as largas dezenas de cartas que Egas Moniz foi arquivando. Dela recebi sempre uma incondicional colaboração. Abriu-me de par em par as portas da Casa do Marinheiro e revelou-me muitos dos seus segredos. Quero reconhecer ainda a colaboração de Maria Alice Matos, técnica da Casa-Museu.

O meu agradecimento vai ainda, naturalmente, para o presidente da Câmara Municipal de Estarreja, Dr. José Eduardo Alves Valente de Matos, e o vereador da Cultura, Dr. João Carlos Teixeira Alegria, que desde o início apoiaram este projeto, permitindo o acesso privilegiado ao material arquivado em Avanca.

O Dr. António Macieira Coelho, sobrinho-neto de Egas Moniz, foi um interlocutor precioso, que muito me ajudou a dar vida à personagem que procurei desenhar. Foi ainda um leitor paciente e crítico do manuscrito e, acima de tudo, um amigo sempre disponível.

O professor Rui Ramos, certamente um dos historiadores que melhor conhecem o Portugal da viragem do século XIX, aceitou generosamente rever os capítulos referentes à atividade política de Egas Moniz, corrigiu alguns erros factuais e contribuiu com informações preciosas que muito ajudaram a contextualizar esta parte da vida de um médico, temporariamente seduzido pela política. Aqui registro o meu profundo reconhecimento.

A minha gratidão é devida ainda à professora Maria Filomena Mónica, à professora Rita Garnel, ao Dr. José Nunes Liberato, ao professor Diogo Lucena, à Dra. Maria João Padez de Castro, à escritora Luísa Costa Gomes, a Nair Silva, ao Dr. Luís da Silveira Botelho e ao Dr. João Clode pelo apoio que me deram e pelas informações e material que me disponibilizaram.

Ana Sirgado reviu diligentemente a bibliografia de Egas Moniz.

A minha filha Madalena ajudou-me em várias fases da preparação do livro, cujo manuscrito foi decifrado, vezes sem conta, pela minha secretária, Cristina Afonso, que conhece melhor do que eu próprio os mistérios da minha caligrafia.

Ao meu editor em Portugal, Guilherme Valente, agradeço o apoio a este projeto com o entusiasmo que sempre põe na edição dos seus livros. Mais uma vez a Dra. Helena Ramos reviu o manuscrito com excepcional competência.

A 5ª edição portuguesa, que desejaria que fosse considerada como definitiva, deve muito à leitura crítica e à incomparável erudição do professor Artur Anselmo.

Minha mulher, professora Maria do Céu Machado, acompanhou com desvelo a longa gestação desta obra.

Sumário

Agradecimentos	7
Introdução	11
1. "A nossa casa"	23
2. Em Coimbra — de estudante a lente	37
3. "Conspirador e político até a medula"	53
4. "Um ilusório sucesso e muitas contrariedades"	77
5. Egas em Lisboa — professor e clínico de sucesso	93
6. Cientista improvável e tardio	119
7. Uma viagem longa e solitária: o triunfo da angiografia	137
8. Egas Moniz e Almeida Lima: o nascimento da neurocirurgia em Portugal	157
9. Intuição genial ou "ciência de translação"?	175
10. A expansão da psicocirurgia — o amigo americano	191
11. A década do atentado	207
12. A jubilação: à espera do Nobel	221
13. Finalmente o Nobel	233
14. A consagração tranquila	247
15. Epílogo	265
Agremiações e sociedades científicas a que Egas Moniz pertenceu	281
Bibliografia de Egas Moniz	285
Bibliografia selecionada	307
Índice de autores	317

Introdução

Durante o tempo em que vivi nos Estados Unidos, era meu hábito, sempre que vinha a Portugal, visitar Pedro Almeida Lima, o fundador da neurocirurgia portuguesa, com quem começara a minha aprendizagem e que, por razões circunstanciais, teve uma influência decisiva na minha carreira. De fato, anos antes ele nomeara-me seu assistente, na sequência da morte inesperada de seu colaborador, Joaquim da Gama Imaginário (que fora também discípulo de Egas Moniz), que dirigia o serviço de neurocirurgia do Hospital Júlio de Matos, dedicado na altura da sua criação à prática da psicocirurgia. O convite causou algum melindre, porque eu concluíra a licenciatura havia pouco tempo e por Almeida Lima ser meu tio-avô, pois era o irmão mais novo do meu avô materno. Não me esqueço de que ele me explicou a sua escolha — a que eu próprio levantara reserva — dizendo simplesmente que a seleção dos seus assistentes era privilégio do professor, de que ele não abdicava. Ele mesmo fora escolhido, ainda aluno, por Egas Moniz para seu colaborador mais próximo. A natureza única da relação existente entre eles será amplamente analisada neste livro. Numa dessas visitas, já lá vão mais de trinta anos, meu tio confiou-me um espesso envelope castanho, dizendo-me que continha as cartas que Egas lhe escrevera ao longo dos anos. A primeira é datada de 1927, tinha Egas 53 anos e o seu colaborador 24, e a última de 1953, dois anos antes da morte daquele. A leitura desta correspondência, só muito mais tarde complementada pela leitura das cartas de Lima, foi para mim uma inesperada revelação, pois constituía um arquivo precioso, não só para a história da medicina portuguesa, como para qualquer esboço biográfico do inventor da angiografia e da leucotomia pré-frontal[1]. Anos volvidos foi autorizada pelos herdeiros de meu tio a sua publicação. Não reproduzi integralmente as 51 cartas que constituíam o espólio, escritas de Lisboa, Avanca, Paris e ainda das termas de Vidago e Évian, onde Egas passava temporadas durante o mês de agosto, mas selecionei os passos que me pareceram mais interessantes, ordenados cronologicamente e agrupados segundo os temas sobre os quais versavam. Por seu lado, Egas arquivava todas as cartas, cartões e telegramas que lhe escreviam e todos foram ciosamente guardados na casa-museu com o seu nome em Avanca. Aliás, Egas cedo terá percebido como todos estes documentos eram importantes para garantir o seu lugar na história. Ao seu fiel amigo Boaventura Pereira de Melo, a quem coube lançar o projeto do museu elaborado com extraordinária minúcia pelo próprio Egas, dizia a propósito da sua correspondência: "Guardai bem isto até passar o eclipse." É claro que a personalidade e a obra de Egas já me eram bem familiares. De Egas me falavam Lima e meu pai, João Alfredo Lobo Antunes, que pela mão deste entrara também no serviço de neurologia do Hospital de Santa Marta mal se formara. A ele Egas entregou, mais tarde, o laboratório de neuropatologia. Recordo-me de, ainda menino, quando era hábito da família passar o mês de setembro na Beira Alta, numa daquelas estradas de paralelepípedos de granito que correm entre os pinhais, nos termos cruzado com um magnífico carro americano — um Dodge ou um Cadillac, as marcas que Egas preferia — e meu pai ter exclamado: "Vai ali o Mestre Egas!" Era assim, seguindo a tradição francesa, que lhe chamavam os discípulos, e o sentido genuíno desta veneração está bem expresso no testemunho que meu pai prestaria muitos anos mais tarde: "Na sua afabilidade — evidente! — não faltava cortesia e da mesma forma tratava poderosos e humildes; capacidade de trabalho que

---

[1] Embora estas sejam referidas habitualmente como "descobertas", foram de fato "invenções", pois representaram dois métodos novos no diagnóstico e na terapêutica das doenças do sistema nervoso. Não obstante, ambas contribuíram para "descobertas" fundamentais no âmbito das neurociências clínicas, ou seja, da neurologia e da neurocirurgia.

INTRODUÇÃO

nem as crises terríveis de gota[2] de que sofria conseguiam abater; vontade a toda prova, à qual nos era impossível dizer 'não', não somente pela imponência da sua figura, pelo respeito e muito amor que lhe tínhamos, mas também pela simplicidade — quase diria bondade — com que nos expunha os seus pedidos; e, por cima de tudo isto, uma tolerância não só com as objeções que por vezes lhe punha — fosse a um diagnóstico, fosse a uma ideia — mas ainda quando perante mim queria desculpar fraquezas alheias. Apenas em relação à política do Estado Novo — e particularmente a Salazar — cegava na sua oposição."

A forma como Egas alimentava o afeto dos discípulos é bem evidente no exemplo seguinte. Em 1953, Egas, já então jubilado, encorajou meu pai, o último dos seus colaboradores, a frequentar, por indicação de António Flores, na altura o catedrático de Neurologia, o laboratório dos famosos patologistas alemães Oskar e Cécile Vogt, em Neustadt, e depois em Londres, para estudar as alterações do cérebro dos doentes submetidos a leucotomia. No seu regresso, escreve-lhe Egas em 23-3-53: "Espero que venha aqui completar o que aí aprendeu e que surjam novas sugestões no seguimento do seu esforçado trabalho. Só assim se é gente! Como estive doente talvez não possa abraçá-lo logo à chegada. Antecipo-me a enviar-lhe um abraço de boas-vindas."

Com igual devoção me falava também minha tia Maria João Almeida Lima, irmã de Pedro, preparadora do laboratório e fotógrafa amadora de quem fui sempre muito próximo. Foi ela que me contou que alguns dias antes de o irmão Pedro executar, sob o comando de Egas, a primeira leucotomia, este lhe pedira que lhe trouxesse um cérebro, um dos muitos que ela guardava em formol. Depois de bem limpo, Egas pegara numa caneta e com esta simulara a lesão de várias áreas cerebrais e declarara depois, satisfeito: "Isto deve dar." (Este episódio é aqui revelado pela primeira vez.)

---

[2] Egas sofria de gota desde os 24 anos. O primeiro ataque surgiu logo a seguir ao ato de licenciatura, em Coimbra. Segundo Viana Queiroz, esta seria consequência de um défice parcial da enzima hipoxantinaguaninafosforibosil-transferase, que origina uma forma clínica grave da doença. Egas tinha tofos exuberantes nas mãos, nos pavilhões auriculares e nos pés, incluindo as plantas, pelo que usava botas especiais com forro de feltro e orifícios para acomodar os tofos gotosos. Num dos seus livros contesta a afirmação de que a gota era causada pelos seus requintes de *gourmet*, já que tinha aparecido enquanto era estudante, num tempo em que a sua dieta era bastante pobre...

EGAS MONIZ – UMA BIOGRAFIA

A apreciação que meu pai faz da personalidade de Egas é bem indicativa do extraordinário poder de sedução do mestre. Barahona Fernandes[3], professor de Psiquiatria da Faculdade de Medicina de Lisboa, conheceu Egas desde menino, pois seu pai, António Augusto Fernandes,[4] fora companheiro do Mestre em Coimbra e com ele partilhava o consultório. Na sua breve biografia intitulada *Egas Moniz, pioneiro de descobrimentos médicos*, publicada em 1983, é mais objetivo no retrato: "Figura meã,[5] formas arredondadas, expressão aberta, francamente simpático, seguro de si, sereno, cavalheiresco, de contato pessoal pronto e efusivo, sabia ocultar a debilidade articular num porte senhoril sem altanaria, comunicativo e natural. A sua conversa era fluente e agradável em todos os tons, desde o estudantil e folgazão até o 'diplomático' — ou, quando necessário — empolgado e agressivo ou grandiloquente. Ao discursar assomava-lhe a *vis* parlamentar e tornava-se um tanto barroco e retórico, mas sem excessos, bem matizado, sempre sereno, seguro e firme, dominando completamente as situações. Nas polêmicas sabia ferir o adversário com calculada frieza, embora com urbanidade e elegância. Não poupava, por outro lado, elogios aos amigos com cálida generosidade. Na vida comum tratava muito interessado e objetivamente dos problemas financeiros e práticos, os mais banais." Eduardo Coelho,[6] professor de

---

[3]Henrique João Barahona Fernandes nasceu em Vinhais em 1907. Licenciou-se na Faculdade de Medicina de Lisboa. Foi assistente de Sobral Cid e estagiou na Alemanha nas clínicas de Kleist e Kurt Schneider. Foi professor catedrático de Psiquiatria em 1945-6 e a seguir ao 25 de abril de 1974 foi eleito reitor da Universidade de Lisboa. Homem de notável cultura e erudição, definiu-se a si próprio como um "trabalhador apaixonado pelo saber".

[4]António Augusto Fernandes era pai de Henrique Barahona Fernandes e amigo de Egas desde os tempos de Coimbra. Na sequência da greve acadêmica, concluiu o curso no Porto em 1898. Foi diretor do Hospital da Marinha e era um médico muito querido na zona de Campo de Ourique, onde era conhecido por "médico dos pobres".

[5]Segundo apurei, calçava sapatos com o número 39.

[6]Eduardo Araújo Coelho (1896-1974) nasceu em Guimarei, concelho de Santo Tirso. Fez o liceu no Porto e começou os seus estudos em Coimbra, mas concluiu a licenciatura em Lisboa, onde foi discípulo de Egas. A saída para Lisboa deveu-se a ter chefiado uma célebre greve de oposição ao professor Ângelo da Fonseca, que levou ao encerramento da faculdade. Estagiou mais tarde em Berlim. Assistente de Pulido Valente, veio depois a romper com este, pela defesa que fez da investigação de Egas. Foi pioneiro da moderna cardiologia em Portugal e o primeiro a executar uma coronariografia, ou seja, a visualizar as artérias cardíacas, trabalho que apresentou em Londres em 1952 no Congresso Europeu de Cardiologia. Foi, durante anos, o médico de Salazar.

INTRODUÇÃO

Cardiologia da Faculdade de Medicina de Lisboa e seu sobrinho por afinidade, escreveu: "Não perdoava aos inimigos nem àqueles que tivesse na conta de serem inimigos. Não via defeitos nos amigos e por eles se sacrificava em extremo. A amizade sofreava-lhe o espírito crítico. Tolerante nas discusões científicas e médicas, não aceitava que o contrariassem em certos temas sociais. [...] Foi a um tempo profundamente idealista e realista. Mas para Egas Moniz a vida humana resolvia-se por $a + b$." A personalidade de Egas é, no entanto, muito mais complexa do que estes depoimentos sugerem.

A tentação de explicar a gênese de uma obra, qualquer que seja o seu âmbito, por meio da narrativa de uma vida é irresistível para qualquer biógrafo. Ainda nos Estados Unidos, eu começara a investigar de forma sistemática a origem e o desenvolvimento das duas invenções de Egas e, em 1974, publiquei, na mais importante revista norte-americana de neurocirurgia, um breve artigo sobre a história da angiografia. Muito mais tarde, já de regresso a Portugal, tentei o mesmo em relação à psicocirurgia. No caso da psicocirurgia pretendi evitar uma certa militância na escrita, pois, como se verá, é ainda hoje difícil combater o preconceito dos ignorantes e desfazer o argumento dos que pensam com "política correção". Uns e outros continuam a afirmar que o Prêmio Nobel consagrou afinal um procedimento cirúrgico fútil, para alguns mesmo criminoso, sustentado por uma ciência frágil, praticado à revelia das mais elementares regras da ética do *nosso tempo* (e este sublinhado é particularmente relevante), usado para subjugar rebeldes, silenciar inimigos políticos, amansar falsos psicopatas e "curar" doenças que espontaneamente tenderiam para a cura. Nessa ótica deformada, tudo isto representou um abjeto atentado à sagrada autonomia da pessoa humana.

A interpretação que dou da gênese e do desenvolvimento da psicocirurgia é necessariamente pessoal. Disso não tenho que me desculpar, pois assumo que esta é apenas *uma* biografia de Egas Moniz, neste caso a minha interpretação da sua vida e obra.

Foi, confesso, em grande medida, a leitura das cartas de Egas que despertou em mim um profundo interesse pela sua personalidade, e desde então alimentei o projeto de um dia escrever esta história, em parte também para fazer justiça ao papel de Lima e pagar uma dívida de gratidão a quem um dia verberou o feio pecado do esquecimento e, quando se jubilou, me deixou em herança o trajo acadêmico. Quando meu pai morreu, percebi que esta seria talvez também a sua vontade, embora nunca me tivesse indicado explicitamente que gostaria que me encarregasse de tal tarefa. Digo isto baseado nas notas que ele escreveu (e nunca publicou) à maneira de aditamentos a uma fotobiografia do seu mestre e à bibliografia elaborada após a morte deste, que, aliás, bem ao seu jeito, salpicou de correções. Tais notas só poderiam ter um destinatário...

Poderá argumentar-se que tudo o que há a dizer sobre Egas foi já dito por ele próprio. De fato, em 1919 publicou *Um ano de política*, um relato parcial, no duplo sentido, da sua passagem por uma atividade pública que o apaixonou durante vinte anos. Em 1949 deu à estampa *As confidências de um investigador científico*, a que irei recorrer repetidamente, e, em 1950, *A nossa casa*, uma evocação nostálgica de uma infância e juventude muito pouco felizes. Como nota Barahona Fernandes, o livro *Confidências* — com 622 páginas, dividido em 45 capítulos e bem ilustrado — constitui um testamento científico que não tem "par na literatura científica portuguesa". A verdade é que nestes três volumes, e em particular nas *Confidências*, Egas revela apenas aquilo que pretendeu legar à posteridade, de modo a construir o que achava ser, seguindo o modelo do cientista médico que porventura mais admirava, o espanhol Santiago Ramón y Cajal, a imagem do cientista perfeito, dedicado, persistente, independente e íntegro, em luta contra a pobreza de recursos, a hostilidade do poder e o antagonismo dos colegas. Não tenho dúvidas de que Egas quis esculpir, ele próprio, a sua estátua. É muito significativo que, numa entrevista a que me refiro adiante, Egas tenha respondido que as figuras que mais admirava eram, na história, Luís de Camões, e, na ciência, Cajal.

Nas *Confidências*, escritas antes da "nobelização", Egas estaria porventura também preocupado com o esquecimento em que poderia cair o seu contributo pessoal para o avanço das neurociências na primeira me-

INTRODUÇÃO

tade do século XX, que é o destino quase inevitável da autoria científica. Max Delbruck disse-o de forma exemplar no seu discurso de aceitação do Nobel em 1969: "The artist's communication is linked forever with its original form, that of the scientist is modified, amplified, fused with the ideas and results of others, and melts into the stream of knowledge."[7] Foi contra esta anonimização que Egas lutou toda a vida, por um lado, guardando segredo quanto ao progresso dos seus trabalhos para que outros deles se não apropriassem, por outro, defendendo ciosamente a propriedade da sua autoria, o que implicou, não vale a pena escondê-lo, dar crédito limitado à contribuição dos seus colaboradores, sobretudo Lima. Mas quanto ao seu pensar íntimo, aquele núcleo que ciosamente guardamos por defesa ou pudor da devassa de curiosos, Egas manteve toda a vida uma estudada reserva.

Curiosamente, é numa entrevista banal à *Revista Internacional*, em dezembro de 1949 que surpreendemos, em vislumbre fugaz, algo da sua intimidade. É aí que fala do episódio que mais o marcou na vida: "As balas, o atentado de que fui vítima, há uns anos atrás, e em que a minha vida correu perigo." Revela que nos "momentos de ócio" se ocupava sobretudo "em coisas literárias", "das dez à uma da noite", no que chama trabalho "reflexivo". Quando lhe perguntam: "V. Exa. é o que pretendeu ser na vida?", responde apenas: "Certamente", e quanto às qualidades que mais aprecia nos médicos, enuncia: "Honestidade acima de tudo. Saber. Delicadeza com os doentes. Grande dose de bom humor." Em relação ao que preferia sentir, menciona "a beleza das flores, os reflexos das boas porcelanas, a alegria dos jardins, a vida rural, a contemplação de uma boa noite de luar". Não tenho dúvida de que conseguiu um equilíbrio notável entre a fidelidade às suas raízes, de uma fidalguia rural, e a urbanidade e o cosmopolitismo de um homem da sociedade lisboeta, amigo dos poderosos e apreciador das coisas boas da vida. Na gastronomia, o homem da cidade levou

---

[7] "A comunicação do artista está ligada para sempre à sua forma original, a do cientista é modificada, ampliada, fundida com ideias e resultados de outros, e dissolve-se na torrente do conhecimento."

clara vantagem, pois o seu prato favorito eram os *ortolans*, servidos no famoso Chapon Fin, em Bordeaux.[8]

Egas foi também um mestre notável na arte de comunicar ciência, não só enviando os seus colaboradores como embaixadores das suas descobertas, mas também mantendo-se próximo do círculo daqueles que contavam, sobretudo na especialidade, ainda imberbe, da neurocirurgia, que ele cedo percebeu iria ultrapassar, pelo poder das armas terapêuticas, a neurologia.[9] Se nesta ele foi, por formação, francês, na cirurgia do sistema nervoso foi, por argúcia, anglo-americano. Se foi persistente na ciência, foi-o igualmente na perseguição ao Prêmio Nobel, que, em minha opinião, terá merecido duplamente, e creio que isto será demonstrado com clareza neste livro.

Devo dizer que, ainda antes de me acercar de Egas, procurando desenhar este esboço biográfico, me debrucei sobre a sua contribuição como homem de letras, em parte pelo meu próprio gosto pelas humanidades, entendidas estas no seu sentido mais generoso. Aqui a pesquisa foi igualmente árdua. De fato, na bibliografia científica e literária de Egas Moniz editada em 1963 pelo Centro de Estudos que tem o seu nome constam 370 títulos. A breve nota introdutória a esta publicação salienta, avisadamente, que a divisão da obra multímoda de Egas "em diversos aspectos: científico, divulgação, biográfico, crítico de arte ou puramente literário será sempre um tanto arbitrária, de critério duvidoso e por vezes seguramente incorreta". Egas escrevia bem e escreveu muito. Naturalmente, são os seus trabalhos científicos, sobretudo os que se referem à angiografia cerebral, pela abundância e novidade da informação, os que mais interesse têm despertado aos estudiosos da sua obra. O que não é habitualmente salientado é como aqueles são modelares na minúcia e na precisão das observações, na objetividade do relato, no rigor da prosa, por outras palavras, seja-me perdoada a franqueza,

---

[8]Le Chapon Fin foi fundado em 1825, sendo um dos primeiros restaurantes a receber três estrelas no famoso *Guia Michelin*. Os *ortolans* são pássaros que se comiam inteiros e que, dizem os conhecedores, sabiam a uma mistura de *foie gras* e trufas. O seu abate foi proibido pela União Europeia há alguns anos, para grande indignação dos gastrônomos.
[9]Esta afirmação certamente será hoje mais difícil de sustentar.

tão anglo-saxônicos apesar de, na sua maioria, terem sido escritos em francês. Mas é notável como Egas conseguiu escrever em vários e tão distintos registros: o do orador parlamentar, combativo na afirmação das suas ideias, o do narrador bucólico, naturalista, à maneira de Júlio Dinis, que tão bem estudou, o do acadêmico palaciano e, como disse, o do cientista enxuto de palavras, sem ornamentar fatos ou observações. Nas coisas da arte, não teria certamente o conhecimento, a sofisticação do gosto ou a depuração da sensibilidade do seu colega Reinaldo dos Santos, de quem falarei adiante. No entanto, a curiosidade de Egas era insaciável e a modernidade do seu espírito, como demonstrarei, era pouco vulgar na cena médica portuguesa da época.

Com exceção do livro de Barahona, que fala mais de psiquiatria e dele próprio que do biografado, pois está abundantemente impregnado das ideias do autor sobre as doenças mentais e a interpretação dos resultados da leucotomia, a vida de Egas foi apenas tratada numa fotobiografia, intitulada *Retrato de Egas Moniz*, da autoria da Ana Leonor Pereira, João Rui Pita e Rosa Maria Rodrigues, para a qual contribuí com um prefácio. É um belo álbum ilustrado dos episódios principais da vida e da obra de Egas. Há ainda, além de um número apreciável de contribuições dispersas, uma coletânea de artigos, um pouco heterogêneos na qualidade, intitulada *Egas Moniz em livre exame*.[10] Dos testemunhos mais íntimos são particularmente valiosos os depoimentos de Eduardo Coelho e de seu filho António Macieira Coelho, que, com persistente e discreta dedicação, tem trazido importantes achegas e muito me ajudou neste livro.

Uma última nota. Há muito, ou seja, desde que me conheço como leitor compulsivo e omnívoro, as biografias ocupam lugar especial na minha biblioteca. O exame da relação entre a vida e a obra, a adequação entre a imagem que o biografado tinha de si e cuidava em transmitir e o juízo que dele os outros fizeram, a medida das influências que recebeu, fugazes

---

[10]Distingo pelo rigor e riqueza de informação o ensaio de Armando B. Malheiro da Silva, "Egas Moniz e a política. Notas avulsas para uma biografia indiscreta", e pela afetuosa sensibilidade que revela o de Rosa Maria Rodrigues, além, é claro, do testemunho pessoal de António Macieira Coelho.

ou perenes, o modo como operava a inteligência e o enigma da relação desta com o caráter, a exaltação das virtudes e a diluição dos defeitos, a análise do barro de que é feito dos pés à cabeça, o segredo dos amores, dos ódios, das traições, e toda a poeira que depois assenta, filtrada pelo olhar cúmplice, crítico ou hagiográfico do autor, tudo isto me fascina numa biografia. Nisso, eu diria, a tradição inglesa é exemplar, quer na longa fórmula de Boswell nos milhares de páginas que escreveu sobre o Dr. Johnson, quer nas narrativas admiravelmente compactas de Lytton Strachey. Não tenho qualquer pretensão a atingir semelhante nível de excelência, que, entre nós, outros, não muitos, têm também conseguido. Mas há algo, talvez, que certamente me aproxima dos cultores do gênero, um fenômeno quase inquietante, para cuja realidade alguém já me alertara. É que durante longos meses Egas instalou-se tranquila mas obsessivamente no meu espírito, empurrando outros interesses e adiando outras obrigações. Ao mesmo tempo, a pouco e pouco, parecia querer revelar-se, como um fantasma que ganha corpo, como que ciciando segredos ao meu ouvido, que permitiam reconstruir o *puzzle* fascinante da sua vida, a que fatalmente faltarão sempre peças. Nesta tarefa, a ajuda da Dra. Rosa Maria Rodrigues, a guardiã da Casa-Museu Egas Moniz, foi insuperável, porque só a sua inteligência, a sua dedicação e o amor com que se entregou a conservar Egas vivo na casa onde viveu tornaram possível este livro.

Egas não era um santo: a sua ambição era avassaladora e a sua vaidade, que em vão procurou ocultar atrás de uma falsa modéstia, quase pueril, era imensa. A sua vida, que teve de tudo, incluindo, como veremos, sexo (escrito) e violência (que o ia matando), constitui um romance fascinante. Esta é a história que procurarei contar, arrumando-a não de uma forma cronológica perfeita, mas dando-lhe antes um arranjo temático, definindo as etapas mais marcantes de um percurso que foi longo e muito rico em acidentes. Por isso, aqui e ali o leitor será convidado a recuar no tempo para retomar o fio da narrativa. Foi uma opção maduramente decidida, talvez pouco ortodoxa. Contudo, se me limitasse a seguir de forma servil a sequência da sua vida, correria o risco de diluir a importância científica das suas contribuições que marcaram as neurociências clínicas do século XX. Por isso, os capítulos não estão rigorosamente ordenados como capítulos de uma vida, e assim, como é natural, num ou noutro ponto, há sobreposições temporais inevitáveis.

Uma derradeira advertência me parece indispensável. Foi meu propósito destinar este livro ao leitor culto, mas não necessariamente médico. Da ciência de Egas destilei aquilo que me pareceu indispensável para se apreciar a importância da sua obra; da sua passagem pela política, aquilo que permite demonstrar que ele foi mais que um mero figurante. Fui fiel às fontes, mas econômico nas citações, porque também eu sinto o desamor pelas notas de pé de página de que me falava o meu tão chorado amigo Fernando Gil. Foi ele, aliás, que sempre me disse que eu teria um dia de escrever *um livro*, e não me limitar a coletâneas de ensaios de temáticas variadas. Ele aqui está.

Regresso a palavras que citei na conclusão de um ensaio anterior. Alfredo Magalhães, na introdução a uma conferência de Egas sobre Guerra Junqueiro em 1949, referiu o que chama a nossa "superstição da inteligência como se ela fosse o princípio e o fim de todas as coisas" e cita uma carta de Alexandre Herculano, datada de 1869, em que este diz a certo passo: "Sempre tive grandes dúvidas sobre a doutrina da superioridade das inteligências. No que acreditava, na época em que pensava nessas coisas, era na superioridade das vontades. O querer é que é raro."

Egas Moniz *quis tudo* e quase sempre o conseguiu.

1. "A nossa casa"

Na freguesia de Santa Marinha d'Avanca, no concelho de Estarreja, foi batizado pelo abade Francisco Paes de Rezende Pereira e Mello, no dia 7 de dezembro de 1874, António Caetano, que nascera às três horas da manhã de 29 de novembro de 1874, "filho legítimo primeiro" de Fernando de Pina Rezende Abreu, de profissão proprietário, e de Maria do Rosário d'Oliveira Sousa Abreu, profissão "governo de sua casa", naturais da mesma freguesia.[11] Foi padrinho o abade de Pardilhó, tio paterno, e madrinha D. Brites Ignácia de Pina Botelho, avó paterna.

Tal é o que consta da certidão de batismo daquele a quem foi dado o nome completo de António Caetano de Abreu Freire Egas Moniz, António do avô paterno e Caetano do padrinho. *Egas Moniz* foi-lhe acrescentado pelo padrinho, e para compreender o acrescento é necessário recuar mais de três séculos e começar por um tal Valentim Pires Valente, capitão-mor da Esgueira, com carta de brasão de armas dada por D. João III em 17-07-1548, fundador da Casa do Mato, em Avanca, casado em segundas núpcias com Isabel Fernandes de Pinho, gente "da mais principal do concelho de Antuã". Como escreveu Egas, a família do lado do pai tinha "prosápias de fidalguia pelos Rezendes, Abreus,

---

[11] O que não é correto, pois a mãe de Egas nascera em Vilarinho do Bairro.

Freires, Valentes, Almeidas e Pinas".[12] Este Diogo Pires Valente descendia de Gonçalo Oveques, cavaleiro muito honrado do tempo do conde D. Henrique e que em 967 reedificou o Mosteiro de Cette. Teve do segundo casamento como primogénito Diogo Valente, senhor da Casa do Mato e da Zangarinheira, na freguesia de Avanca, concelho de Estarreja, e do Casal de Vilar, na freguesia de Valega, concelho de Ovar. Diogo Valente casou sucessivamente com Branca Dias, de quem teve cinco filhos, com Domingas da Silva, de quem, igualmente, teve cinco filhos, e com Leonor Tavares, de Arouca, de quem teve dois. Eram irmãs de Diogo, Maria Valente, que casou com António Pires, e Isabel Valente, casada com Rodrigo João da Silva. Estes últimos tiveram como único filho varão Valentim da Silva, *o Velho*, que faleceu em Avanca em 19-8-1651 e se casou com Maria Oliveira, de Ramada, de quem teve cinco filhos. A terceira destes foi Isabel da Silva, nascida em Avanca em 2-7-1624, que casou com Baltasar de Rezende, de S. Cristóvão de Ovar, que segundo a tradição de família era oriundo da Quinta do Paço, em Rezende, junto ao Mosteiro de Carquere, senhorio que foi do grande Egas Moniz,[13] de quem os Rezendes descenderiam. É este o fundamento histórico do nome com que António Caetano ficou para sempre conhecido.

Entre os filhos de Baltazar e Isabel contou-se Maria de Rezende, que se casou em Avanca em 5-2-1670 com o seu parente Gregório da Silva Godinho. Estes tiveram oito filhos, entre os quais Maria de Rezende Figueira, nascida em Areia, batizada em 11-12-1670 e que se casou em Avanca, em 6-9-1698, com Jorge Nunes Valente, que era seu quinto

---

[12]O ex-líbris de Egas, gravado por Devambez em Paris, incluía o brasão de Egas Moniz, um escudo quartelado. No primeiro quartel, Rezendes — em campo de oiro, duas cabras, passantes; no segundo, as armas dos Abreus — em campo vermelho, cinco cotos da asa de águia; no terceiro, as armas dos Freire de Andrade — em campo verde, uma banda de vermelho, acoticada de oiro saindo das bocas e das cabeças de serpentes; e no quarto as armas dos Pereiras, em campo vermelho, uma cruz de prata florida e vazia de campo.

[13]Este Egas Moniz, juntamente com seus irmãos Ermígio e Mendo, de Ribadouro, pertenciam à aristocracia nortenha que se opôs aos condes galegos que apoiavam D. Teresa, mãe de D. Afonso Henriques. Este teria sido criado por Ermígio e com ele terá vivido até os 12 ou 14 anos. Quanto ao episódio que tornou Egas Moniz uma das figuras icônicas da história de Portugal, cuja narrativa foi redigida, segundo refere José Mattoso na sua biografia do primeiro rei de Portugal, pelo trovador João Soares Coelho cerca de 150 anos depois, a sua veracidade é controversa, embora o papel de Egas Moniz no cerco de Guimarães pareça ser inquestionável.

"A NOSSA CASA"

primo, neto paterno de Belchior André e de Maria Valente, filha de Maria Valente, irmã de Diogo, o tal senhor da Casa do Mato.

Maria de Rezende Figueira e seu marido tiveram dois filhos. A mais nova, Perpétua de Rezende Valente, nasceu a 2-6-1704, foi batizada na igreja matriz de Santa Marinha de Avanca e se casou com o seu segundo primo Francisco, de Pinho Valente. O casal teve quatro filhos, entre os quais João de Pinho Rezende, *o Cancela*, nascido em Avanca, que se casou em segundas núpcias com Ana Joaquina de Sá Abreu Freire, igualmente sua parente, que nasceu em Avanca em 30-11-1757 e faleceu em 29-3-1834. Como se pode verificar, abundam na ascendência de Egas casamentos entre parentes.

João Pinho de Rezende foi herdeiro da casa de S. José de Outeiro, de Paredes. Entre os seus filhos conta-se António de Pinho Rezende de Abreu Freire, que nasceu em Avanca em 5-10-1792, sendo seus pais moradores de Congosta, onde se situava a antiga Casa do Marinheiro, tendo falecido em 13-5-1862. Alistara-se no exército miguelista, tendo permanecido bastante tempo nas guarnições da Beira Baixa, no Regimento de Caçadores nº 4, onde foi promovido a major em 1-1-1834. Passou depois a tenente-coronel de Caçadores, e assim continuou até o final da guerra civil que terminou com a Convenção de Évora-Monte, a 26 de maio. Mais tarde aderiu ao movimento da Maria da Fonte, sendo então nomeado comandante do Regimento de Infantaria nº 6. Casou em Penamacor com D. Brites Ignácia de Pina Botelho, de quem teve cinco filhos, dos quais o terceiro, que morreu na infância, era afilhado de D. Miguel e da infanta D. Maria da Assunção. Os dois mais velhos, Augusto e João António, não casaram. O quarto, Fernando, foi o pai de Egas e o quinto foi o padre Caetano de Pina Rezende Abreu Sá Freire, abade de Pardilhó, padrinho e educador de Egas.

Fernando de Pina Rezende Abreu, nascido em Idanha-a-Nova, a quem coube em herança a Casa do Marinheiro, se casou em Salreu com D. Maria do Rosário de Almeida e Sousa. Maria do Rosário era de Alcofra, uma aldeia do Caramulo, mas nascera em Vilarinho do Bairro, terra de sua mãe. Era filha de um notável caudilho liberal, Rafael Henrique de Almeida e Sousa, o *Rafael de Alcofra*",[14] e de Joana de Oliveira. O avô Rafael, da Quinta do Carril, e por isso também conhecido por *Rafael do Carril*, chefiou os homens da freguesia no movimento da Patuleia. Um dia, cercado pelo exército, vestiu-se de velha com capucha e cântaro às costas, como se fosse à fonte, e assim iludiu o cerco e fugiu. Egas conta que só conviveu com o avô Rafael após a morte do pai. Rafael apenas visitava a filha de vez em quando, e falava-lhe da rua, porque cortara relações com o genro, aparentemente por razões políticas.

O primeiro filho da casa, António Joaquim, morreu em criança. Seguiram-se mais três, Luciana Augusta, que recebeu o apelido de Sousa Abreu Freire, e António Caetano e Miguel Maria, nome que segundo Egas evocava a tradição legitimista da família paterna. Os dois rapazes, por iniciativa e vontade do tio abade, receberam o apelido de Egas Moniz. Miguel era, segundo o irmão, um "caramulano de músculos fortes e tez amorenada".

Como se verá, Egas manteve-se ligado toda a vida por laços de um afeto profundo à sua terra natal. Um manuscrito de veracidade duvidosa datado de 992 identifica Avanca como sede de um mosteiro dedicado a Santa Marinha doado pelo rei Ordonho II ao mosteiro de Costume. Referências mais seguras surgem no século XII mencionando que Santa Marinha de Avanca pertencia ao bispado do Porto. Em 1245, D. Sancho II confirmou essa doação, mas mais tarde, em documento datado de 27.10.1257, D. Afonso III faz doação da vila de Avanca ao Mosteiro de Arouca. Só em 1638 se autonomiza a vila de Pardilhó, contígua a Avanca, que confina com a ria, e à qual Egas está igualmente muito ligado. Avanca e Pardilhó fazem hoje parte do concelho de Estarreja.

A descrição do que foi a infância e a juventude de Egas encontramo-la no livro *A nossa casa*, que ele publicou em 1950 e dedicou a sua mulher. Descreve-o como "a história de uma família provinciana a que o autor pertenceu". Barahona Fernandes considera o livro "do ponto de vista literário [...] de muito menor importância" que outras obras, e classifica-o

---

[14] Em 1953 a vila homenageou D. Maria do Rosário com um monumento. Egas solicitou e foi-lhe concedido o título de "cidadão alcofrense".

"A NOSSA CASA"

como um "esboço bem pouco ortodoxo, aliás, de 'autopsicanálise' feita em idade provecta". João de Barros, em crítica publicada no *Diário de Lisboa* em 8-2-1951, descreve-o como "narrativa e ressurreição de um passado amorável". António Sérgio agradece a Egas o livro em verso: "Comi merendas na ria,/ Fui na frota da alegria/ Vi de Coimbra a folia,/ Namorei, com bizarria,/ Tricanas de olhos em brasa.../ Mas tudo por fantasia,/ no livro de *A nossa casa*." Teixeira de Pascoaes é igualmente generoso numa carta que escreve a Egas em 29-6-51: "Não conheço nenhum livro que nos dê assim ao vivo a intimidade duma família! Lê-lo é penetrar na convivência absoluta de todos os seus entes queridos, isto é, num santuário, onde se desenha a lágrimas um Anjo morto na flor da idade", uma alusão à irmã Luciana.

Como Egas diz na introdução, "Tudo se passa em torno da Casa do Marinheiro — 'A nossa casa' — donde a família provém". O estilo da narrativa é muito próximo do naturalismo dos romances de Júlio Dinis, que ele tanto apreciava. É a reconstrução nostálgica de uma vida familiar, abundante em vicissitudes e tragédias que certamente marcaram o autor de forma decisiva, embora o relato seja sempre contido por uma certa reticência que dá ao leitor a sensação de ficar muito por contar. Como observa Barahona, "nada há de feio e cru a desmascarar o inconsciente de tudo o que estava por detrás das enganadoras realidades daquela *belle époque*, nimbada de convencionalismos provincianos e tradicionalistas". Apesar de tudo, parece haver nesta escrita maior sinceridade e menor cuidado em construir uma personagem segundo o modelo idealizado pelo autor do que no volume das *Confidências*, pelo que constitui um documento indispensável para a compreensão da sua personalidade e vida.

A infância de Egas foi decerto muito pouco feliz; quando concluiu a licenciatura, era o único que restava da família mais chegada. Ninguém dos parentes próximos viveu para assistir aos seus triunfos na profissão, na academia ou na política. Egas conta que desde muito criança o padrinho insistia com a cunhada para que lhe cedesse o cuidado e a educação do menino. Assim, com pouco mais de cinco anos, partiu para Pardilhó para casa do tio abade, que o enchia "de cuidados, especialmente depois do falecimento da sua mãe, D. Brites", sua madrinha. É muito provável que as aflições econômicas por que passavam os pais tivessem sido a causa da "cedência" da sua educação a quem, nas palavras de Egas, "dava mais garantias de a poder levar ao fim, como veio a suceder". Mas acrescenta: "E a despedida dos queridos manos? Uma tragédia de tristezas infantis." O irmão Miguel ficara por Avanca, frequentando a escola do padre Manuel.

Em Pardilhó, medos e terrores noturnos fizeram com que dormisse no quarto da criada Mariana, e lá permaneceu, mesmo depois de esta ter se casado com um "serviçal da casa". Começou então a frequentar a escola do padre José Ramos, em Pardilhó, para onde se dirigia todos os dias a pé, acompanhado sempre por um criado. Na aula chamavam-lhe o *Abadinho*, por ele viver em casa do tio abade. A propósito de um episódio que envolveu uma inocente carta de namoro, aliás escrita por um colega mais atrevido, e em que levou severa punição, ele diz que o padrinho era "por vezes ríspido, embora sempre amigo". E ainda: "Conhecia as justiceiras mãos e o rigor de uma correia que ele tinha guardada para [...] ocasiões de suplício." Egas reconhece que o abade o educou "não só por este processo violento, mas pelos seus bons conselhos, incentivando-me o amor ao estudo". "Sem trabalho não se é ninguém na vida", insistia o padrinho, que deveria ter uma personalidade autoritária e severíssima. Do abade Pina, como lhe chamavam, queixava-se o vendeiro da Estrela de Pardilhó, que ele "lhe botava abaixo os lucros da taberna com a propaganda contra o vinho" (entrevista 31 de Egas ao *Povo de Pardilhó*, 27-9-1941). Tudo indica que o abade tinha como intenção fazê-lo padre, como o criado lhe explicou, e por isso "achava que não devia olhar para as raparigas". O tio obrigara-o até a decorar um sermão que começava com "Jesus, palavra divina"...

Só nas férias de Natal, Carnaval e Páscoa e nos meses de verão o menino regressava à casa dos pais, em Avanca. Chegava também a irmã Lucianinha, que era aluna interna no Convento de Arouca. Eram tempos felizes, de convívio e brincadeiras, e a sua evocação contrasta com a narrativa sombria da vida em Pardilhó. Com o tio João António, os irmãos pescavam no Gonde, jogavam a bisca e rezavam "com devoção as complicadas e longas orações da noite". Egas parecia dedicar uma

"A NOSSA CASA"

especial ternura à irmã, dois anos mais velha, "fraquita", provavelmente por estar já atingida pela tuberculose que a levaria poucos anos depois. Luciana era afilhada de Augusto, outro tio paterno, igualmente solteiro. Foi com o abade que Egas tomou gosto pelos jogos de cartas, que foram sempre o seu passatempo favorito. O abade gostava de jogar o voltarete e todas as semanas se deslocava a Avanca, pois não havia parceiros em Pardilhó. Na partida na Casa do Marinheiro participavam, entre outros, o abade, o padre que ensinava Miguel e o Dr. João Valente, o "cirurgião Valente", licenciado no Porto. Em *A Nossa Casa* Egas dedica um capítulo inteiro às partidas de voltarete e um largo trecho ao jogo nos seus tempos de Coimbra.

Ao tio Augusto Egas dedicou igualmente muita amizade, o que contrasta com as referências que faz a seu pai, que parecem apenas o seco cumprimento de uma obrigação filial, pois a proximidade entre ambos não terá sido muita. O tio Augusto vivia em Lobão, uma aldeia de Tondela, e possuía vinhas, divididas por dois locais distantes: Rossas, nas serras arouquesas, e outras para além do Caramulo. Mais tarde, aposentado da contadoria, o tio João António juntou-se ao irmão em Lobão. Egas conta que nas férias, quando era já estudante em Coimbra, passava tempos em Lobão entretendo-se a ler ao tio relatos de batalhas. O tio João lia igualmente ao irmão *O primeiro de janeiro* e, com especial interesse, as *Cartas de Lisboa* de José Maria de Alpoim, personagem influente na carreira política de Egas e que encontraremos adiante.

Egas narra em pormenor uma espécie de saga camiliana, que muito perturbou a família e deu grande brado na altura, e que vale a pena reproduzir. Por volta dos seus 50 anos, o tio Augusto decidiu viver em Rossas com dois criados e um moço de lavoura, a quem Egas chama António. Uma manhã, este António desapareceu, para grande aflição da mãe, "uma pobre viúva" que veio à casa do tio para saber do filho "com choros e clamores incomodativos". Começa então a correr a história de que o patrão o teria matado na sequência de uma zanga e, com a cumplicidade da criada Mariana, que era "forte e resoluta", o enterrado no quintal. O tio Augusto é assim acusado formalmente do crime e é feita a primeira diligência judicial pelo administrador do concelho, à qual ele pouco reagiu, desanimado e deprimido pela acusação, o que mais agravou as suspeitas. Só a criada resistia bravamente. As autoridades deram volta ao quintal, à horta, e levantaram até o chão da adega, à procura do cadáver.

O pai de Egas parece ter tomado a seu cargo a iniciativa de dar notícia do desaparecimento nos jornais da terra e pelas pregações dominicais dos párocos da região, e procurou em Arouca o primo José Maria de Lima e Lemos, que era juiz da comarca, pedindo a sua intercessão. As coisas complicavam-se, até que chega a Rossas Manuel, um canastreiro de Mansores, que ouvira a pregação do vigário e comunicou à família que o desaparecido se encontrava no Porto, para onde partira em busca de melhor sorte, trabalhando como moço de fretes numa mercearia da rua da Cedofeita. Para o Porto partem então os irmãos João António e Fernando, o pai de Egas, juntamente com o Manuel Canastreiro, pago pela tarefa e pela boa notícia. Na jornada de regresso os irmãos trouxeram o desaparecido de volta a Rossas. A notícia correu logo, e "todos o queriam ver e foi-se juntando gente, mesmo alguns daqueles que estavam seguros de que houvera crime". Egas remata a narrativa dizendo que ouvira seu pai contar este episódio, que teria ocorrido em 1876, muitas vezes, com algum remorso por ter duvidado por um momento da inocência do irmão. Esta foi "página saliente com acontecimentos que alteraram a vida do mais pacato dos meus tios e perturbaram a de toda a família".

É extensa a descrição de umas férias na praia da Torreira,[15] da viagem, da ria, de pescarias, bailes, merendas e romarias, além da festa de S. Paio e do convívio alegre e despreocupado com a família, relato tingido com uma nostalgia pungente que parece indicar terem sido dos poucos momentos verdadeiramente felizes da sua infância, num tempo em que ainda estavam todos vivos, como diria Pessoa pela voz de Álvaro de Campos.

---

[15]No verão de 1853, José Luciano de Castro, futuro líder do Partido Progressista, a que Egas se filiou no princípio da sua carreira política, publicou o *Boletim de Torreira*, que relatava notícias da época balnear.

"A NOSSA CASA

Concluído o ensino primário — Egas ainda não fizera os 11 anos —, vai a Estarreja, à Escola de Conde de Ferreira, fazer exame, acompanhado do abade e do padre José, seu professor. Exame de ditado, contas e prova oral, tendo obtido a distinção. A família recebe a notícia com alvoroço, enquanto o tio abade dizia ao pai "em meia confidência: — O rapaz vai longe, o rapaz vai longe!". Nenhum viveu para saber quão longe iria. O destino foi então traçado. Iria para o Colégio de S. Fiel, dos jesuítas, cuja mensalidade era bastante elevada. Logo começou a preparar-se o enxoval, que incluía uniforme, batina, estola encarnada e boné.

O Colégio de S. Fiel fora originalmente um orfanato fundado com a ajuda benemérita de Frei Agostinho da Anunciação, confessor da infanta Isabel Maria, em 1852. O frade conseguira também de Roma as relíquias do mártir S. Fiel. Preocupado com a continuidade da obra, onde funcionava igualmente o colégio, o fundador solicitou a Roma que a entregassem à Companhia de Jesus, que assim entrou, em 1863. No catálogo da Companhia de 1875-6 consta já o Colégio de S. Fiel, o qual tinha o mesmo regulamento que o famoso Colégio de Maria Santíssima Imaculada de Campolide. Em 1899 havia neste colégio 330 pensionistas da aristocracia e da elite política do país. Os dois colégios eram, como sublinhou Cabral Moncada, um ex-aluno de S. Fiel e professor da Faculdade de Direito de Coimbra, os melhores estabelecimentos de ensino secundário em Portugal.

Assim, em outubro, sempre acompanhado pelo padrinho, Egas segue para a estação do Peso, na Beira Baixa, e depois de muitas horas de diligência até Castelo Branco, e dali a caminho da Covilhã, saindo antes, na Soalheira, e depois, a pé, até S. Fiel. No colégio coube-lhe o nº 66. Com ele estavam dois rapazes da Murtosa, Manuel Rebimbas, depois jesuíta e notável humanista, e Francisco Valente, mais tarde padre na Murtosa. No final do ano fez exame em Castelo Branco. A classificação, 14 valores, não terá satisfeito o padrinho, embora só um aluno tivesse obtido 15, o que mostra o grau de exigência do abade. No ano seguinte obtém "algumas distinções". Os exames eram feitos por matérias, separadamente, e Egas recebeu três medalhas entregues pelo governador civil de Castelo Branco em sessão solene. O desempenho escolar de Egas nos cinco anos em que frequentou S. Fiel foi, de um modo geral, excelente. Igualmente bem classificado terá sido no comportamento, em que recebeu um *accessit*,[16] catecismo e religião, tendo igualmente "louvor" em piano, flauta e "banda".

É provável que por essa altura a situação econômica da família se tivesse tornado aflitiva. A irmã, Luciana, dava já sinais claros da tuberculose que a minava, e não regressa ao Convento de Arouca. Egas volta a S. Fiel, pois o tio abade continuava a pagar-lhe a educação. O ano foi concluído com igual sucesso, mas as férias estavam agora condicionadas pela doença da irmã, e já se "antevia um final trágico". De fato, ela veio a morrer em 5-12-1887. Egas, no colégio, ficou inconsolável, mas reconhece, gratamente, o apoio dado pelo padre prefeito da sua classe, cuja companhia lhe "serviu de muito". Passados os exames, regressa a Avanca. Egas conta que o pai "andava taciturno, por vezes irritável. A morte da filha, em especial, e, segundo se dizia, grandes dificuldades financeiras, agravadas por alguns desvarios, baixa de preço dos gêneros e sobretudo as últimas despesas da doença da Luciana, traziam-no aborrecido, de trato difícil".

No ano seguinte, quando regressa de férias, verifica que o pai se ausentara, "entregando todos os haveres aos credores". O abade não aceitou que se vendesse a Casa do Marinheiro em hasta pública e acabou por comprá-la com empréstimo de um "capitalista amigo". A família mudou-se então para Pardilhó e a mãe de Egas ficou a administrar a casa do cunhado. O pai entretanto escrevera a pedir perdão e a anunciar que em breve partiria para África, para ocupar um lugar na Alfândega da Beira. Nesse ano, para poupar os custos da viagem, Egas passou as férias grandes no colégio, juntamente com alguns alunos, a maioria vindos das colônias. Estar longe da família durante esses meses terá sido para ele certamente muito doloroso.

---

[16]No diploma de 1889 lê-se: "Justiça mãe do prêmio ainda estima/nobre esforço que ao prêmio se aproxima." Devo esta informação ao Dr. Luís Silveira Botelho, um infatigável estudioso da história da medicina portuguesa.

Em *A nossa casa* Egas fala um pouco do ensino que recebeu em S. Fiel e o seu juízo é indiscutivelmente favorável. Ali desenvolvera-se muito o ensino da experimentação científica e em 1902 o padre Joaquim Silva Tavares fundaria a revista *Brotéria*, que era a publicação científica dos professores da instituição.[17] Recorda sobretudo o padre Manuel Fernandes de Santana (1864-1910), madeirense que na altura ainda não era sacerdote, notável professor de matemática, mas igualmente versado nas línguas clássicas, que mais tarde se teria "embrulhado" na política, ao "lado de um tal padre Matos que dirigia um jornal católico na capital".[18] Este padre Santana foi o mesmo que se envolveu numa famosa polêmica com o Dr. Miguel Bombarda,[19] na sequência das conferências que este professor proferira na Sociedade de Ciências Médicas de Lisboa em 1897, que tinham como título "Neurones e a vida psíquica", depois desenvolvidas no livro *A consciência e o livre-arbítrio*. O padre Santana respondeu-lhe com uma série de artigos no *Correio Nacional*, a que chamou "Evisceração da consciência e o *livre-arbítrio* do Sr. Dr. Bombarda", depois coligidos num livro intitulado *Questões da biologia — O materialismo em face da ciência*. Bombarda replicou com *A ciência e o jesuitismo*, que tinha como subtítulo *Réplica a um padre sábio*, em que afirmava: "Eu não vou responder ao fluxo incontinente que jorra da coroa de um padre." O padre Santana terá observado: "Zanga-se o Dr. Bombarda se um padre obscuro lhe impõe o tríplice subscrito de ignorante, mentiroso e caluniador!" Egas e o padre Santana divergiram nos seus percursos, mas Egas reconhece que o religioso "foi um dos

---

[17]Egas foi toda a vida assinante da *Brotéria*. Quando o padre Joaquim Silva Tavares foi eleito por maioria sócio efetivo da Academia das Ciências, o segundo jesuíta a entrar, Egas enviou-lhe um cartão, em 6-3-1928, a felicitá-lo, dizendo que "muito deve a ciência portuguesa aos seus valiosos trabalhos sobre história natural". O padre Tavares agradece-lhe em 10-3-1928, reconhecendo que na sua eleição Egas teria tido "parte preponderante".

[18]O jornal era o *Portugal*, dirigido pelo padre Lourenço de Matos, cujo financiamento era feito pela Companhia de Jesus por intermédio da Associação Pátria e Fé, sob cuja égide funcionava o Colégio de Campolide.

[19]Miguel Bombarda nasceu no Rio de Janeiro em 1851 e licenciou-se na Escola Médico-Cirúrgica de Lisboa com a tese *O delírio das perseguições*. Em 1883 foi nomeado catedrático de Fisiologia e Anatomia Geral e em 1892 diretor do Hospital de Rilhafoles. Entrou na política como deputado liberal em 1908, afeto ao presidente do Conselho Ferreira do Amaral. Foi assassinado por um doente na véspera da revolução republicana.

grandes espíritos" que conheceu na sua vida. Um dia, ainda estudante, o padre chamou-o e aconselhou-o a pensar bem antes de considerar ser jesuíta, pois duvidava da vocação do discípulo.

Egas permanece no colégio sem vir a casa dois anos seguidos. Só depois volta a Pardilhó. O tio abade vivia apertado pelas despesas da Casa do Marinheiro, que adquirira, e a educação dos dois sobrinhos. Explica então ao afilhado que teria de fazer o último ano no liceu de Viseu, onde estava já o irmão Miguel. Durante esses anos, a Casa do Marinheiro terá sido habitada só pelos caseiros. Um ano antes de morrer, o tio abade tinha pago a dívida que contraíra para manter a casa na família e Egas, vivendo então já em Lisboa, iria reconstruí-la anos depois, com o capital acumulado por uma atividade clínica próspera.

Em outubro, Egas e Miguel estavam em Viseu, em Cimo de Vila, numa casa particular onde dispunham de uma sala de estudo e um quarto de três camas. Egas aprendia as disciplinas que lhe faltavam, matemática, latim, literatura e inglês, que frequentava fora do liceu com um oficial do exército. Em maio recebeu a notícia da morte do pai, em 29-4-1890,[20] provavelmente de paludismo.

Os resultados dos exames de Viseu foram, mais uma vez, excelentes. Fiel ao estilo de displicente modéstia que cultivaria toda a vida com suprema arte, Egas comenta: "A sorte bafejou-me." O irmão teria ficado injustamente classificado, o que lhe terá "vincado uma falta de confiança nas apreciações dos professores do liceu". E acrescenta: "Isto foi a causa fundamental de contrariedades que depois sobrevieram", referindo-se provavelmente ao fato de o irmão não ter concluído o curso liceal e ter ido, também ele, tentar a sorte em África.

Só nesse ano volta a Avanca e ao Marinheiro, como chama à casa de família, para se informar junto dos parentes dos arranjos necessários

---

[20]Há uma discrepância nas datas, pois Egas refere que o tio abade recebeu em 6 de abril de 1890 uma carta a dar-lhe a notícia da morte do pai, e na carta transcrita lê-se que ele morrera em 29 de abril. Como disse, as referências ao pai são escassas e formais. No acervo de Egas encontrou-se a correspondência de um ovarense que releva as suas diligências para descobrir o percurso do pai em Moçambique.

para se mudar para Coimbra, onde se ia matricular no primeiro ano dos estudos preparatórios que ao tempo serviam simultaneamente para a carreira militar e medicina. Acontecia que António de Abreu Freire, seu parente, que ia entrar para o primeiro ano de medicina, tinha um lugar na sua república, uma casa no princípio dos Arcos do Jardim, já desaparecida. De novo o tio abade, a quem a diabetes ia apoquentando cada vez mais, acudiu nas despesas. Em 12-10-1891 Egas parte para Coimbra.

2. Em Coimbra — de estudante a lente

Egas matricula-se no primeiro ano das faculdades de Matemática e Filosofia na "classe de voluntário", e no primeiro ano do curso de Desenho Matemático-Filosófico, em 14-10-1891, conforme consta nos arquivos da Universidade de Coimbra. Nesse ano, entre os novos alunos surge pela primeira vez uma mulher, Domitília Hormizinda Miranda de Carvalho, natural de Travanca, Vila da Feira, que se formaria em medicina em 1904. A abertura solene do ano acadêmico ocorreu em 16 de outubro, na Sala dos Capelos, sendo a oração da sapiência proferida pelo lente de prima da Faculdade de Direito, o Dr. Pedro Augusto Monteiro Castelo Branco, que começou por saudar, como era tradição, a rainha-mãe, D. Maria Pia, que celebrava nesse dia o seu aniversário.

Egas tratara já do trajo acadêmico, dos livros e do esqueleto indispensável à aprendizagem da anatomia. O quarto que lhe estava reservado na república do primo Abreu Freire era, naturalmente, o pior de todos, mas lá vivera o Dr. Luciano Pereira da Silva, lente de matemática e estudioso de *Os Lusíadas*.

A vida de Egas enquanto estudante era relativamente pacata — almoço de bife e ovos estrelados entre as nove e as dez e jantar às três da tarde. Ao toque do sino, às seis horas, estavam todos a estudar, exceto, conta ele, às quartas e sábados, em que "não se pegava em livros" por serem vésperas de feriado. Esses dias eram passados na Baixa, no café do Marques Pinto, onde Egas, ainda calouro, só ia protegido por dois quintanistas de direito. Mesmo assim, foi obrigado, cumprindo a tradição coimbrã, a dissertar sobre temas tão absurdos como "A influência do bacalhau na atmosfera" e "Por que é que o mel é loiro e o pez é preto?". A recordação que guarda da mocidade coimbrã é, segundo escreve, das suas "mais doces reminiscências". Conta o seu colega e amigo próximo Alberto Rego que Egas "não sacrificava tudo ao trabalho escolar" e "não passava noites inteiras 'agarrado ao verbo', como se dizia em calão acadêmico". Rego, porventura um dos amigos mais próximos de Egas, era natural de Chão de Couce, próximo de Figueiró dos Vinhos. Aí tinha casa também José Malhoa e foi aí que Egas o conheceu. A Quinta de Cima, de que Rego era proprietário, fora primitivamente doada por D. Afonso III a uma dama da rainha D. Leonor e foi mais tarde refúgio dos amores de D. Fernando e Leonor Teles. Egas e D. Elvira eram hóspedes assíduos nessa quinta.

Vale a pena narrar em mais pormenor o percurso de Egas como estudante de Coimbra, primorosamente descrito por Tavares de Sousa. O ensino, como sublinha este, seguia ainda o modelo da reforma pombalina. Medicina fora criada como curso autônomo em 1772, e era um dos três ramos da filosofia natural (os dois outros diziam respeito aos "naturalistas" e às matemáticas). O objeto desta medicina era a "filosofia do corpo humano são e enfermo". O rei D. José ordenou expressamente que na universidade se criassem "médicos verdadeiramente úteis à saúde dos seus vassalos e que sejam dignos da confiança e do crédito público". Embora o ensino fosse totalmente livresco, a ordem era clara: as lições deviam fazer-se "pelos melhores autores que sobre elas tenham escrito de um modo elementar e abreviado mas que sejam cheios de doutrina". Ao mesmo tempo, determina que "nenhum autor nacional ou estrangeiro seja fixamente adotado para as lições de medicina, mas que se tenha sempre provisionalmente o que for aprovado para o dito fim das lições, enquanto não aparecer outro na mesma matéria que se julgue mais perfeito e mais útil ao bom aproveitamento dos estudantes".

EM COIMBRA – DE ESTUDANTE A LENTE

Em 1891 o curso preparatório, segundo legislação de 1861 e 1869, era de três anos e incluía no 1º ano várias disciplinas de matemática e química inorgânica, no 2º química e física e no 3º botânica, zoologia e física. Antes da zoologia tinham os estudantes de mostrar a sua habilitação em desenho. Com estes três anos preparatórios, Medicina era o curso mais longo e trabalhoso, uma herança intocada da reforma pombalina. Conforme conta nas *Confidências*, como a mesada era escassa, dava explicações de matemática e publicou com um colega uma sebenta de álgebra.

O seu primeiro ano em Coimbra foi muito conturbado, pois ocorreu a chamada "parede". O caso deu-se em 3 de maio, quando um estudante do 3º ano de direito foi punido com três dias na casa de detenção acadêmica por ter recebido um "novato" na Porta Férrea com um "canelão", o que era proibido.[21] Houve manifestação de colegas, a polícia interveio e em assembleia geral da Associação Acadêmica os estudantes decidiram "fazer parede", ou seja, greve, o que aconteceu em 6 e 7 de maio. A universidade ficou fechada e o governo mandou saírem da cidade os estudantes não residentes em Coimbra. Por decreto de 14 de maio a universidade foi reaberta e permitiu-se aos estudantes que tinham faltado às aulas que justificassem as faltas, provando com duas testemunhas que estas tinham sido "casuais ou motivadas por coação ou receio de violência". Egas refere-se apenas nas suas memórias ao "debate acerado e cruel" entre Afonso Costa e Abel Andrade. Por imposição do tio, Egas assinou o requerimento de sujeição, o que provavelmente não lhe terá agradado muito.

Frequentou nesse primeiro ano as disciplinas de álgebra superior e química Orgânica, além da aula de desenho. Foi aprovado nos exames, tendo obtido distinção em uma das disciplinas. Nesse ano morreu o tio Augusto, padrinho de Luciana, e a avó materna. No segundo ano preparatório alcançou novamente uma distinção em química Orgânica.

---

[21]Segundo explica Trindade Coelho no seu *In Illo Tempore*, o "calouro" era o estudante de "preparatórios", enquanto "novato" era o estudante do 1º ano de qualquer faculdade. Conta também que a "praxe de não passar novato algum à Porta Férrea sem ser protegido era absoluta".

Frequentou ainda cálculo diferencial e integral e física (1ª parte), e novamente Desenho. Nessas férias, o irmão Miguel, que ainda não concluíra o liceu com o argumento de não haver posses na família para lhe pagarem um curso, declarou que também iria tentar a sorte na África, para inconsolável desgosto da mãe, e partiu para a Beira. No ano letivo de 1893-4 Egas frequentou botânica, física (2ª parte) e zoologia, e assim concluiu os preparatórios.

Ao ingressar no primeiro ano de medicina, em 1894, Egas decide formar, só com condiscípulos, uma nova república, primeiro na rua Tenente Valadim e, no ano seguinte, na rua de Tomar, 1, onde veio a concluir a sua formatura. Entre os seus companheiros de casa contava-se Alberto Rego. Diz Egas que Augusto Gil "frequentava assiduamente" a casa e Afonso Lopes Vieira também por lá aparecia.[22] Na palavra de Alberto Rego, o "materialismo imperava" e "Zola era para todos nós um semideus".

O curso de Medicina, no ano letivo de 1894-5, tinha 48 alunos. Nesse ano foram exigidas certidões de aprovação em língua grega, em que Egas foi aprovado com 11 valores, e alemã. Do primeiro ano constavam as cadeiras de anatomia humana descritiva e comparada, do Dr. Basílio Freire, e histologia e fisiologia geral, do Dr. Filomeno da Câmara, companheiro de Antero de Quental. Egas obteve o 3º *accessit*, que correspondeu ao 5º lugar no curso. Terá então pensado, por razões econômicas, em concorrer para professor de liceu e assim começar a ganhar a vida mais cedo, mas disso terá sido dissuadido pelo primo José Maria de Abreu Freire, que lhe disse que o que deveria fazer era deitar-se ao trabalho para alcançar o professorado superior. Entretanto a saúde da mãe declinava e chegou a notícia de que o irmão Miguel tinha morrido, "no meio do mato, de uma febre, quando andava com amigos à caça dos leões". E na selva foi sepultado.

---

[22]Egas manteve toda a vida uma relação de amizade com Afonso Lopes Vieira. Estão publicadas três cartas ao poeta datadas de 1926, 1927 e 1929, agradecendo livros que este lhe oferecera. A propósito do livro *A Diana de Jorge de Montemor*, escreve Egas: "O meu amigo fez agora o que já conseguira fazer com o *Amadis*: meteu-se dentro dos autores e viveu a sua época, interessou-se pela vida pastoril de outros tempos, sonhou aventuras, sofreu desgostos de amor e deu-nos depois os livros de remotos tempos, em linguagem de hoje, mas em que tudo mais ficou no seu lugar e na sua era." Egas sabia escolher as palavras nas suas amabilidades.

No ano seguinte frequenta fisiologia especial e higiene privada, regida pelo substituto Dr. Francisco Basto, anatomia topográfica e medicina operatória, do Dr. Costa Alemão, e anatomia patológica e toxicologia, do Dr. Raimundo Mota. Obtém o 1º accessit. É eleito presidente da Tuna Acadêmica, sobe as classificações e começa a aspirar a uma carreira universitária. Nas férias desse ano convive com a fidalguia da Beira e passa tempo em Avelar, em casa do seu condiscípulo Alberto Rego. No entanto, volta sempre a Pardilhó. Em setembro vai até à Torreira, "a praia mais econômica da região", onde à noite se dançava num barracão, tradição que recuava à mocidade do conselheiro José Luciano de Castro, por cuja mão Egas entraria na política. A recordação desse tempo é igualmente doce, e nas suas memórias alarga-se em parágrafos dedicados às tricanas ou "tricaninhas", sobretudo as da região de Aveiro, observando que se "houvesse eleições livres ascenderiam ao Parlamento!".[23]

Recordação igualmente feliz é a da sua presidência da Tuna Acadêmica, que fora fundada em 1888, chamada inicialmente Estudantina de Coimbra, e de que foi o terceiro presidente. Fala das suas digressões por várias cidades do país, e até a Galiza, em que o famoso Hilário era figura de cartaz, pois "sabia haver-se em cena". O fadista morreria pouco tempo depois, provavelmente de "desordens hepáticas". Já então Egas se notabilizava pelos seus dotes oratórios. Por exemplo, no sarau literário-musical oferecido pelo Instituto de Coimbra em 8-12-1897 aos alunos laureados da universidade, em que, para lá de "pasodobles", "suítes de valsa", música do *Tannhäuser* de Wagner, e da *Gioconda* de Ponchielli, e da poesia dos senhores Eugénio de Castro e Gonçalves Cerejeira, pai do futuro patriarca de Lisboa, Egas pronuncia um discurso que é um prenúncio do que será depois a sua intervenção cívica: "Esta festa é incentivo a trabalhar, base fundamental da regeneração da nossa sociedade que se distingue, custa a confessá-lo, pela divisa bem pouco honrosa da ociosidade [...]. É por isso que nós, os novos, aqueles de

---

[23]Egas foi sempre um apreciador do belo sexo. Meu pai contava uma cena em que D. Elvira afirmara que punha as mãos no fogo "pelo meu Antoninho", e a enfermeira-chefe Deolinda, que o conhecia talvez melhor que ninguém, comentara em surdina que "o Sr. Dr. era muito maroto".

quem depende a regeneração da pátria, se a pode ter, devemos levantar uma cruzada em defesa dos trabalhadores e do trabalho." A excursão a Santiago de Compostela[24] serviu também para Egas se encantar por uma "esbelta rapariga que no seu camarote ostentava no cabelo preto uma rosa vermelha". E acrescenta: "Todos se aperceberam da minha predileção e ela própria não deixou de a sentir." Embora chegasse a obter uma "aguarela do seu retrato", o romance não teve seguimento.

Segundo conta em *A nossa casa*, foi nesse ano que houve em Coimbra "uma festa estrondosa, talvez a mais bela que, em todos os tempos, os rapazes levaram a efeito", o Centenário da Sebenta. O Centenário da Sebenta merece especial destaque no livro de memórias de Trindade Coelho. No desfile de carros alegóricos seguia um carro do 3º ano de medicina que era "puxado por duas juntas de bois e sustentando um edifício arrombado de colunas amarelas, paródia ao hospital, e o letreiro 'Já assim estava em 1834'".

É em Coimbra que recebe notícia pelo primo António de Abreu de que a saúde da mãe piorara. Regressa a Pardilhó para assistir aos seus últimos dias de vida. Conta ter mandado chamar um fotógrafo de Ovar para fotografar a mãe já no caixão. A partir dessa foto fez José Malhoa um retrato a carvão e depois João Reis um retrato a óleo. Entretanto, a saúde do padrinho abade também declinava. A Egas faltavam dezoito meses para concluir a licenciatura, mas, tal como o tio previa, já não o veria formado, porque morreria em breve de complicações da diabetes. Com a morte do tio João António, três meses depois, extinguiu-se toda a sua família próxima.

No terceiro ano Egas melhorou a classificação e obteve o 2º prêmio, tendo estudado matéria médica e farmácia com o Dr. Júlio de Sacadura Bote, patologia geral e história geral da medicina com o Dr. Luís Pereira

---

[24]Os estudantes de Compostela compuseram um folheto em galego curiosíssimo. Aí falam do famoso cábula português Araújo, que, segundo um cronista do século XVI, "era home que non vivia honestamente nem estudava, e despendia mal o que lhe seu pai daba!".

da Costa, que mais tarde iria defrontar na política, e patologia cirúrgica e dermatologia com o Dr. João Jacinto da Silva Correia.

No 4° ano frequentou patologia geral, do Dr. Lopes Vieira, e Tocologia, Moléstias de Puérperas e recém-nascidos, do Dr. Daniel de Matos. Nesse ano Egas era distinguido, juntamente com o condiscípulo Albino Pacheco, que sempre até então lhe levara vantagem, com "Prêmio" (sem gradação). Egas confessa que até esse ano tinha levado a vida escolar com certa ligeireza, pelo seu "feitio excessivamente folgazão", com "estúrdias que procurava amiudadas vezes", com "noites perdidas em guitarradas, em ceatas alegres e nas casas de tavolagem" do velho Pereira e do Salvador, dois celebrados batoteiros.

No ano letivo seguinte, de 1898-9, novamente tem honras de 1° *accessit* e recebe o Prêmio Alvarenga, partilhado com Pacheco, ambos com 16 valores. Cursara clínica de mulheres, do Dr. Sousa Refóios, clínica de homens, do Dr. Augusto Rocha, e medicina legal, higiene pública e polícia higiênica, do Dr. Lopes Vieira. No final deste ano teve de fazer um exame final, prova prática que durava vinte dias, de 10 a 30 de junho, realizada no Hospital da Universidade, e, tal como dispunham os estatutos de 1772, "examinando e receitando cada um dos estudantes aos enfermos que lhes forem propostos [...] como se já por si mesmos houvessem de curar os ditos enfermos". Obtém o grau de "bacharel formado em medicina", que o autorizava à prática autônoma, com a classificação de Muito Bom, com 16 valores, o que lhe abria portas a uma carreira acadêmica. A "récita" de formatura em conjunto com os quintanistas de teologia e direito intitulou-se "Um credor em bolandas. Ópera cómico-zarzuélica de piada coletiva, lírico-shakespeariana".

Egas conclui a sua formatura em 31 de julho de 1899 e a última aprovação foi festejada em Coimbra com "colossal girândola de foguetes, que subindo estrondosa do Largo da Feira, demonstrava que todos alcançaram o *nemine* necessário para o estralejar das bombas". Igual festa o recebeu em Avanca e Pardilhó, a que chegou dois dias depois, já ao lusco-fusco. Esperavam-no foguetes, archotes e a Filarmônica Pardilhoense. No entanto, a casa de família estava agora deserta: "Ainda [ali] pairava o negrume trágico que me tinha enlutado a vida." Conta

Egas que naquela terra não havia um doutor há muito tempo: "Desde a morte do chorado Dr. Agostinho que foi quem, em boa ou má hora, me destravou a língua, como era de velho uso, quando o freio era curto." E acrescenta: "Julgava a minha gente que a língua assim preparada ficava desprendida para melhor falar..."

Regressa depois a Coimbra, onde se instala na rua dos Estudos a preparar a licenciatura. O ato da licenciatura, o primeiro dos chamados "atos grandes", era, segundo Egas, uma "tortura acadêmica de contextura medieval". Segundo o decreto de 1871, consistia em seis "argumentos". O primeiro era uma dissertação que o candidato preparava sobre um tema dado pela faculdade, trinta dias antes do ato. Coube-lhe "Alterações anatomopatológicas da difteria", monografia que dedica, em primeiro lugar, à "santa memória da minha mãe" e depois à memória do pai, dos tios, dos irmãos e da irmã. É essencialmente uma revisão da literatura, sem qualquer contribuição original, nem sequer de material clínico dos Hospitais da Universidade, o que reflete bem o caráter livresco do ensino que tanto verberaria mais tarde. Não lhe faltava já atrevimento, pois escreve a certa altura: "Vejam-se as conclusões a que cheguei, diferentes dos autores citados, apesar de me fundamentar nas mesmas observações." Os outros cinco argumentos eram sobre temas tirados ao acaso, três dias antes da prova, de grupos de cinco pontos. Egas foi aprovado com Muito Bom, com 16 valores *nemine discrepante*, em exame de 21-2-1900, recebendo o respectivo grau do reitor, o Dr. Manuel Pereira Dias. Diz que foi então convidado "a prosseguir nas provas para o professado" e acrescenta: "entrementes, fui eleito deputado progressista por Tondela", nas eleições do início de 1900, mas não explica mais como começou o seu percurso na política.

A referência ao modo como conheceu por essa altura a futura mulher, Elvira de Macedo Dias, nascida em 14-7-1884 no Rio de Janeiro, é muito lacônica. Diz apenas: "Vim a conhecer quem havia de ser a minha companheira pela vida fora. Sentia-me muito só e o casamento apressou-se, tendo-se realizado em 7 de fevereiro de 1901 em Canas de Sabugosa. Cerimônia de aldeia, com muitas flores lançadas no caminho pelas raparigas da terra e boda farta em casa dos bons tios da minha mulher." Elvira foi de fato uma companheira dedicada toda a vida, que o marido tratava com amorável carinho.[25] Era filha de um emigrante português, José Joaquim Dias, que instalara a primeira fábrica mecânica de sapatos no Rio de Janeiro, e de uma cidadã brasileira, Matilde Flora de Macedo. No Rio nasceu também uma irmã, Estefânia, e um irmão, Álvaro. Este irmão faleceu muito novo e poucos anos depois os pais morreram de desgosto, como se acreditava na época. As duas irmãs órfãs vieram para Lisboa e foram educadas por uns tios que não tinham filhos. A orfandade precoce era um traço que unia Egas e D. Elvira. Estefânia veio a casar com António Caetano Macieira Júnior, advogado e companheiro de Egas em Coimbra e também, como veremos, participante ativo na política da Primeira República. A lua de mel foi em Coimbra, pois Egas preparava-se para as provas seguintes.

O casal nunca teve filhos, o que certamente terá sido fonte de grande desgosto para ambos, de alguma forma compensado pela sua dedicação aos sobrinhos, filhos de António Macieira e da cunhada Estefânia, e depois aos sobrinhos-netos. Num longo escrito sobre o escultor Maurício de Almeida,[26] que ele muito protegeu e que morreu de

---

[25]Em 1926 Egas escreveu um prefácio para *Pensamentos e paradoxos* de Oscar Wilde, editado por Almeida Paiva e publicado pela Parceria António Maria Pereira. Egas escolhe uma citação "acertada" de Wilde que me parece particularmente apropriada à sua própria vida conjugal: "A felicidade de um homem casado depende daquelas com quem não se casou."

[26]Maurício de Almeida (1897-1923) nasceu em Pardilhó e estudou na Escola de Belas-Artes do Porto, onde foi discípulo dileto de Teixeira Lopes, com quem Egas se correspondia. Egas protegeu-o muito, parecendo até que, de algum modo, ele era o filho que o casal não tivera. Em 1921 Maurício parte para Paris, onde partilha o ateliê com Henrique Medina, mais tarde pintor celebrado da *high society* nacional e internacional (no arquivo de Egas há um convite para a mostra privada do retrato de "His Excellency Benito Mussolini" em 15-07-1930). Em 1922, Maurício concorre e é aceito no "Salon de Paris" com uma obra intitulada *Par la route de la vie*. *La Revue moderne* classifica-o como "un jeune sculpteur de grand avenir". Durante a sua estada em Paris escreve numerosas cartas a Egas, que as transcreve no seu artigo. Morreu de uma tuberculose galopante em 1923, quando o casal Egas se encontrava em Paris, não completando a estátua de Nossa Senhora que Egas lhe encomendara para a capela que queria erigir em Areia, Avanca. A estátua foi depois executada por António Costa, companheiro e amigo de Maurício em Paris. Mais tarde, Medina ofereceu a Egas um quadro de Nossa Senhora para a igreja de Avanca, mas o pároco recusou-a. De fato, a figura, inspirada pela atriz Linda Darnell, era demasiado mundana...

tuberculose aos 26 anos, o que trouxe grande desgosto a ambos, Egas diz a certo passo a propósito da morte daquele: "[...] uma conversação sem palavras sobre um desejo constante da nossa vida: — Ainda bem que não tivemos filhos!"

Na ladeira acadêmica seguia-se a etapa seguinte, o ato de "conclusões magnas" a que correspondia o grau de doutor, que os estatutos de 1772 definiam como "a última e a maior honra a que nas universidades pretendiam chegar os que nelas estudam". Para tal grau era necessário elaborar uma "dissertação inaugural". Egas escolheu como tema "A vida sexual I — fisiologia". Cabiam-lhe igualmente sete outros "argumentos" sobre proposições escolhidas pelo júri entre as propostas pelo candidato. No caso de Egas eram 36, agrupadas nas seguintes áreas: anatomia humana e comparada, histologia e fisiologia geral, fisiologia especial; medicina operatória; anatomia patológica e toxicologia; matéria médica e farmácia, patologia geral e história da medicina, patologia cirúrgica; patologia interna, obstetrícia; medicina legal, higiene e polícia higiênica. A leitura da lista de propostas de Egas é fascinante pelo que revela do que era ao tempo — apenas há um século! — a ciência médica. Cito como exemplo: "o óvulo humano é uma célula completa, e pode sozinha gerar um feto"; "os períodos menstruais são um *reliquat* de uma doença ancestral"; "sou a favor do tratamento cirúrgico da apendicite"; "um banho frio todas as manhãs é um hábito excelente"; "deve ser proibido o casamento nos indivíduos afetados de doenças graves contagiosas". Estas proposições, previamente aprovadas por um júri constituído por três catedráticos, Raimundo Mota, Filomeno da Câmara e Lopes Vieira, receberam o *imprimatur* do diretor da faculdade, o Dr. Costa Alemão, em 20 de dezembro de 1900. Cada argumento durava 45 minutos. Em 8 e 9 de julho de 1901 Egas obtém o título de doutor em medicina, sendo aprovado *nemine discrepante* com Muito Bom e 17 valores, nota que não lhe terá agradado inteiramente. O grau de doutor foi-lhe solenemente conferido na Sala Grande dos Atos em 14 de julho de 1901, dia do aniversário de D. Elvira. O padrinho foi o conselheiro José Luciano de Castro, no ato representado pelo conselheiro José Maria de Alpoim.

Iremos encontrar ambos no capítulo seguinte.[27] Igualmente investidos foram o seu condiscípulo Albino Pacheco e Luís dos Santos Viegas, de um curso anterior.

Entretanto, em 24-12-1901, os estudos na universidade vieram a ser regulamentados por novo decreto. A mudança mais significativa fora a introdução de aulas práticas. As Clínicas Médicas e Cirúrgicas constituíram-se como cadeiras autônomas, foi criada uma cadeira de Propedêutica Médica e Cirúrgica e um Gabinete de Radioscopia e Radiografia no Hospital da Universidade, reconhecida a relevância cada vez maior dos raios X no diagnóstico. O quadro da Faculdade de Medicina era constituído por quinze lentes catedráticos e três substitutos. Havia então duas vagas de catedráticos e três de substitutos, que foram postas a concurso. Como aponta Tavares de Sousa, os concursos acadêmicos destinavam-se a docentes, que eram, na prática, polivalentes. Assim, o lente substituto regia o que fosse necessário na altura, podendo-lhe ser atribuída a docência de matérias completamente diversas daquilo que primariamente lhe interessava ou praticava.

Também nestas provas o concurso era de brutal exigência. Constava de uma dissertação sobre matéria escolhida pelo candidato, que era depois objeto de discussão e interrogatório durante uma hora e meia. Egas escolheu agora como tese "A Vida Sexual II — Patologia", dando assim continuidade à anterior. As duas teses foram depois reunidas num volume único, que por altura de 1927 tinha conhecido 15 edições e de que se tinham vendido 29 mil exemplares.[28] Não resisto a citar algumas

---

[27]Em carta de 29-6-1901, Alpoim escreve a José Luciano: "O Egas Moniz pediu-me que obtivesse de V. Exa. resposta acerca do capelo", inquirindo assim sobre a disponibilidade do líder "progressista" para apadrinhar Egas no doutoramento. A escolha é significativa porque ambos eram destacados políticos "progressistas" e a eles se ligou Egas na fase inicial do seu percurso político. É interessante notar que, como conta Alberto Rego, "a Briosa era ao tempo quase toda republicana e só um pequeno grupo, chefiado pelo Egas Moniz, tinha coragem de ser monárquico".
[28]As edições foram as seguintes: *Vida sexual* (fisiologia), 1ª edição, Coimbra, (1901), 2ª edição, Lisboa (1906). *Vida sexual (patologia)*, 1ª edição. Coimbra, 901), 2ª edição, Lisboa, 1906). Depois foram reunidas num volume único, sucessivamente reeditado com algumas alterações, tendo conhecido a 19ª edição em 1933. Quando lhe pediram uma reedição, Egas respondeu que os seus interesses médicos já eram outros e que lhe daria muito trabalho atualizar o seu conhecimento da matéria.

das ideias de Egas: "O homem é essencialmente sexual, a mulher é essencialmente mãe. Tudo o que se afasta disto é anormal"; "Sou contra o casamento virgem da parte do homem, acho o mesmo inexequível"; "O amor denominado platônico é um absurdo"; "A inversão sexual é uma doença tão digna de ser tratada como qualquer outra". Conforme observou Júlio Machado Vaz, em prefácio a uma reedição recente, Egas não terá liderado revolução ou contrarrevolução sexuais, mas atreveu-se a abordar, com apenas 27 anos, e em provas de doutoramento, um tema incômodo para a universidade, indo contra a opinião dos seus mestres. O editor da 10ª edição diz que na discussão na Sala dos Capelos "a audácia do autor foi asperamente criticada", sendo especialmente discutida a parte referente ao "neomalthusianismo", julgada mais subversiva e atentatória da moral convencional da época. O professor Daniel de Matos tê-lo-á mesmo exortado a cortar essas páginas. Também anuncia que Egas estaria a preparar um volume sobre "O complexo sexual", que nunca chegou a vir a lume. No prólogo dessa nova edição, Egas faz uma extensa referência a Freud e à psicanálise. Nem o primeiro nem o segundo volumes contêm matéria de investigação original, mas fundamentam-se em revisões da literatura, sobretudo francesa e alemã, em particular a obra de Krafft-Ebing. Contudo, constituem sem dúvida excelentes compêndios sobre a matéria e ilustram a modernidade de espírito do autor, livre de preconceitos moralistas ou culturais.

Na sequência da publicação desses livros, Egas ganha uma inesperada reputação como sexólogo, sendo até mesmo chamado a pronunciar-se como perito em matérias legais. É disso exemplo o parecer que emitiu a pedido do professor de direito civil de Coimbra, Carneiro Pacheco, em 1918, depois publicado com o título *Do erro acerca da pessoa como causa da nulidade do casamento*. O caso dizia respeito a uma mulher que terá surpreendido o marido na noite de núpcias não só pela ausência de virgindade, mas pelo adiantado estado de gravidez, "pois veio a dar à luz um indivíduo do sexo masculino no dia imediato". Segundo o professor de direito, Egas veio trazer ao debate "novos e decisivos aspectos doutrinais", o mais extraordinário dos quais a invocação da teoria da "hereditariedade por influência ou impregnação", que, segundo Egas, era "geralmente aceita como uma verdade científica indiscutível". Isto significava que, ao engravidar, uma mulher contaminava para sempre o seu próprio patrimônio genético! Egas sentenciou assim que o casamento deveria ser considerado nulo, pois a mulher "levara para o lar, como o produto do seu amor incestuoso, o defeito físico irremediável da impregnação". No arquivo epistolar de Egas há ainda uma carta fascinante de um caixeiro lisboeta pedindo que o ajudasse pois temia ser "uranista", termo que, juntamente com "invertido", Egas usava para designar o homossexual masculino. Explicava o homem: "O certo é que nunca mulher alguma me despertou o sentimento do amor ou qualquer sensação de voluptuosidade. É triste, é quase vergonhoso confessá-lo!"

Mas voltemos ao concurso para lente. Além da dissertação, os candidatos tinham de proferir uma lição à escolha, de uma hora, sobre outro tema, e discutir um tópico sorteado 48 horas antes, sobre matéria de qualquer das cadeiras da faculdade. Os pontos não podiam ser menos de trinta e eram conhecidos vinte dias antes do início das provas. Estas duas lições eram objeto de interrogatórios de uma hora. Havia, além disso, trabalhos práticos.

A concurso apresentaram-se Egas, Santos Viegas e três candidatos que tinham feito atos de conclusões magnas já em 1902: Ângelo da Fonseca, Elísio de Moura, mais tarde figura marcante da neurologia e da psiquiatria coimbrãs, e José de Matos Sobral Cid, que apresentou a dissertação "Coimbra — demografia e higiene", e de quem muito mais se dirá a propósito da psicocirurgia. Todos os concorrentes tinham obtido no "doutoramento" a nota de 17 valores. A ordenação dos candidatos não agradou nada a Egas, que comenta nas *Confidências* que no concurso tinha havido "peripécias várias. Tinha-me inserido na política [...] sendo já deputado quando me propus a professor". E acrescenta: "Tinham-me contrariado as classificações finais." Creio que o ressentimento não o abandonou toda a vida. Ficaram catedráticos Ângelo da Fonseca e Sobral Cid, enquanto Egas foi nomeado substituto, juntamente com Viegas e Elísio de Moura, por despacho de 4-12-1902. Egas regeu anatomia, histologia e fisiologia geral e fisiologia especial.

Conforme nota Tavares de Sousa, até 1910 Egas publicou apenas um artigo científico, sobre o "perigo alcoólico", no *Boletim da Assistência Nacional aos Tuberculosos*, em 1906. O seu interesse era decididamente a neurologia, e já em 1902 estudara em Bordeaux com Pitres,[29] um neurologista, e Régis, um psiquiatra. Mais tarde afirmaria nas Confidências: "O que sou em ciência devo-o à França e aos seus mestres." Egas reconhece no entanto a influência de Augusto Rocha,[30] um "dos poucos mestres viajados, espírito de elevada envergadura, que o meio acanhado em que viveu e um pouco do seu feitio cáustico diminuíam", que tinha o hábito de entregar aos alunos mais classificados casos de neurologia. Nas *Confidências*, Egas não resiste a criticar, embora de forma diplomática, o apego de Coimbra à reforma pombalina e o "enciclopedismo" que lá prevalecia, "que brigava com o movimento médico europeu".

Diz também nas *Confidências* que de Bordeaux seguiu para Paris ("onde me demorei e nos anos seguintes fiz estágios sucessivos"), mas pouco se sabe quanto à frequência e duração daqueles. No entanto, ter conhecido na Salpêtrière Pierre Marie[31] e Dejerine[32] e na Pitié Joseph Babinski foi decisivo para a sua carreira científica.

Vale a pena dizer algo mais sobre Joseph Babinski, a quem Egas se ligou muito proximamente, pelo papel muito importante que desempenhou na introdução da angiografia cerebral em França. Joseph Babinski nasceu em 1857 em Paris, filho de um casal de emigrantes polacos, pois o pai era um exilado político. Licenciou-se em medicina e foi depois discípulo de

---

[29] Albert Pitres (1848-1928) era discípulo de Jean-Martin Charcot (1825-93), figura maior da história da neurologia, que ocupou na Salpêtrière a primeira cátedra para o estudo das doenças do sistema nervoso. Charcot descobriu entre outras doenças a esclerose lateral amiotrófica, em Portugal conhecida como a doença que vitimou Zeca Afonso. Foi autor de *Leçons sur les maladies du système nerveux* e criou a revista *Nouvelle iconographie de La Salpêtrière*, onde Egas publicou alguns artigos.

[30] Augusto Rocha foi fundador, com José Falcão e Bernardino Machado, da Liga Liberal e do Centro Republicano.

[31] Pierre Marie (1853-1940), discípulo de Charcot e seu sucessor na cátedra da Salpêtrière.

[32] Jules Dejerine (1849-1917), catedrático da Salpêtrière em 1911, autor de dois tratados muito importantes sobre a anatomia do sistema nervoso (1890-1901) e sobre o exame dos doentes neurológicos, *Sémiologie des affections du système nerveux* (1914). Existe na biblioteca do Centro de Estudos Egas Moniz um livro de Dejerine dedicado a Egas com as seguintes palavras: "À mon ami, souvenir afectueux."

Charcot. A sua não aprovação num concurso acadêmico levou-o a aceitar uma posição no Hospital da Pitié, fundado por Maria de Médicis em 1612. Na Pitié fazia demonstrações clínicas abertas a visitantes estrangeiros às quartas-feiras e aos sábados lecionava. Tinha uma abundante e muito lucrativa clínica privada (Proust foi um dos seus clientes). A Babinski se deve o mais importante sinal de doença neurológica. Alto, louro, de olhos azuis, majestoso, obstinado, perfeccionista, sofria daquilo que os seus discípulos chamavam *maladie du doute*, que o obrigava a voltar atrás em observações repetidas. Solteiro (embora se lhe atribuísse a paternidade de três meninas), vivia no boulevard Haussmann com o irmão Henri, engenheiro de minas, igualmente solteirão, que o adorava como um deus. Com o pseudônimo de Ali-Bab, Henri publicou em 1907 um tratado de gastronomia que ficou famoso: *Gastronomie pratique. Études culinaires suivies du traitement de l'obésité des gourmands.* Conforme referem os biógrafos de Babinski, Egas era o seu "discípulo" (embora esta designação seja um pouco abusiva) estrangeiro mais amigo e mais próximo. Partilhavam o gosto pela alta gastronomia e pelo estudo da telepatia e dos fenômenos parapsíquicos. Babinski empenhou-se com sucesso na nomeação de Egas para membro correspondente da Academia de Medicina de Paris, para a qual foi eleito em 1933.

A relação de Egas com a Universidade de Coimbra não terá sido pacífica. Egas nunca tomou posse dos cargos de lente substituto e depois catedrático em Coimbra, tendo sido seu procurador o lente de direito Marnoco e Sousa. Maximino Correia escreveu mesmo que "não foi exemplar a assiduidade de Egas Moniz como professor em Coimbra". Conta Alberto Rego que, ainda estudante, no meio de uma brava discussão, "Egas, sempre ardendo em entusiasmo [...] dava a palavra de honra que ainda havia de ter um consultório em Lisboa e na avenida da Liberdade". Não foi bem assim, mas quase. De fato, Egas arranja consultório em Lisboa, com o dermatologista Zeferino Falcão,[33] na rua

---

[33]Zeferino Cândido Falcão de Pacheco (1856-1924) licenciou-se em Coimbra. Foi depois médico no Hospital de S. José, onde criou a consulta de "moléstias da pele". Foi professor livre de dermatologia e organizou igual consulta no Hospital de Santa Marta. Foi presidente da Sociedade das Ciências Médicas de Lisboa (1918-9).

Nova do Carmo, e confessa: "Ia reger a minha cadeira a Coimbra quando não era deputado." Mas não estava feliz. Por decreto de 24-2-1910 foi provido em lente catedrático, mas na sequência da reforma de 22-2-1911 vem ocupar a cadeira de clínica neurológica da Faculdade de Medicina de Lisboa, por decreto de 1-4-1911. Foi a esta faculdade que ficou ligado toda a vida. Tavares de Sousa aponta que "só ocasionalmente e em fugidias passagens" Egas voltou a Coimbra. Assinala contudo a visita em 1939, na altura do 40º aniversário da sua formatura, já então o celebrado inventor da angiografia, e a que fez em 29-4-1950, na homenagem pelo Prêmio Nobel, a convite da Associação Acadêmica de Coimbra. A elas me refiro adiante.

3. "Conspirador e político até a medula"

Logo nas primeiras páginas das *Confidências*, Egas responde à pergunta que alguém lhe fizera sobre a razão por que se tornara investigador aos 51 anos, dizendo: "Dispersei-me nos primeiros tempos pela vida política com algum ilusório sucesso e muitas contrariedades."[34] A sua participação na política, segundo ele próprio diz, durou mais de vinte anos, e terá começado durante o tempo em que era ainda estudante em Coimbra. No entanto, acrescenta que, mesmo nesse período, nada o afastara dos estudos neurológicos e a sua prática clínica florescera. Para se conhecer melhor o que foi a sua atividade como político, será útil dedicar-lhe um espaço próprio nesta narrativa, que, evidentemente, não esgota o tópico, e retomar depois o percurso de Egas na academia e na clínica, que manteve paralelamente durante este período.

De fato, durante o período que decorreu entre o início do século XX, em que foi eleito deputado pelo Partido Progressista, até pouco depois do assassínio, em 1918, de Sidónio Pais, em cujo governo participou como ministro dos Negócios Estrangeiros,[35] Egas foi,

---

[34]Numa entrevista ao *Povo de Pardilhó*, em 27-9-1941, à pergunta sobre se os anos gastos na política terão "feito falta" ao médico e às suas investigações, responde: "Oh, sim!..." Mas acrescenta: "Não considero perdido o tempo que gastei na política e na diplomacia."
[35]Durante o governo sidonista o cargo era chamado secretário de Estado dos Negócios Estrangeiros.

com algumas intermitências, um político empenhado; foi mesmo um dos conspiradores envolvidos no derrube da monarquia. Nas suas *Memórias*, Raul Brandão refere-se a ele como "o sagacíssimo Egas Moniz, a quem ninguém consegue ouvir os passos — mas que toda noite, todo o dia, roda nos meandros da política, conspirador e político até a medula". Não foi, ao contrário do que por vezes se afirma, um figurante menor. Estava na política por paixão, porque gostava da luta e do debate, de mexer cordelinhos de influências e favores, e porque apreciava o exercício oratório, em que era exímio e feroz, como se pode verificar pelas atas parlamentares. Barahona Fernandes conta que ele tinha "fichas" com informações que comprometiam os seus inimigos parlamentares, que usava quando necessário. Mas era também essencialmente um homem pragmático, que gostava de encontrar soluções para as questões em que se envolvia. Era assim na política e foi-o igualmente na medicina. É possível, porém, que houvesse uma outra razão, porque o liberalismo no final do século XIX significou também a politização da família e dos jovens talentosos como Egas, particularmente daqueles com pergaminhos fidalgos. Esta era, segundo Rui Ramos, a mais óbvia via de afirmação de uma superioridade social ou individual.

É interessante notar como ele ajustou, com singular perícia, alguns dos atributos que lhe foram úteis como político ao desenvolvimento da sua carreira como investigador e, em particular, na conquista do tão almejado Prêmio Nobel. De fato, as armas da diplomacia que refinara na política foram, como veremos, notavelmente eficazes na divulgação internacional das suas invenções. Por outro lado, é impressionante como conseguiu estabelecer uma rotura tão irredutível com a política, encerrando sem remorso, mas certamente com alguma raiva, um capítulo da sua vida que lhe trouxera um indiscutível protagonismo nacional e internacional. Também é verdade que com a República a política se tornou progressivamente um confronto violento de políticos profissionais. Ora Egas nunca deixou, mesmo nos tempos de maior envolvimento partidário, de ser professor e clínico.

"CONSPIRADOR E POLÍTICO ATÉ A MEDULA"

A sua experiência política, e em particular a sua participação como chefe da delegação portuguesa à Conferência de Versalhes, após o fim da guerra de 1914-8, é por ele narrada em *Um ano de política*, livro publicado em 1919 que define como "um relato e uma defesa". Porém, trata-se de muito mais que a simples crônica de "um ano", pois é bem revelador do seu ideário político. É também, como ele sublinha, uma defesa contra a imposição de uma saída pouco airosa e até humilhante, quando foi substituído no cargo por Afonso Costa, que profundamente detestava, embora antes de 1910 tivessem colaborado, em particular na conspiração de janeiro de 1908.

Egas entrou para a política pela mão de José Luciano de Castro,[36] dirigente do Partido Progressista que dominava a região de Aveiro, a quem o ligavam laços de particular afinidade regional, como recorda em *A nossa casa*, porque José Luciano era de Anadia. Foi eleito deputado em 1900 e estreou-se em S. Bento a 8-3-1900. O governo pedira à Câmara que isentasse o executivo da infração em que incorrera ao adotar medidas urgentes durante o surto de peste bubônica que ocorrera no Porto no ano anterior, uma medida sábia mas impopular, defendida com arrojo pelo médico Ricardo Jorge. Egas apoiou a decisão do governo e ripostou ao seu antigo mestre Pereira da Costa e a Teixeira de Sousa,[37] do Partido Regenerador.

Estava-se então em pleno rotativismo, expressão divulgada por João Franco a partir de 1903, e o rei, na palavra de Vasco Pulido Valente, era o "árbitro da rotação", em que os "progressistas" de José Luciano

---

[36]José Luciano de Castro Pereira Corte-Real (1834-1914) nasceu em Oliveirinha, distrito de Aveiro. Foi advogado, jornalista e político e um dos fundadores do Partido Progressista, que passou a presidir após a morte de Anselmo José Braamcamp, em 1885. Tinha como alcunha *A Velha Raposa*. Descendia de uma família aristocrática, que do lado materno se cruzava com a do marquês de Pombal. Foi chefe de governo por diversas vezes, uma delas por altura do ultimato inglês, e governador da Companhia Geral do Crédito Predial Português, de que se veio a demitir por um grave escândalo financeiro. No final da vida, incapacitado já há anos por um acidente vascular cerebral, regressou à sua casa em Anadia, onde morreu.
[37]António Teixeira de Sousa (1857-1917), natural de Celeiros (Vila Real), médico e deputado do Partido Regenerador, foi ministro do Ultramar (1900) e ministro da Fazenda em 1903 e 1906. Formou governo em julho de 1910, sendo o último presidente do ministério durante a monarquia.

e os "regeneradores" de Hintze Ribeiro[38] iam alternando no poder, enquanto a decadência das instituições públicas, a corrupção,[39] o colapso da economia, a desordem nas ruas e os intermináveis conflitos políticos iam, a pouco e pouco, minando o Estado. Note-se, contudo, que nem tudo foi mau, pois, conforme observa Rui Ramos, foi conseguida uma certa tranquilidade e até prosperidade nos primeiros anos do século XX. Segundo Egas, "a distinção entre os dois partidos começou, porém, a ser fictícia e na penumbra das antecâmaras ministeriais faziam-se acordos e combinações que, a breve trecho, se refletiam no parlamento, que decaía constantemente". Egas fala mesmo de "mancomunação" dos dois grandes partidos, embora esta opinião não seja totalmente isenta; é possível que Egas queira assim justificar a sua decisão de seguir José Maria de Alpoim no grupo dos "dissidentes progressistas".

Entre 25-7-1900 e outubro de 1904 o governo foi entregue ao Partido Regenerador de Hintze Ribeiro, e dele fez parte, entre outros, o Dr. António Teixeira de Sousa. Durante esse período Egas interveio várias vezes no parlamento, debatendo questões como o regime bancário do Ultramar (20-3-1901), o Conselho Superior de Higiene (27-4-1901) e a reforma do ensino superior (1-2-1902). O chefe do governo, Hintze Ribeiro, não terá ficado particularmente agradado com a comparação de Egas entre o seu projeto e a reforma pombalina. Em aparte, Egas declarou: "Se o senhor presidente do conselho tem esbanjado tanto, esbanje-o com a instrução pública!"

Egas trata ainda temas como a Escola Naval (10-3-1903), a reforma do ensino médico (27-5-1903), pedindo a equiparação das escolas médicas de Nova Goa e do Funchal, e a necessidade de fomentar as relações com o Brasil (9-3-1904). Afirmou a este propósito: "Hoje dependemos do Brasil mais do que o Brasil de nós." Refira-se que a emigração portuguesa para o Brasil estava a crescer e as remessas dos emigrantes eram vitais para a economia portuguesa.

---

[38]Hintze Ribeiro nasceu em Ponta Delgada em 7-11-1849. Doutorou-se em direito e foi eleito deputado pela primeira vez em 1879. Foi ministro das Obras Públicas em 1881 com Rodrigues Sampaio e presidiu pela primeira vez um ministério em 1893. Com a morte de Serpa Pimentel fora eleito chefe do Partido Regenerador. Morreu subitamente em 1-8-1907. Sucedeu-lhe Júlio de Vilhena.
[39]Segundo *O Mundo*, em 1904, 52 dos principais políticos monárquicos dividiam entre si 263 empregos.

"CONSPIRADOR E POLÍTICO ATÉ A MEDULA"

Entretanto, João Franco,[40] que fora líder parlamentar entre 1897 e 1901, mantinha-se muito crítico em relação à atividade do governo e em 20 de março de 1903 forma o Partido Regenerador-Liberal, considerado por muitos o "partido da esperança", que no entanto não vingou nas eleições seguintes. O governo vem a cair em 20 de outubro, quando da discussão parlamentar dos novos contratos do tabaco e dos fósforos. A questão dos tabacos merece uma palavra de explicação. A atividade tabaqueira fora liberalizada em 1865, mas o Estado dedicava-lhe uma escandalosa proteção e, em 1890, volta a ser um monopólio público que o Estado arrendava por certo período. O que se começou a discutir em 1904 foi o novo contrato de arrendamento. Este suscitava dois problemas: por um lado, como sucedeu em 1891, o Estado pretendia que quem ficasse com o monopólio lhe garantisse um empréstimo; por outro, além da companhia que obtivera o contrato em 1890, surgira outro concorrente a que estava ligado Alpoim. Para João Franco, pelas suspeitas de corrupção que levantava, causava "grande e profunda perturbação" na sociedade portuguesa e fora para o país o que o caso Dreyfus fora para a França.[41] De fato, toda a regulação do comércio e as regras do regime aduaneiro e fiscal se prestavam às maiores combinações entre os governantes e os homens que dirigiam o negócio, que pertenciam, aliás, a ambos os partidos. José Luciano de Castro, agora hemiplégico, é chamado a presidir o ministério que dura de 27-12-1904 a 20-3-1906. Para a pasta da Marinha e Ultramar vai o Dr. Manuel Moreira Júnior, a quem chamavam Moreirinha, lente da Escola Médica, mais tarde um dos apoiantes de Egas na demanda do Nobel. Na Justiça encontrava-se José Maria de Alpoim, a quem Egas estava muito ligado e a quem o "prendia grande afeição". José Maria de Alpoim de Cerqueira Borges Cabral (1858-1916) nascera em Rede, Vila

---

[40]João Franco Ferreira Pinto Castelo-Branco (1855-1929), natural de Alcaide (Fundão) e licenciado em direito pela Faculdade de Coimbra em 1875. Egas declara no Parlamento, em 30-4-1902, que a maioria de 1901 tinha seguido o Sr. Hintze e não João Franco porque o primeiro "dispunha do cofre das graças".

[41]O caso Dreyfus, o maior escândalo político ocorrido na França no final do século XIX, refere-se à condenação por alta traição de Alfred Dreyfus, um oficial francês judeu. A condenação não tinha qualquer fundamento, mas o oficial foi condenado à prisão perpétua e enviado para a ilha do Diabo. Dreyfus foi finalmente reabilitado em 1906, para o que contribui a intervenção de, entre outros, Émile Zola, que publicou no jornal *L'Aurore* uma carta aberta ao presidente da República, Félix Faure, a famosa "J'accuse".

Real, e licenciara-se em direito pela Universidade de Coimbra em 1878. No ano seguinte filiara-se no Partido Progressista de José Luciano de Castro. Fora ministro da Justiça em 1898, 1904 e 1905. Rocha Martins descreve-o como "gordo, gotoso, de carnes transbordantes e alvo de rosto, com o ar dum grande bebê". Segundo Egas, Alpoim era na intimidade o mais primoroso *charmeur* que tinha conhecido, mas reconhece que "era no fundo um agitador", embora "sempre bem-intencionado". É sabido, porém, como Egas foi sempre benevolente no juízo que fazia dos amigos. Alpoim é, entretanto, exonerado por Luciano, que provavelmente não admitia as ambições de liderança e o jogo de intriga do truculento político. Alpoim terá aproveitado a questão dos tabacos para sair, pois a sua relação com José Luciano era de "quezílias constantes". Cria então o Partido da Dissidência Progressista e Egas acompanha-o.

Hintze forma o último gabinete regenerador, em 21-3-1906, que durou apenas dois meses. A ele se opunham Alpoim e Franco. Este último alia-se então aos progressistas de Luciano num pacto que ficou conhecido por Concentração Liberal. Novamente a questão dos tabacos é levada ao Parlamento, o governo cai e o rei chama João Franco para chefiar o ministério. Em eleição de 19 de agosto o chefe de governo registra uma larga vitória, mas são eleitos quatro deputados republicanos, entre os quais Afonso Costa[42] e António José de Almeida.[43] Note-se que nestas

---

[42]Afonso Costa nasceu em Santa Marinha, concelho de Seia, em 6-3-1871. Licenciou-se em direito na Universidade de Coimbra em 1895, doutorando-se depois com uma tese sobre "A Igreja e a questão social" em que atacava a encíclica *Rerum Novarum*. É eleito deputado republicano durante a monarquia constitucional, em 1899, 1906-7, 1908 e 1910. No governo provisório da República ocupa a pasta da Justiça e Cultos. Em fevereiro de 1912 funda o Partido Democrático, que se torna de fato o principal partido do poder na Primeira República até 1926. Foi chefe de governo por três vezes, em 1913, 1915 e, mais tarde, de 25-4-1917 a 10-12-1917, quando se dá a revolução sidonista. É ele que substituirá Egas Moniz em Paris e assinará o Tratado em Versalhes em 28-6-1919, representando Portugal na Assembleia da Sociedade das Nações. Morre em Paris em 1937. Orador brilhante, mas profundamente corrupto e sem escrúpulos, dele escreverá o rei D. Manuel II em 21-5-1908 nas suas "Notas absolutamente íntimas": "Esse é o pior que existe não só em Portugal mas em todo o mundo; é medroso e covarde, mas inteligente e para chegar aos seus fins qualquer pouca-vergonha lhe é indiferente."
[43]António José de Almeida nasceu em Vale da Vinha (Penacova) em 18-7-1866. Licenciado em medicina, exerceu a sua profissão em S. Tomé de 1889 a 1904, entrando para a política como deputado republicano em 1906. Foi ministro do Interior do governo provisório após a implantação da República em 1910, tendo formado mais tarde o Partido Evolucionista (1912-9). Presidiu ao governo da União Sagrada (1916-7) e foi presidente da República em 1919. Faleceu em 31-10-1929. Raul Brandão definiu-o como "figura generosa e simpática [...]. Justiça, liberdade e povo, que para os outros não passam de palavras, são para ele realidade profunda".

"CONSPIRADOR E POLÍTICO ATÉ A MEDULA"

eleições o próprio João Franco fez questão de promover a eleição de deputados de todas as correntes políticas, incluindo republicanos. Dava assim um sinal de rotura com o rotativismo.

Em 15-6-1908, republicanos e "dissidentes progressistas", de que Egas fazia parte, levaram às cortes a questão dos adiantamentos à casa real, o que para Egas foi a causa próxima e principal da queda do "velho regime". Fora, aliás, o próprio João Franco o primeiro chefe de governo a admitir publicamente que estes adiantamentos existiam e a propor regularizar a sua prática. Afonso Costa classificava os pagamentos adicionais à casa real como um crime de peculato e proclamou no parlamento: "Por menos do que fez o senhor D. Carlos, rolou no cadafalso a cabeça de Luís XVI." Instado pelo presidente a desdizer-se e negando-se, foi expulso, o que levou António José de Almeida a saltar sobre a bancada e proclamar para o hemiciclo: "Soldados, que sois filhos do povo, proclamemos aqui a República." Egas questionou vivamente o governo em várias ocasiões, levantando a voz contra o ministro da Fazenda, em quem, para citar outro deputado, Alexandre Braga, "marcou o ferrete da ignomínia" na sua "face lívida". A imprensa republicana não poupava o rei e o jornal *A Luta*, dirigido por Brito Camacho,[44] envolvia D. Carlos no escândalo de aquisição de dois prédios. Entretanto, as posições do governo enfraqueciam e em 9 de maio de 1907 o rei dissolveu as cortes. Entra-se no período da "ditadura franquista", que iria durar até 1908, terminando com o assassínio do rei e do príncipe herdeiro, Luís Filipe. O conceito de ditadura significava na época a acumulação de poder Legislativo e poder Executivo, num período em que o Parlamento não funcionava ou porque se esperavam eleições, que, de fato, estavam marcadas para 5 de abril de 1908. Conforme escreve Rui Ramos na sua biografia do rei D. Carlos, a conspiração para derrubar a monarquia

---

[44]Manuel de Brito Camacho (1862-1934) nasceu na aldeia de Rio de Moinhos, próximo de Aljustrel. Formou-se em medicina em Lisboa em 1884, e foi médico militar. A partir de 1902 dedicou-se exclusivamente ao jornalismo — fundou o jornal republicano *A Luta*, em 1906 — e à política, sendo eleito deputado republicano após o regicídio. Em 23-10-1910 foi nomeado ministro de Fomento do Governo Provisório da República. Liderou a fundação do Partido da União Republicana, em 1912.

EGAS MONIZ – UMA BIOGRAFIA

terá começado com um encontro entre João Chagas[45] e o visconde da Ribeira Brava,[46] um dos chefes da dissidência progressista a que Egas pertencia, num coreto da avenida da Liberdade numa noite de junho de 1907. Seguiu-se uma reunião alargada em setembro em casa do visconde, em que já estiveram presentes republicanos como Afonso Costa e Alexandre Braga e o jornalista França Borges,[47] além de Alpoim e Egas. Alpoim terá também falado com António José de Almeida, membro do diretório do Partido Republicano. Os dissidentes pretendiam dirigir e explorar a revolução, mas não se comprometeriam em ações violentas. A eles cabia arranjar dinheiro e armas e aos republicanos convocar gente. Entretanto formou-se um comité civil, com Afonso Costa, António José de Almeida e João Chagas, e um comité militar, em que entravam, entre outros, Cândido dos Reis[48] e Álvaro Poppe.

Em 11-4-1907, João Franco encerra as cortes e promulga, em 21-08-1907, para calar a voz da oposição, uma lei de imprensa que proibia tudo o que fosse "atentatório da ordem pública", cabendo aos governadores civis zelar pelo seu cumprimento. Não custa a crer que ao espírito liberal de Egas, traço que conservou com inflexível coerência até o fim da vida, a ditadura de Franco inspirasse profunda repugnância. Mais tarde, num discurso na Câmara dos Deputados em 15-6-1908, Egas perguntava retoricamente: "Em presença dos últimos acontecimentos do reinado de D. Carlos e das infâmias do governo da ditadura, havia ou não direito de ir até aos últimos excessos?" A que excessos se referia

---

[45]João Pinheiro Chagas (1863-1925), nascido no Rio de Janeiro, foi escritor, jornalista e panfletário. Fundador de *A República* e mais tarde da *A República Portuguesa*. Foi ministro de Portugal em Paris logo após a implantação da República e presidiu ao primeiro governo constitucional.

[46]Francisco Correia de Herédia (1852-1918), visconde da Ribeira Brava, nasceu nessa povoação da Madeira. Licenciou-se no curso superior de letras. Foi membro do Partido Progressista e depois da dissidência, assumindo mais tarde papel de relevo na revolução republicana. Foi assassinado em Lisboa quando da chamada "leva da morte", em 16-10-1918.

[47]António França Borges (1871-1915), jornalista, foi o fundador do jornal *O Mundo*, em novembro de 1900, que funcionava como porta-voz do Partido Republicano Português e mais tarde do Partido Democrático de Afonso Costa.

[48]Cândido dos Reis (1851-1910), vice-almirante e maçom, foi a figura militar mais importante da revolução de 5 de outubro. Convencido de que esta estava condenada ao fracasso, suicidou-se na madrugada de 4 de outubro de 1910.

não é possível adivinhar, mas não é de crer que incluíssem o assassínio de D. Carlos, em que Egas sempre negou estar diretamente envolvido. Nas suas memórias políticas, reclama que o seu empenhamento era sobretudo o derrube de João Franco, e que a luta revolucionária deveria ter como consequência a mudança de regime. A conspiração, aliás de uma extraordinária incompetência, é abortada em janeiro de 1908. A denúncia do movimento terá sido feita por um jovem sargento de Infantaria 16, Joaquim Almeida Lima, que veio a ser assassinado pela Carbonária[49] em abril de 1909. Em 21 de janeiro são presos o jornalista França Borges, quando saía do seu jornal, e João Chagas, quando jantava na Charcuterie Française, na rua do Carmo, e no dia seguinte António José de Almeida e o grão-mestre da Carbonária, Luz de Almeida. A direção do movimento passou então para Afonso Costa, Alpoim, Ribeira Brava e Egas. Em 27 de janeiro, em casa do empresário Grandela, é planejado um movimento cujo objetivo era o rapto de João Franco e a sua transferência para um barco de pesca com homens armados e daí para um navio de que os revolucionários se iriam apoderar, e a tomada de pontos estratégicos por grupos armados da Carbonária, entre os quais o chamado "grupo dos 18", cuja figura dominante era Alfredo Costa e a que pertencia igualmente Manuel dos Reis Buíça, os assassinos do rei D. Carlos e do príncipe herdeiro. No dia seguinte, os líderes da conspiração aguardavam os acontecimentos no elevador dito da Biblioteca, ao Largo do Município, de que era proprietário o visconde de Ameal. Um polícia que viu entrar tanta gente para um elevador que àquela hora estava parado denunciou o movimento. Assim são presos Afonso Costa, que estava disfarçado, de barba rapada e fardado de marinheiro, Álvaro Poppe, Ribeira Brava e Egas, que estava na casa de banho, alegadamente vítima "de necessidade física imperiosa", segundo conta Rocha Martins. Alpoim refugia-se em casa de Teixeira de Sousa e depois foge

---

[49] A Carbonária era uma sociedade secreta oriunda da maçonaria acadêmica, que iniciou a sua atividade em 1895. O principal dirigente era o Dr. Luz de Almeida. Pretendia a mudança de regime pela luta armada.

para a Espanha. O comandante da Guarda Municipal, Malaquias de Lemos — nas palavras de Rocha Martins, um "homem alto, espadaúdo, gigantesco quase, com ar de cossaco e fama de valentão, sem que se soubesse qual o seu feito demonstrador de audácia" —, gabava-se depois de ter tido conhecimento da conspiração e escrevia nessa noite: "Apareceu a tal borracheira que eu previa e esta noite deram-se graves acontecimentos, abafados ainda assim à nascença, de que resultou a morte de um pobre policial e a prisão de 120 indivíduos, entre eles Egas Moniz, Afonso Costa e visconde Ribeira Brava. Cá os tenho. Os 120 foram para Caxias. Foi um serviço bem-feito."

Com os conspiradores presos, o rei assinou em Vila Viçosa um decreto, publicado em 31 de janeiro, pelo qual se expulsavam os incriminados, e Egas teria sido provavelmente expulso do país[50] se, em 1 de fevereiro, não tivesse ocorrido o regicídio. Cinco dias depois eram libertados os presos políticos. Aliás, as condições no cárcere não seriam muito rigorosas, pois Afonso Costa, segundo O Mundo escrevia em 14-2-1908, gabava-se de o almoço já vir do restaurante Tavares. Na ocasião, o município de Estarreja enviou a Egas a mensagem seguinte: "A homens com a integridade de caráter e a força da alma de V. Exa. podem os povos confiar a guarda das suas liberdades."

Proclamado rei, D. Manuel II ascende ao trono e nomeia para chefiar o governo o almirante Ferreira do Amaral. Em 15-6-1908, Egas, discursando no Parlamento, pretende alijar qualquer culpa pelo regicídio. Atacava a ditadura de João Franco, afirmando: "Eu por mim entendia que, nesse momento, a sua queda era a única solução. E desejei-a [...]." E acrescenta: "E nunca pratiquei ato algum que mais me satisfizesse e mais me levantasse no tribunal íntimo da minha consciência do que essa atitude revolucionária, que como liberal e como português entendi

---

[50]É referido em vários escritos que o destino de Egas teria sido, eventualmente, o Timor. De fato, para Rui Ramos, isso teria sido improvável. O decreto em causa previa a expulsão do país por decisão do Conselho de Ministros dos indivíduos pronunciados pelos tribunais pelo crime de revolta ou conspiração revolucionária. O decreto, aliás inspirado numa lei francesa, evitava o julgamento de grandes figuras da política como Alpoim ou Afonso Costa, o que certamente iria levantar problemas para o governo.

"CONSPIRADOR E POLÍTICO ATÉ A MEDULA"

dever tomar!" E adiante: "A noite de 28 de janeiro fez abortar o movimento que havia fatalmente de produzir-se apesar das prisões feitas, se um acontecimento inteiramente imprevisto não viesse transformar, por completo, a vida política portuguesa. Refiro-me ao atentado de 1 de fevereiro. Com ele nada tem, nem poderia ter, o movimento revolucionário. Foi um fenômeno esporádico e imprevisto que, mesmo no ardor da luta revolucionária, seria condenável. Basta recordar que o movimento revolucionário se produziu na noite de 28 de janeiro, em que dei entrada no cárcere dos Loios." Esta justificação é, como se compreende, de fraco mérito, pois nunca ninguém o acusou de ter disparado as armas assassinas. De fato, 1908 foi o ano da rotura de Egas com a monarquia.

Egas regressa à Câmara dos Deputados e novamente a questão da lista civil do rei e dos adiantamentos à casa real é levantada por Brito Camacho, agora contra um projeto do ministério de Ferreira do Amaral, com quem Egas tinha até uma relação cordial.[51] O governo de Ferreira do Amaral era composto de regeneradores, progressistas e independentes. Quando o ministro da Fazenda Afonso de Espregueira foi ao Parlamento, foi Egas quem rompeu o fogo, tendo o ministro confessado ter feito vários suprimentos à casa real nas suas duas passagens pela gestão da Fazenda Pública. O chefe regenerador de então, Júlio Vilhena, retira o seu apoio ao almirante. Sucede-lhe na chefia do ministério Campos Henriques, que durou apenas três meses e meio, e a este o general Sebastião Teles, que durou um mês! É chamado então Venceslau de Lima.

Entretanto, o movimento republicano ganhava força. No ato eleitoral de 5 de abril os republicanos elegeram sete deputados e acusaram o governo de Ferreira do Amaral de se assemelhar à censura franquista. A propaganda era feita sobretudo por ação dos médicos, "elementos valiosíssimos nas aldeias". Em abril, no congresso republicano realizado em Setúbal, Afonso Costa, António José de Almeida e João Chagas

---

[51]Encontra-se no acervo epistolar de Egas uma carta curiosíssima de Ferreira do Amaral de 6/10/08 em que este diz, a certo passo: "Mil vezes obrigado por tudo quanto de amável diz a respeito de um belo gesto eleitoral, como é hoje moda dizer-se, a propósito das pessoas que se lembram de ter algum juízo, como uma vez por outra me prezo de ter, apesar dos grandes políticos da terra me terem pelo mais reverendo pedaço de asno que o sol cobre quando, por acaso, não está à sombra."

manifestaram-se a favor de um grupo partidário de intervenção armada, a que se opôs Bernardino Machado. Na propaganda contra a Igreja havia, no entanto, unanimidade, com Miguel Bombarda a desempenhar o papel de relevo. Em 2 de agosto fora figura de proa de uma manifestação antirreligiosa — a que me referirei mais adiante — em que participaram Egas Moniz e António Macieira, seu cunhado. Egas não se esquecia de cuidar dos interesses dos seus eleitores e a Câmara de Estarreja reconheceu (18/5/1910) que o prolongamento do serviço de comboios até seria "sem dúvida devido aos bons serviços" do deputado Egas Moniz.

A Venceslau de Lima, que, sem razão aparente, pedira a demissão, segue-se Veiga Beirão. Como nota Rui Ramos, e cito, "a política desta época era marcada pelo contraste entre dois 'blocos' (como se dizia na imprensa, para significar a aliança entre dois ou mais chefes políticos): de um lado, José Luciano de Castro, do Partido Progressista, e Campos Henriques, dissidente do Partido Regenerador, que formavam o 'bloco conservador'; do outro lado, José Maria de Alpoim, com os seus dissidentes, e Teixeira de Sousa e Júlio de Vilhena, do Partido Regenerador, formavam o 'bloco liberal'. Depois da queda do ministério de Ferreira do Amaral, provocada pela ânsia de Júlio de Vilhena de chegar ao governo, o bloco conservador dominou nos governos de Campos Henriques e Sebastião Teles (dezembro de 1908-maio de 1909), levando Alpoim a conspirar. Entre maio de 1909 e dezembro de 1909, o governo de Venceslau de Lima foi um novo período de concórdia, uma vez que era do agrado de Alpoim. No entanto, em dezembro de 1909, o bloco conservador volta ao poder, com o governo Veiga Beirão, que durará até junho de 1910, quando o bloco liberal, com Teixeira de Sousa, retoma o governo. Como se vê, foi uma época em que todos os partidos se dividiram, formando as facções resultantes de novas alianças entre si. Ninguém tinha maioria no Parlamento, e por isso os governos não duravam" (em comunicação pessoal).

Teixeira de Sousa era agora chefe dos regeneradores e mantinha boas relações com Afonso Costa e Bernardino Machado, além de Brito Camacho e França Borges. É ele o último chefe do governo da monarquia. De fato, já em 1906 João Chagas escrevia: "Entre monárquicos e repu-

"CONSPIRADOR E POLÍTICO ATÉ A MEDULA"

blicanos em Portugal não há diferença de crenças. O que há é diferença de posições. Republicanos somos nós todos, mesmo os monárquicos."

Com a implantação da República, em 5 de outubro de 1910, Teófilo Braga é nomeado presidente do governo transitório e o ministério é ocupado por históricos como Afonso Costa (Justiça), Bernardino Machado (Negócios Estrangeiros) e António José de Almeida (Interior). Logo começa a perseguição religiosa e a vários ministros da monarquia. Egas entra como deputado à Assembleia Constituinte, eleito pelo círculo de Estarreja. O Diretório Republicano tinha querido que Egas desistisse a favor de Sidónio Pais,[52] mas Egas não aceitou. Segundo Malheiro da Silva, no círculo de Estarreja, que incluía ainda Espinho, Ovar e Vila da Feira, Egas era um cacique quase imbatível. O seu primo António de Abreu Freire escrevia a Sidónio em 20-5-1911: "O Dr. Egas respondeu que não desistia, já que a sua escolha fora das comissões (municipais e paroquiais). Estas que resolvessem." Sidónio foi eleito por Aveiro. Na eleição de 28 de maio só houve votação em 22 das 50 cidades eleitorais e a maioria dos 226 eleitos foram proclamados sem oposição. Para Vasco Pulido Valente as eleições para a Assembleia Constituinte terão sido "uma fraude mais vasta e descarada do que tudo a que no passado se atreveu a monarquia".

Os médicos eram o grupo profissional mais representado. Segundo Vasco Pulido Valente, seriam 52; Rui Ramos cita 44, mais um estudante de medicina, e Rita Garnel, num ensaio intitulado "Médicos e saúde pública no Parlamento republicano", refere que a *Medicina Contemporânea*, jornal fundado por Sousa Martins, Miguel Bombarda e Manuel Brito de Sousa, onde Egas publicou diversos trabalhos, contava 50 médicos e dois estudantes de medicina. Segundo esta historiadora, o número correto é 37 médicos e dois estudantes de medicina. Igualmente

---

[52]Sidónio Bernardino Cardoso da Silva Pais nasceu em Caminha em 1-5-1872. Era oficial de artilharia e lente de matemática na Universidade de Coimbra. Foi deputado à Constituinte de 1911 e ministro do Fomento do primeiro governo constitucional de João Chagas e depois ministro das Finanças do governo de Augusto de Vasconcelos. Em agosto de 1912 é nomeado ministro de Portugal em Berlim, cargo que ocupa ainda quando, em 9-3-1916, a Alemanha declara guerra a Portugal.

notável foi a representação parlamentar dos médicos nas várias legislaturas republicanas: 142 entre 1911 e 1926. É portanto de sublinhar o número de médicos que durante a Primeira República ocuparam lugares de relevo na política como deputados ou governantes. Cito, entre outros, António Teixeira de Sousa, António José de Almeida, Brito Camacho, além dos professores da Faculdade de Medicina de Lisboa Egas Moniz, Manuel Moreira Júnior,[53] Augusto de Vasconcelos,[54] José Sobral Cid e Azevedo Neves.[55]

Como nota Rui Ramos, costumava então dizer-se que, se a monarquia fora o império dos bacharéis em Direito, a República representava o advento do império dos médicos. Como observa este historiador, é marcante a influência da psiquiatria na Primeira República, com Miguel Bombarda, que fora de fato o chefe civil do 5 de outubro, Júlio de Matos e José Sobral Cid, que foi ministro da Instrução Pública em 1914, além, é claro, do próprio Egas, que praticava "neuropsiquiatria". Júlio de Matos viera para Lisboa, tal como Egas, com a reforma da universidade de 1911. Aprendera o positivismo com Teófilo Braga e estudara Psiquiatria com António Maria Sena, no Hospital Conde de Ferreira, no Porto. Deve-se a ele o decreto de 11 de maio de 1911 pelo qual era facultado a qualquer pessoa requerer o internamento de outra num manicômio com um atestado de dois médicos e um parecer do próprio Júlio de Matos. Egas, Júlio de Matos e Sobral Cid foram os responsáveis pelo parecer lamentável que declarou Maria Adelaide Coelho

---

[53]Num famoso discurso na Câmara dos Deputados em 3-6-1908 a propósito do regicídio, em que desmentia o envolvimento do Partido Republicano, António José de Almeida declarava: "O Sr. Moreira Júnior é um médico muito distinto e como tal cheio de saber e talento [...]. Como político, porém, discursa à maneira de um colegial adolescente."

[54]Augusto César de Almeida Vasconcelos Correia (1867-1951) licenciou-se em Lisboa, tendo chegado a lente catedrático de Cirurgia em 1866. No início da República foi membro do Partido Unionista de Brito Camacho. Foi presidente do governo em 12-11-1911, acumulando com a pasta dos Negócios Estrangeiros. Teve várias missões diplomáticas em Madrid e foi chefe de missão em Londres em 1918, na presidência de Sidónio Pais, tendo substituído Manuel Teixeira Gomes.

[55]João Alberto Pereira de Azevedo Neves (1877-1955) foi catedrático da Faculdade de Medicina em 1911, professor de medicina legal e fundador do Instituto de Medicina Legal. Foi secretário de Estado e ministro do Comércio em 1918 e ministro interino dos Negócios Estrangeiros em 1919. Foi presidente da Sociedade das Ciências Médicas de Lisboa e diretor da Faculdade de Medicina.

"CONSPIRADOR E POLÍTICO ATÉ A MEDULA"

da Cunha, filha do fundador do *Diário de Notícias*, que fugira com o motorista da casa, "degenerada hereditária na qual se vêm manifestar todos os sintomas em relação com a menopausa, graves perturbações dos afetos e dos instintos que a privam da capacidade civil para reger a sua pessoa e administrar os seus bens". Os três foram bem pagos pelo marido, Alfredo da Cunha.[56]

A Assembleia Constituinte reuniu-se em 19-6-1911 para sancionar a revolução de 5 de outubro e decretar a "República Democrática". A comissão redatorial produziu rapidamente o texto (uma semana depois!), cuja matriz era uma réplica da constituição brasileira, de onde, segundo António Macieira, tinham retirado textualmente trinta artigos. Na Assembleia Constituinte, algumas das posições de Egas não venceram.[57] Para ele, aquela, "se não foi uma reunião de experimentados, foi quase sempre um clamor de sinceros". Egas favorecia um sistema de duas câmaras, onde na segunda deveriam estar representadas todas as classes ou "agregados sociais", "forças intelectuais, desde o professor primário ao superior, as forças da riqueza pública, os agricultores, os comerciantes e os operários, que são também riqueza sob outro aspecto". Egas era também contra a pena de morte em todas as circunstâncias, eliminando a ressalva que o projeto continha para as situações de guerra. Só Egas defendeu o sufrágio universal, que incluía os analfabetos, argumentando que todos tinham o mesmo direito, pois "analfabetos há que têm mais consciência e conhecimentos do que indivíduos que sabem ler e escrever". Note-se que, ao discutir a lei eleitoral no parlamento, Afonso Costa defendia que a capacidade eleitoral deveria ser reduzida aos homens adultos e letrados. Para ele, os analfabetos não deveriam ir às urnas "para não se dizer que foi com carneiros que confirmamos a República". Ainda na sessão de 10-7-1911, Egas sustentou uma posição que, curiosamente, tem uma estranha ressonância de atualidade, ao

---

[56]O caso inspirou o romance de Agustina Bessa-Luís *Doidos e amantes*.
[57]Em *A Forja da Lei*, uma publicação de Joaquim Madureira que comentava o que se passava na Assembleia, lê-se: "Egas Moniz e Dantas Baracho uns rabos pelados, com anos de tarimba conseguem fazer um pouco de luz naquelas trevas densas" (citado por Malheiro da Silva).

propor que a Assembleia Constituinte votasse os subsídios dos deputados, mas só para os deputados da câmara que se lhe seguisse. Defendeu a independência do poder judicial, com o presidente do Supremo Tribunal de Justiça eleito pelos pares e não pela câmara. Lutou, como viria a fazer mais tarde, pelo poder do presidente da República de dissolver o Parlamento. Em 21-7-1911 Egas ergue-se contra o fato de o poder Executivo se substituir ao poder judicial, mas foi de novo vencido.[58]

A Assembleia Constituinte dissolveu-se depois para formar o Parlamento, com 152 membros, e o Senado, com 71, "câmaras que a si próprias se elegeram dentro da Assembleia Constituinte", escreve Egas. Manuel de Arriaga é eleito presidente da República em 24-8-1911, na 59ª sessão da Constituinte. O primeiro chefe do governo foi João Chagas (3-9-1911), a quem se seguiu, em 13-11-1911, Augusto de Vasconcelos. Para ministro da Justiça entrou então António Macieira, próximo de Afonso Costa, que com ele colaborou na elaboração de leis como a do Registro Civil e a da Separação das Igrejas do Estado. Já com Afonso Costa no governo, chegou em 18 de outubro de 1911 à câmara um projeto de lei contra os conspiradores monárquicos a que Afonso Costa adicionara um artigo em que consignava o princípio das multas proporcionais. Era então ministro das Finanças Sidónio Pais. Para Egas, a medida constituía uma confiscação "odienta e indigna de ser votada por uma assembleia republicana".

Durante todo o seu percurso político, Egas foi, como nota António Macieira Coelho, "sempre frontal e claro no seu pensamento liberal". Segundo Malheiro da Silva, Egas sentia-se próximo de um ideário de "intransigência moral, cientismo, civismo democrático, proudhonismo e nacionalismo romântico", que "foi depois subsumido pelo republicanismo conjugando a conservação de valores morais e políticos (liberdade, igualdade e fraternidade)" e a exaltação do progresso tecnológico e científico, erigido numa religião "secularizada". Dentro do espectro

---

[58]Segundo nota de Malheiro da Silva, Egas e o seu cunhado António Macieira por diversas vezes defenderam posições divergentes, por exemplo no que se refere à indagação por qualquer autoridade da religião professada (Egas era contra) e em relação aos direitos das mulheres (Egas era a favor).

partidário do início da República, Egas estaria mais próximo de António José de Almeida. Já depois da revolução de 1974, vários autores tentaram enquadrar Egas nas correntes ideológicas e políticas do nosso tempo. Para Cruz Malpique, por exemplo, seria um democrata liberal e simpatizante do socialismo, opinião baseada no que este escreveu nas suas memórias políticas, em que dizia: "É indispensável que o operário tenha o bastante para si e para os seus", e que devia estar "ao abrigo de leis protetoras que não só o amparassem nos desastres, mas também o socorressem na doença, na invalidez, na falta de trabalho e na velhice". Por estas afirmações, o próprio Egas não estranhava que o tomassem por "socialista". Note-se que houve quem interpretasse a intervenção de Egas de um modo totalmente oposto. O professor da Faculdade de Direito de Lisboa Pedro Soares Martinez escreveu um artigo no jornal *O Dia*, em novembro de 1999, que tinha como título "Egas Moniz, Prêmio Nobel, precursor do Estado Novo".

A transição de Egas de uma posição de monárquico liberal para republicano é difícil de definir cronologicamente, mas não teria sido muito diferente da de outros, muitos dos quais foram ao tempo classificados como "adesivos", por rapidamente terem aderido à República. De fato, como escrevia Brito Camacho em *A Luta* logo em 14-10-1910, José de Alpoim já parecia sentar-se do lado republicano, ao lado de Machado Santos — o herói da revolução de 5 de outubro —, mas também de Camacho e Afonso Costa. Existe no espólio de Egas uma carta do sobrinho de José Luciano de Castro (ele próprio com o mesmo nome) que merece ser transcrita e que ilustra a cambalhota que muitos deram, aliás sem grande remorso. Diz logo no início: "Aderi à República, individualmente, na administração do concelho de Estarreja há mais de um mês. Soltou-se de vez o meu coração e eis-me abertamente ao teu lado. Estive amarrado contra a minha vontade, alguns anos, a respeitar uma família que só me serviu de madrasta." Depois recorda obscuras combinações eleitorais: "Em Salreu, fiquei só com 175 votos para te favorecer, combinado como José Fortunato [...]. Os filhos da puta nunca mais me puderam ver com bons olhos apesar de me respeitar [sic] porque bem sabiam que lhes estragava a barraca política quando quisesse [...]. O que sabes bem é que ocupando a minha humilde pessoa lugar de destaque neste concelho, nunca a menor sombra empanou a nossa amizade pessoal e política. Acompanhei-te em lutas políticas através de todos os perigos e fui nalgumas horas o consolador da tua grande mágoa na noite em que faleceu o teu ente mais querido. Corri pressuroso a dar-te conforto em tamanha dor. Nada me deves, tudo me pagaste — ainda te vejo ao meu lado no momento mais difícil da minha vida em Coimbra. Noites da mocidade; Torreira, Coimbra, muita coisa — nada esqueço apesar de nem já saber afinar a minha saudosa guitarra [...]. Conheço o Dr. Afonso Costa, ilustre ministro da Justiça, vejo nele o único restaurador de Portugal, pela sua têmpera de aço, pelo seu talento e porque é *amigo dos Padres como eu*. Desde que estive um mês na cadeia por causa dum tonsurado dum padre de Aveiro a quem abri um palmo de coroa por se intrometer num amor dos meus 20 anos desviando-me o encanto dos meus sonhos por meio da confissão, nunca mais pude ver semelhantes estardalhos. [...] Como acima refiro tenho amigos em Lisboa entre os republicanos — o que juro pela minha honra — e fico inteiramente a teu lado. Como sabes sou notário em Estarreja, recebi este lugar sem o dever a ninguém, porque estava abandonado há perto de dois anos [...]. Nada mais quero, só desejo que não me bulam — e não sei o que faria — e assim, meu caro Egas, cá tens um defensor da tua causa [...]. Só o Dr. Afonso Costa se lembrou dos notários depois do Cons. Alpoim!!! É quanto basta para a minha admiração a que já tinha direito pelos seus incontestáveis méritos. Confio em ti, posso estar descansado? Julgo que sim e a tua resposta o dirá."

Juntaram-se ainda aos partidos republicanos membros da geração académica de 1907, entre os quais Francisco Pulido Valente, um dos professores mais distintos da Faculdade de Medicina de Lisboa e o pioneiro do ensino moderno da medicina clínica de base científica em Portugal, que depois manteve com Egas, como veremos, uma relação de tenaz animosidade. A verdade é que não há qualquer indicação de que Egas tenha tentado aproveitar a nova ordem política; de resto, certamente

"CONSPIRADOR E POLÍTICO ATÉ A MEDULA"

não alinhava com o republicanismo de Afonso Costa. Reconhecia, no seu estilo próprio, que "pairava no momento sobre as nossas cabeças aquele espírito jacobino que em mais alevantado voo, adejou sobre a grande Assembleia francesa".

Decerto uma das questões que lhe terão causado particular incômodo foi o anticlericalismo feroz que marcou o início da Primeira República, e que vinha já do tempo da monarquia. De fato, entre 1907 e 1910, os clubes republicanos prosperaram sobretudo à custa da guerra anticlerical. A ameaça à sociedade ideal que a República procurava erigir, "sociedade viril e progressista", na palavra de Rui Ramos, vinha sobretudo da "congregação" católica e particularmente dos jesuítas, como clamava Miguel Bombarda no seu famoso *A ciência e o jesuitismo*, publicado em 1904, cujo principal vício era a "hipocrisia". Egas fora ele próprio, como já vimos, educado por jesuítas no Colégio de S. Fiel. Em *A nossa casa* escreve que "ao lado da exagerada vida religiosa [...] havia uma boa educação humanista e científica [...]. A disciplina mental a que obrigavam os alunos em ciências exatas e afins era bem orientada [...]. Davam novo desenvolvimento à parte experimental, o que contrastava com a maior parte do ensino liceal desse tempo."

Egas e o seu cunhado António Macieira viriam a integrar a Comissão Executiva da Junta Liberal, uma organização paramaçônica criada em 1901 como reação ao caso Calmon,[59] fundada, entre outros, por Miguel Bombarda e Cândido dos Reis, os grandes líderes da revolta de 5 de outubro.

Como referi atrás, em 2-8-1909 a Junta Liberal organizou uma manifestação que terá reunido, segundo os jornais da época, mais de 100 mil pessoas — número altamente improvável, pois os participantes não terão enchido mais que a rua do Alecrim entre o Largo de Camões e o Cais do Sodré —, contra a atuação das congregações religiosas e em especial os jesuítas. Egas discursa no parlamento sobre a manifestação

---

[59]Rosa Calmon queria professar contra a vontade do pai. Em 17 de Fevereiro de 1901, quando saía da Igreja da Trindade no Porto, o Dr. José Calmon, cônsul do Brasil, alerta aos gritos que lhe queriam raptar a filha. Este processo precipitou violentas manifestações anticlericais.

dois dias depois. É um discurso de inexplicável ambiguidade:[60] "Eu sou antirreacionário [...]. Eu sei perfeitamente que é a religião católica a religião do Estado. Sei o respeito que lhe devo, mas sei também, em virtude dos princípios liberais, que defendo, quem hei-de atacar, como hei-de atacar e as armas com que hei-de avançar!" As vítimas eram "reacionários" que ele não nomeia. Mais adiante acrescenta, inflamado: "Por esse país fora, dos púlpitos abaixo, os enxovalhos são constantes aos liberais mais audazes de Portugal." Afonso Costa comentou em aparte: "E agora apareceram dois conventos em que havia fábricas de moeda falsa." O que certamente contrariava a sua própria experiência é o que designa como a "pressão" dos jesuítas do Colégio de S. Fiel sobre os "rapazes mais inteligentes" para entrarem na ordem. De fato, segundo Vasco Pulido Valente, o "antijesuitismo" constituiu o equivalente português do "antissemitismo" e a luta anticlerical atingiu o seu apogeu com a aprovação, em 21-4-1911, impressa no *Diário do Governo*, da Lei da Separação do Estado das Igrejas, com Afonso Costa, ministro da Justiça, lei que se tornou de fato o intangível símbolo da República. Eram sete capítulos e 196 artigos que, na palavra de João Seabra, criaram um regime legal de espoliação e opressão que duraria quase sete anos, os mais difíceis e duros da história da Igreja em Portugal. Existe no arquivo epistolar de Egas uma carta muito curiosa de Afonso Costa, datada de 10-9-1910, pedindo a Egas que interceda para que se melhorem as condições de assistência médica na sua terra natal, Seia, eventualmente com a construção de um novo hospital, medida que naquele tempo, como ainda hoje, garantia votos. Afonso Costa concluía a carta dizendo: "Vou escrever *hoje mesmo* para Lisboa sobre a necessidade de zurzir a cambada clerical." Sobre a lei de Afonso Costa escreveria depois Egas "que defendendo um princípio justo e necessário, vinha eriçada de arestas e até vexames contra o clero".

---

[60]Rui Ramos (comunicação pessoal) crê que esta "inexplicável ambiguidade" poderá talvez justificar-se porque a tradição liberal do século XIX combinava o respeito pelo princípio religioso com um veemente ultramontanismo. Este foi-se tornando, no caso dos republicanos mais radicais, uma posição antirreligiosa em geral.

Mais tarde, no governo de Augusto de Vasconcelos, António Macieira, enquanto ministro da Justiça e dos Cultos, reacende a guerra religiosa. É ele que, por decreto de 28-11-1911, desterra o patriarca de Lisboa, Mendes Belo, o governador do bispado do Porto e o arcebispo-bispo da Guarda e muitos outros. No fundo, o sentimento de Egas em relação à religião era algo ambivalente e este manteve com o clero uma relação de mútuo respeito e afabilidade.[61] Confessaria mais tarde: "Nós, ateus, vivemos por vezes situações curiosas. Por exemplo, eu sei que a minha mulher terá um profundo desgosto se o meu funeral não tiver a presença de um padre." Egas far-lhe-ia a vontade com "a condição de ser só um padre a acompanhar-me". Note-se ainda que o republicanismo era intrinsecamente maçônico.

Maçons eram, entre outros, António José de Almeida, Afonso Costa e Miguel Bombarda. Em 1907 havia 2.733 pedreiros livres e em 1913 havia 4.341. Egas Moniz foi iniciado em 22-12-1910 na loja Simpatia e União, com o nome simbólico de Egas Moniz, mas veio a abandonar em maio de 1912.

Uma das suas últimas intervenções na Assembleia, em 14-2-1912, foi sobre a questão de Ambaca, tendo então feito um ataque cerrado, minuciosamente preparado, ao ministro das Colônias, Freitas Ribeiro, um afonsista que se demitiu. Estava em causa o financiamento da Companhia dos Caminhos-de-Ferro através de África, matéria sobre a qual o ministro das Colônias decidira sozinho, sem prévia autorização parlamentar ou anuência do Conselho de Ministros, ou sequer do próprio ministro das Finanças, Sidónio Pais. Egas estranhava o desconhecimento do governo, declarando: "O governo não soube, porque não quis saber, porque não cumpriu o dever indeclinável de ler, todos os dias, a *Folha Oficial* do próprio governo, para conhecer os assuntos importantes da conjunta ação ministerial." Sidónio retorquiu que a ele só competia ler a matéria que lhe dizia respeito. Egas não ficou convencido.

---

[61]Egas manteve toda a vida uma relação de grande cordialidade com figuras da Igreja como os arcebispos de Mitilene (carta de 1952) e de Évora (carta de 1955).

EGAS MONIZ – UMA BIOGRAFIA

Egas voltou ao tema em 14-2-1912 na Câmara dos Deputados e Norton de Matos,[62] que era seu parente afastado e fora nomeado governador-geral de Angola, sentindo-se ofendido, exigiu uma reparação pelas armas. O duelo teve lugar no local dos Cucos, na estrada da Ameixoeira, sítio tradicional para estas disputas, cabendo em sorte a Egas Moniz o pior lugar, pela inclinação do terreno e contra o sol. Como médicos, estavam presentes Sousa Júnior e Francisco Gentil. No duelo, à espada francesa, Egas é ferido no sovaco, mas num ataque a fundo atinge Norton de Matos no sobrolho. Reparada a honra, o combate terminou.

Segundo António Macieira Coelho, Egas terá tido na sua vida política cinco pendências de honra, nem todas dirimidas em duelo. Foi certamente testemunha em várias outras,[63] uma das quais disse respeito a um grupo de dissidentes progressistas, entre eles Alpoim, que procurou reparação por parte do conselheiro António Cabral, de quem era amigo de infância, que, segundo relatório do *Diário Ilustrado* de 15 de abril de 1907, teria dito numa reunião da maioria parlamentar: "Há um governo que quer seguir o caminho da honra e não receia uma oposição de bandidos." Os ofendidos pretendiam saber se a declaração se referia à dissidência progressista e, não se sentindo esclarecidos, tomaram-no como "ofensa feita à coletividade", cabendo a Alpoim, o líder, a incumbência de reparar a

---

[62]José Mendes Ribeiro Norton de Matos nasceu em Ponte de Lima em 1867 e faleceu em 1955. Passou a primeira metade da sua vida em missões no Ultramar. Durante a monarquia fora simpatizante do franquismo, tendo aderido ao Partido Republicano após o 5 de outubro. Foi ministro duas vezes e mais tarde um oposicionista ao Estado Novo. Norton era parente de Egas, segundo explica numa carta de 26-5-1951 sua irmã, Rita Norton, a Egas, por meio de um bisavô que seria irmão de um avô de Egas, um tal Diogo Tavares de Rezende. Ao contrário do que está escrito em várias publicações, Egas e Norton reconciliaram-se e mantiveram relações muito cordiais, conforme atestam a correspondência de Egas com a irmã Rita e numerosos telegramas de felicitação de Norton a Egas.
[63]O último duelo em que Egas interveio como testemunha, provavelmente o último que ocorreu no país, foi o que opôs em 27.12.1925 António Beja da Silva, vice-presidente da Câmara de Lisboa, e António Centeno, diretor da Companhia de Gás. Beja da Silva, que era republicano, afirmou que a companhia faltara ao compromisso de não subir o preço do gás. Centeno, que era monárquico e fora membro do partido da dissidência progressista, em que Egas militara, achou-se ferido na sua honra e exigiu reparação pelas armas. Egas, juntamente com Tamagnini Barbosa, era padrinho de Centeno. Beja da Silva, que sofria de angina de peito, morreu durante o duelo de um ataque cardíaco fulminante. Isto levou o comandante da PSP, Ferreira do Amaral, a acabar com a complacência com que os duelos eram olhados pelas autoridades (*Tal e Qual*, 27.12.1996).

honra, "de acordo com *Les Lois du Duel* de Bruneau de Laborie, p. 113" (cartas a Egas de Alpoim e outros de 16 e 17 de abril). O duelo à pistola a 25 passos terminou com Cabral e Alpoim a dispararem para o ar...

Entretanto, em fevereiro de 1912, o Partido Republicano, o partido único que emergira da República, dividia-se em três: o Partido da União Republicana, de Brito Camacho (ou "Unionista"), o Partido Evolucionista, de António José de Almeida — provavelmente aquele de que Egas se sentia mais próximo —, e o Partido Republicano Português, de Afonso Costa, conhecido como Partido Democrático. Em 16-4-1912 Egas pede a cessação do mandato parlamentar e mantém-se durante alguns anos sem atividade política visível.

4. "Um ilusório sucesso e muitas contrariedades"

Entre 29-1-1913 e 9-2-1914 o governo é entregue a Afonso Costa. António Macieira é agora ministro dos Negócios Estrangeiros. O Partido Unionista, de Brito Camacho, não o antagonizava, mas o Partido Evolucionista, de António José de Almeida, opôs-se de imediato. O governo veio a cair na sequência de protestos gerais contra o que se tomava como "a prepotência" do ministério. É nomeado Bernardino Machado, até então ministro no Rio de Janeiro. No ministério era titular da pasta de Instrução Pública Sobral Cid, antigo condiscípulo de Egas em Coimbra e ao tempo professor de psiquiatria Legal na Faculdade de Medicina de Lisboa. Como ministro do Fomento, por um período breve, foi nomeado João Maria de Almeida Lima, pai de Pedro Almeida Lima, mais tarde o discípulo dileto e colaborador de Egas.

Em 26 de junho são assassinados em Sarajevo os príncipes herdeiros da Áustria, o arquiduque Francisco Fernando e sua mulher, e este acontecimento precipita a eclosão da Primeira Guerra Mundial. Logo em 7-8-1914 o Congresso da República decide reafirmar a sua aliança com a Inglaterra, sem no entanto declarar guerra à Alemanha. Era chefe do governo Bernardino Machado, mas em 25-1-1915 o presidente da República, Manuel Arriaga, substitui-o por Victor Hugo de Azevedo Coutinho, cujo ministério duraria apenas um mês e meio. A ele sucede o general Pimenta de Castro, que toma posse em 28-1-1915. Segundo uma carta a Egas de Joaquim Leitão, o general teria querido Egas no seu governo como ministro dos Negócios Estrangeiros. O ministério de Pimenta de Castro era constituído por sete militares e dois civis. Em 14 de maio rebenta uma revolução contra este governo, dirigida por uma junta de que faziam parte oficiais e civis afetos ao partido de Afonso Costa. Pimenta pede a exoneração e pouco depois o presidente Arriaga renuncia ao cargo.

Egas conta que depois da queda do ministério de Pimenta de Castro entra com José Maria Alpoim, Rodrigues Nogueira e vários outros, republicanos, monárquicos e sindicalistas, na intentona de 9-6-1915, para repor a "obra republicana moderada do general Pimenta de Castro". Egas confessa que teria sido "mais um pecado conspiratório" dos vários que cometera. Alpoim estava já próximo do fim e profundamente deprimido com a morte de um filho numa viagem de barco. Sofria muito, como várias vezes refere em cartas a Egas, pelo fato de o corpo do jovem ter sido lançado ao mar, "e ansiava por um golpe de apoplexia fulminante" que terminasse o seu padecimento (20-10-1915).

Em 5 de outubro desse ano Bernardino Machado é eleito presidente da República e Afonso Costa chefia de novo o governo, que se manteve durante escassos meses. Em 9-3-1916 a Alemanha declara guerra a Portugal e seis dias depois constitui-se o Ministério da União Sagrada, presidido por António José de Almeida, que duraria de março de 1916 a abril de 1917. Finalmente, em 15-7-1916, os ingleses enviam um convite formal para Portugal entrar na guerra e rapidamente começam os preparativos daquilo a que se chamou o "milagre de Tancos", de que foi principal responsável Norton de Matos. As primeiras tropas do chamado Corpo Expedicionário Português partem em janeiro de 1917.

Entretanto, em 16-2-1916, surgira um novo jornal, *A Opinião*, ao qual, como veremos, ficou ligado o regresso de Egas à política, jornal que a si próprio se definiu como diário republicano conservador, e que incitava as forças conservadoras a cooperarem com os governos no interesse superior da nação. Advogava uma "política de progresso", mas um progresso baseado na ordem. Pretendia aglutinar figuras públicas, grupos

"UM ILUSÓRIO SUCESSO E MUITAS CONTRARIEDADES"

e individualidades e procurar assim uma "república ordeira, tolerante e estável que assegure campo livre ao desenvolvimento da sua atividade".

Egas é de novo preso em 13-12-1916, quando regressa do enterro de Alpoim, acusado, desta vez falsamente, de participar numa intentona de caráter maioritariamente militar liderada por Machado Santos, o herói do 5 de outubro, contra o governo da União Sagrada. É mandado para o navio *Pedro Nunes*, passa depois pelo *Vasco da Gama*, por ordem do comandante Leote do Rego, e pelas "4 horas de uma manhã glacial" é transferido para o *S. Gabriel* e daí, doente, para o Hospital da Marinha. Egas clama que foi "preso como conspirador, embora não tivesse nada com esse movimento". Foi certamente bem tratado no cruzador *S. Gabriel*, porque os oficiais enviaram-lhe um cartão agradecendo e retribuindo "as amáveis palavras de boa amizade". Entretanto, uma disputa com o Parlamento, resultado da criação pelo governo de um "Conselho Econômico Nacional" independente, acaba por levar à queda da União Sagrada. Afonso Costa assume novamente a chefia do governo.

É em *A Opinião* que, a 12-2-1917, Egas decide anunciar o seu regresso à vida política. Em título de primeira página lia-se: "Um acontecimento político — o Sr. Dr. Egas Moniz regressa à vida política." Egas dizia em entrevista, recordando fatos ocorridos em 13 de dezembro: "Note-se que fui um dos primeiros a ser preso a ferros da República! Por várias razões, e também por este secundário motivo, resolvi não me conservar indefinidamente alheio à vida política portuguesa [...]. Por agora, pouco ou nada poderei fazer. Sou contra todo e qualquer movimento revolucionário e muito especialmente no momento que atravessamos, deveras crítico para a nossa nacionalidade. Aí fica a minha declaração, o que não impede que amanhã seja de novo preso, se para aí aparecer qualquer simulacro de intentona. Para isso basta que o atual ministério permaneça no poder." Como prenúncio de intervenção futura, afirmava: "Bom seria que se formasse uma agremiação patriótica, fora de todas essas concepções [...] cujo programa se condensasse nesta simples divisa — Pelo País. Dar-lhe-ia todo o meu esforço e atividade." Em entrevista ao jornal *O Século* de 18-10-1917, Egas conta que logo que saíra da prisão fora procurado por um grupo de dissidentes do Partido Evolucionista, entre os quais Simas Machado, Vasconcelos e Sá, João Malva do Vale, Tamagnini Barbosa e o padre Casimiro para uma "ação comum". Assim viria a nascer o Partido Centrista Republicano.

Egas começa a colaborar em *A Opinião*. Explica o seu programa e define a identidade do futuro partido, que classifica como uma "organização republicana de direita". O seu posicionamento é de fato o de um centrista entalado entre os monárquicos de um lado e os radicais e socialistas de outro. Declara com veemência: "Queremos movimentar indiferentes, galvanizar os apáticos, convencer os descrentes." Em princípios de outubro começara a consolidar-se a ideia de um novo partido que congregasse as forças conservadoras agrupadas à volta de Egas, e em 20 desse mês ele anuncia o seu programa. Procurava um novo equilíbrio, afirmando: "Não somos *radicais* porque nem todas as raízes se cortam; as árvores não vivem sem raízes; mas não somos tampouco *conservadores* no sentido de retrógrados ou reacionários porque não se excluiu dos nossos propósitos o espírito de reforma e de evolução." Este programa é apresentado ao presidente da República, Bernardino Machado, e depois divulgado numa conferência muito concorrida no Ateneu Comercial do Porto em 1º de dezembro, que Egas intitulou "Depois da guerra". Aí não ignorou o conflito que atingia a Europa, "formidável choque entre o ideal da perfeição progressiva que define o gênio latino e o ideal da força dominadora que caracteriza a expansão germânica". Afirmava que o objetivo do novo partido era "a defesa e salvação do país" e que entravam na política em "nome da ordem e da disciplina social".

No manifesto dirige-se a "todos os homens de boa vontade e de ação; a todos que, de par com o seu amor pela Pátria [...] tenham o sentimento das realidades ambientes, e saibam evitar o encanto das utopias, ainda que as mais generosas". Para ele "a melhor garantia da estabilidade das instituições políticas está no reconhecimento das liberdades públicas e no respeito dos direitos individuais". Pretendia formar "um centro de atração e convergência dentro do regime". Define como princípios de matéria constitucional a dissolução do Congresso como atribuição do Chefe de Estado, em política externa a aliança com Inglaterra e a cooperação

"UM ILUSÓRIO SUCESSO E MUITAS CONTRARIEDADES"

com Espanha e Brasil, além de garantir a liberdade do culto e o desejo de reatar as relações com o Vaticano, celebrando a Concordata de Separação para "tranquilizar os espíritos e pacificar as consciências". Havia ainda medidas para "desenvolver a riqueza do país", para a indústria, a agricultura e a expansão comercial e marítima, além do envolvimento das "províncias de além-mar — e mais doçura há em chamar-lhes províncias antes do que colônias, porque nos parecem mais nossas e mais ligadas".[64] Foram os governos republicanos que, seguindo um costume francês, começaram a usar o termo "colônia" para designar oficialmente as províncias ultramarinas portuguesas.

Para lá da oposição, nomeadamente do jornal monárquico *O Dia*, Egas recebe apoios de vários periódicos como *A Liberdade*, jornal católico do Porto, *O Primeiro de Janeiro*, e *O Comércio do Porto*, que comenta as conclusões do programa dizendo ter a impressão de que "uma inspiração generosa os ditou e de que a realização dessa aspiração constituirá elemento de segura prosperidade para o povo português". Alberto Madureira, presidente do Centro de Solidariedade Republicano, declara ser necessário "que alguém venha unir todos os esforços e todos os concursos formando um grande partido nacional". E acrescenta: "Egas Moniz é hoje, sem dúvida nenhuma, o homem de melhores qualidades e maior prestígio para assumir essa responsabilidade."

Nas eleições municipais de 4 de novembro, o Partido Democrático, de Afonso Costa, sofre uma derrota significativa, sobem inesperadamente os monárquicos e é importante a abstenção. Egas interpreta os resultados como "um protesto. Um protesto pelas abstenções e um protesto pela votação". Era um voto contra a "República democrática, de violências inúteis, de administrações perdulárias, de perseguições religiosas, de rigores e de favoritismo inexplicáveis". De fato, o nepotismo e a corrupção continuavam imparáveis.

---

[64]Como nota Diogo Freitas do Amaral (*O Antigo Regime e a revolução*, p. 71), nomes ilustres da oposição democrática como o general Norton de Matos e Egas Moniz proclamavam publicamente a importância fundamental do Ultramar para o país e consideravam necessário fazer de todo o espaço português uma "nação una", título, aliás, de um livro de Norton de Matos de que Egas seria prefaciador.

Entretanto, no interior do partido da União Republicana, de Brito Camacho, e na sede do jornal *A Luta*, seu porta-voz, começa a preparar-se a revolução que levaria Sidónio Pais ao poder e que viria a ter lugar em 5-12-1917. Para Egas era quase inevitável, porque o chamado "governo da União Sagrada, da junção dos democráticos e evolucionistas, continuava na sua orientaçao opressora e intolerante". No entanto, Egas afirma que nao conspirou no 5 de Dezembro.

Em 8 de dezembro, Sidónio Pais chama Egas ao Parque Eduardo VII, onde tinha o seu quartel-general, e pede a sua colaboração. Egas alega que o seu partido estava ainda em formação e aconselha-o a que recorra ao Partido Unionista, de Brito Camacho. Será com o apoio deste que a Junta Revolucionária se transformará em governo. Egas indica Alfredo Magalhães para ministro da Instrução, Tamagnini Barbosa para as Colônias e Machado Santos para a Marinha. Por decreto-lei de 27.12.1917, Sidónio assume a função de presidente da República. Para Egas, o verdadeiro triunfador da revolução tinha sido o Dr. Brito Camacho.

Egas conhecia bem Sidónio desde os tempos de Coimbra. A apreciação que dele faz é de curiosa ambivalência: "estadista no verdadeiro sentido da palavra"; "tinha linha"; "cultivava a *mise en scène* da sua situação. Até talvez a exagerasse!"; "tinha nobreza de sentimentos, tinha caráter, tinha decisão, tinha bondade"; "talvez em excesso afetado"; "porventura muito protocolar"; "a sua obra não é grande no campo da administração pública. Pecou, como pecam todos os nossos estadistas, em abusar da ditadura e encher as colunas do *Diário do Governo* de leis que, em geral, não eram boas"; "mas a sua ação foi notável no campo da ordem. À parte violências excessivas em prisões, por vezes não justificadas".

Não haveria então entre Egas e Sidónio divergencias de fundo. Aparentemente, Sidónio queria um Partido Centrista organizado que sustentasse o novo governo e que se apresentasse já às eleições onde seria eleito um congresso, e que teriam lugar em março. Em alternativa, o partido de Egas seria dissolvido e dele nasceria um grupo de apoio à sua ação governatıva. Em 6 de fevereiro sai o órgão do Partido Centrista, dirigido por Rita Martins, que se chamava *Jornal da Tarde*, e nesse dia inaugura-se o Grêmio Centrista, em Lisboa, presidido por Gomes da

"UM ILUSÓRIO SUCESSO E MUITAS CONTRARIEDADES"

Costa, o futuro líder da revolução de 28 de maio de 1926, que comandava o Corpo Expedicionário Português que estava em Flandres. Egas aproveita a ocasião para dizer que era necessário ajustar o programa inicial do novo partido, "visto que uma revolução triunfante nos veio colocar em situação diversa daquela em que estávamos quando o elaborámos e a política é uma ciência aplicada". Egas faz votar uma moção que afirmava o apoio e a adesão do Partido Centrista Republicano ao Dr. Sidónio Pais, "desistindo de quaisquer intuitos partidários" e resolvendo "auxiliar, desinteressadamente e lealmente, o atual governo". Sidónio agradeceu no dia seguinte a "demonstração de solidariedade do Partido Centrista" com a obra que procura realizar. Egas, em entrevista a *O Século* em 7-2-1918, afirma-se partidário do "presidencialismo" (posição que depois, como veremos, renegaria), tomando como exemplo o modelo norte-americano com toda a sua "vitalidade". Sidónio, num discurso pronunciado em Santarém a 3 de março, afirmava ser necessário "formar-se um partido, o dos homens de bem, para bem servirem a República", o que compreensivelmente irritou os ministros unionistas, que acabaram por sair do governo poucos dias depois. Entretanto é revista a Lei da Separação do Estado e das Igrejas, de Afonso Costa, sendo Moura Pinto ministro da Justiça, e a lei eleitoral, que deixa de excluir os analfabetos e aprova a eleição direta do presidente da República.

Em fevereiro de 1918, "depois de uma longa conversação sobre a crise de Espanha", Sidónio convida Egas para chefiar a legação de Madri, cargo que este aceita com relutância, pois ter-lhe-á parecido que Sidónio gostava de o ver afastado de Lisboa. Egas entrega as credenciais ao rei Afonso XIII em 17-3-1918. Em Madri encarrega-se de duas tarefas principais.[65] A primeira dizia respeito à negociação do aproveitamento da bacia do Douro para produzir energia elétrica, questão muito contenciosa e difícil para Egas, pois dispunha de muito pouco apoio técnico. A outra era o reatamento das relações diplomáticas com a Santa Sé, ponto que constava, aliás, do programa do Partido Centrista, e questão

---

[65] Além de aconselhar a rainha sobre o tratamento de um dos infantes, que sofria de um problema neurológico...

de que já anteriormente Bernardino Machado se ocupara sem sucesso. Logo em 20-10-1910, a expressão de um anticlericalismo oficial levou a que o núncio em Lisboa, monsenhor Julio Tonti, se retirasse, ficando encarregado da nunciatura um jovem sacerdote, Bento Masella, que se correspondia com a Santa Sé através do núncio em Madri. O interlocutor de Egas era pois o núncio em Madri, monsenhor Francesco Ragonesi. Em causa estava também um programa de bolsas para jovens eclesiásticos portugueses estudarem em Roma, que tinha sido fundado por iniciativa do cardeal Vanutelli, antigo núncio junto da corte de Lisboa entre 1883 e 1891. Egas tratou eficazmente da questão com o ministro dos Negócios Estrangeiros de Portugal, Espírito Santo Lima, e negociou uma visita secreta a Portugal do núncio Ragonesi, que foi de fato recebido por Sidónio. Em 10-7-1918, o *Diário do Governo* publica o decreto que restabelece a legação de Portugal junto do Vaticano e revoga toda a legislação contrária. A nunciatura viria a instalar-se em 1943 na casa que Egas construíra na avenida Luís Bívar. O *Diário de Lisboa* de 3 de julho desse ano dá a notícia na primeira página, dizendo em título que Egas reatara as relações de Portugal com a Santa Sé. Egas, nas suas memórias políticas, não resiste a citar um comentário do ministro inglês Balfour, que lhe terá dito que fora ele o responsável pela normalização das relações com o Vaticano, mérito que não declina.

Com a saída do governo dos ministros unionistas, o Partido Centrista começa a preparar-se para as eleições próximas. Em 6 de abril Egas vem presidir a reunião do Grêmio Centrista de Lisboa, espécie de assembleia magna do partido a que preside. O Grêmio decide dedicar-se ao serviço da "causa séria e patriótica do governo Republicano do Dr. Sidónio Pais". Em 16 de abril, no consultório de Egas, reúnem-se alguns republicanos independentes e delegados dos partidos centrista, unionista e evolucionista, de António José de Almeida, para a formação de um partido único republicano, mas não é obtido o apoio dos evolucionistas. Os restantes congregam-se num só partido, o Partido Nacional Republicano, que inclui todos os que apoiam Sidónio, incluindo os filiados do Partido Centrista. Constitui-se o Diretório do Centrismo, com, entre outros, Egas

"UM ILUSÓRIO SUCESSO E MUITAS CONTRARIEDADES"

Moniz, Machado Santos e Carlos da Maia. É criado o Centro Nacional Republicano, liderado por Egas e Martinho Nobre de Melo, que anos depois disputaria com Egas um lugar na Academia Brasileira de Letras. Nas eleições de 28 de abril só se apresentam o partido governamental, os monárquicos e os socialistas, e a taxa de abstenção é brutal. Egas é eleito deputado pelo círculo de Aveiro. Constituído o parlamento, Sidónio é eleito presidente por sufrágio universal, com maioria substancial. No entanto, Egas está incomodado com a ausência dos partidos republicanos nas eleições e começa a temer o presidencialismo, que lhe "parecia um poder pessoal quase absoluto". Para ele era tão "inadmissível o parlamentarismo sem dissolução, porque passava a ser a ditadura de muitos, como era incompreensível o sistema presidencialista com dissolução, pois passava a ser o poder pessoal".

Entretanto, com a corte espanhola em férias, abre o Parlamento em Lisboa, em 15 de julho. Egas regressa e é eleito líder pela maioria. No entanto, a tarefa não era fácil, pois, segundo ele, "a maioria que me elegeu para líder começou a montar desde logo correntes de opinião diversas e o irrequietismo de alguns patenteou os primeiros sinais de uma desagregação que muito havia de concorrer para o desnorteamento que se seguiu ao assassínio do Dr. Sidónio Pais", lamenta-se. Em carta de 9-8-1918, Egas faz notar a Sidónio que tinham passado oito meses da revolução e não havia um "partido político forte e disciplinado em que possa firmar-se a situação política atual". As divergências com Sidónio diziam respeito sobretudo à vontade deste de instituir um presidencialismo autoritário, à importância política do poder militar e ao receio do populismo do presidente. Egas defendia que o ministério derivasse do parlamento, caindo sempre que não tivesse maioria. Segundo alguns historiadores, o antipresidencialismo de Egas teria sido tardio e tático, e o seu percurso neste aspecto não fora totalmente linear. A questão parlamentarismo-presidencialismo, a que o *Jornal da Tarde*, órgão do Partido Nacional Republicano, deu larga cobertura, fez deteriorar as relações entre Sidónio e Egas, dando azo a "intermináveis discussões, as mais desagradáveis, e as mais penosas da minha vida política". *A Luta*, de Brito Camacho, escrevia venenosamente em 19-10-1918: "O Sr. Dr. Egas Moniz tem sempre, em política, opiniões excessivamente provisórias."[66]

O Parlamento encerra em 6 de agosto e Egas propõe o reatamento em 9 de novembro, com o argumento de que era necessário dar tempo à comissão revisora da Constituição para trabalhar, posição que fora, aliás, atacada pela oposição na Câmara dos Deputados em 3-8-1919. Apesar das divergências com Sidónio, Egas aceita o lugar de ministro dos Negócios Estrangeiros, que na altura passou a chamar-se secretário de Estado. Entretanto, em 11.11.1918 fora declarado o armistício que punha fim à guerra. Ao deixar Madri, o rei Afonso XIII agradece reconhecido o "seu eficaz trabalho para estreitar os vínculos da amizade sincera entre Portugal e Espanha" e condecora-o com a Grã-Cruz de Isabel, *a Católica*. Em consequência das suas divergências com Sidónio, Egas pede, em 2 de dezembro, a demissão do governo, que é aceita, mas regressa no dia seguinte, a pedido daquele, que argumenta: "É indispensável que fique no ministério e que vá para a conferência de paz. Tenho confiança em si e apelo aos seus sentimentos patrióticos." É assim nomeado presidente da delegação à Conferência da Paz em Paris.

Como nota Duarte Ivo Cruz, no período de 11 meses que durou a Conferência, "Portugal teve dois presidentes da República, seis ministérios, quatro presidentes de ministério e dez ministros dos Negócios Estrangeiros, aí incluindo algumas interinidades. Passou pelo assassinato de um presidente, uma tentativa de restauração monárquica, sucessivas crises governamentais e quase uma guerra civil", mas teve apenas dois presidentes de delegação, Egas de 27-11-1918 a 13-3-1919, e Afonso Costa, de 17-3-1919 a 20-10-1919. Não deixa de ser assinalável o profissionalismo dos representantes de Portugal e as atas da Delegação Portuguesa revelam bem a seriedade, a prudência e o tato de Egas nessa função.

A primeira reunião sobre a Conferência ocorreu em 27 de novembro no Palácio de Belém. Sidónio expôs qual deveria ser a orientação geral a

---

[66]Segundo Vasco Pulido Valente escreve no seu *O poder e o povo*, já em 1911 os insultos da imprensa não tinham limite e enumera uma lista espantosa. A Egas chamaram "oportunista e cobarde".

"UM ILUSÓRIO SUCESSO E MUITAS CONTRARIEDADES"

seguir. Em 7 de dezembro, Egas parte para Londres, onde estava como ministro o seu colega Augusto de Vasconcelos da Faculdade de Medicina de Lisboa. Aí decorre a primeira reunião da delegação. Egas é recebido pelo ministro inglês Balfour e com ele discute a questão da colônia alemã a norte de Moçambique e os prejuízos diretos e as despesas incorridas por Portugal durante a guerra. Entretanto, em 14 de dezembro, Sidónio Pais é assassinado.

Egas terá ficado muito preocupado e sugeriu em telegramas para Lisboa os nomes de Braamcamp e Relvas, dizendo que "não seria bem-vindo presidente militarista". Em 17 de dezembro escreve sobre a designação do almirante João de Canto e Castro para a presidência da República: "Receei que não aceitasse. Aceitando, dá provas de alto patriotismo que mais radica a minha admiração por suas altas qualidades." É possível que se tivesse posto a hipótese de Egas chefiar o governo. Egas parte para Paris, sede da Conferência, em 20 de dezembro.

A sua tarefa não era fácil: Sidónio Pais tinha fama, aparentemente injustificada, de germanófilo, pois fora ministro de Portugal em Berlim. Entretanto Bernardino Machado e Afonso Costa, ambos exilados em Paris, não cessavam de conspirar em artigos no *Temps* e em *Le Matin* com críticas devastadoras ao governo e ao "déspota" assassinado, peças que Egas transcreve nas suas memórias políticas.

Em 24 de dezembro, Tamagnini Barbosa constitui novo ministério, e Egas, sem ser consultado, é confirmado no cargo e recebe a notícia pelo ministro dos Negócios Estrangeiros interino, que o substituíra em Lisboa. Note-se que as juntas militares que apoiavam Tamagnini não viam com bons olhos a participação de Egas no ministério, por o considerarem excessivamente republicano. Enquanto Egas lutava para aumentar o número de delegados na representação portuguesa, eclode em 10 de janeiro de 1919 um novo movimento revolucionário, o que mais uma vez contribui para enfraquecer a posição negocial portuguesa, e em 29 de janeiro é proclamada a chamada "monarquia do Norte".

Em Paris, Egas não se cansava de salientar a contribuição de Portugal para o exército aliado, com 60 mil homens na frente ocidental e 40 mil para defender Angola e Moçambique, o enorme esforço econômico, a apreensão em portos portugueses de navios alemães, além da contribuição dos trabalhadores portugueses para os serviços auxiliares. Egas argumentava que durante a guerra Portugal não deixara de apoiar os Aliados e perdera 35.623 homens. Consegue assim mais um delegado com *roulement* e, em 18 de janeiro de 1919, está presente com o Dr. Álvaro Vilela na primeira sessão plenária. Egas empenha-se sobretudo na comissão das reparações, acompanhado pelo conde de Penha Garcia e por Álvaro Vilela, a que se juntam depois Bettencourt Rodrigues e Batalha Reis.

A sua ação em Paris não se limitava, no entanto, a tentar definir o montante da reparação que considerava justa, a questão colonial e a renovação da frota mercante e de guerra, mas igualmente procurava fomentar as relações com o governo francês. Era para ele importante a criação de uma Câmara Portuguesa de Comércio e Indústria e de uma cadeira de língua e literatura portuguesas na Sorbonne, ao tempo presidida por Lucien Poincaré. Na sua memória, Egas dá notícia pormenorizada de um discurso num banquete do Centre de la Presse Inter-Alliés, em 12 de março, organizado pelo jornalista Almada Negreiros,[67] pai de um dos precursores do movimento modernista em Portugal.

Em 28-1-1919 Tamagnini Barbosa é substituído por José Relvas. Egas continua ministro dos Negócios Estrangeiros, com Couceiro da Costa como interino, dado o seu impedimento em Paris. A posição política de Egas era, no entanto, cada vez mais frágil. Em 10 de fevereiro recebe de Lisboa um telegrama a pedir informação pormenorizada sobre as matérias que mais interessavam a Portugal na Conferência que ia decorrendo e notícia da intervenção dos seus delegados, o que lhe levanta a suspeita de uma substituição próxima. Novo telegrama chega em 28 de fevereiro, datado da véspera e assinado pelo ministro dos Negócios Estrangeiros interino (portanto seu subordinado!), que anuncia a nomeação do Dr. Afonso Costa e do coronel Norton de Matos como delegados, o primeiro

---

[67] Em 1913, António Macieira, enquanto ministro dos Negócios Estrangeiros, criou um vice-consulado em Versalhes e colocou a chefiá-lo este jornalista, que residia em Paris desde a Exposição Internacional de 1900.

"UM ILUSÓRIO SUCESSO E MUITAS CONTRARIEDADES"

como delegado fixo e o segundo como *roulement*. Note-se que nas atas das sessões da delegação de 3, 6 e 10 de março nada consta sobre a matéria. Curiosamente, só na reunião de 13 de março se menciona ter sido recebido o tal telegrama de fevereiro, em que o governo dizia julgar conveniente no interesse da política externa essa nomeação. Ainda nessa reunião, Egas lê um telegrama que acabara de receber, assinado por Couceiro da Costa, ministro *ad interim*, a comunicar que o governo entregara a presidência da delegação ao Dr. Afonso Costa, com o argumento de que o papel deste na intervenção de Portugal na guerra e o que tomara em "anteriores conferências aliados originaram na opinião pública, justificável impressão de que ele terá como ninguém condições para uma eficaz defesa interesses nação. Receia, pois, governo que embora atuais representantes pudessem alcançar como era de esperar apreciáveis vantagens tratado paz espírito público venha a lamentar não intervenção Doutor Afonso Costa julgando que dada esta mais complexo seria nosso êxito". O telegrama conclui: "Resta-me dizer que muito desejaria que V. Exas e seus colaboradores permanecessem aí seu posto com novos representantes indicados mas V. Exas não desconhecem que infelizmente circunstâncias tornam irrealizável este meu sincero desejo que deveras sinto." Egas comentaria: "Um ministro efetivo ser demitido pelo seu substituto é acontecimento que até hoje não se deu, nem sei se voltará a dar-se na história política da nossa terra!" Egas envia um telegrama em que se considera "dispensado" de fazer parte da delegação juntamente com alguns dos outros membros e que interpreta a sua destituição como abrangendo também a sua demissão como ministro dos Negócios Estrangeiros. Note-se que Canto e Castro, num texto redigido anos após ter terminado o seu mandato, incluía, conforme aponta Duarte Ivo Cruz, "a substituição de delegados à Conferência de Paz" entre os "acontecimentos que foram causa de incessante trabalho e inquietação" ao longo do seu mandato. José Relvas, então primeiro-ministro, envia a Egas os agradecimentos de praxe, lamentando a decisão e agradecendo a sua colaboração. Egas não transmite pessoalmente os dossiês a Afonso Costa. Este preside já à sessão de 17 de março, justificando que o seu nome fora "indicado pela opinião republicana", e Egas abandona então para sempre a política ativa.[68]

Não sai, no entanto, sem uma pequena vingança, conforme é possível deduzir do que consta na ata da delegação portuguesa de 7 de abril. Nessa reunião, João Chagas chama a atenção para um artigo do *Temps* em que Egas terá declarado que todas as reivindicações apresentadas pela delegação enquanto ele a presidia "tinham sido favoravelmente acolhidas e todas as pretensões formuladas por ela obtiveram completo apoio por parte da Inglaterra". João Chagas quer saber de Afonso Costa se tal era verdade. Este afirma que todas as declarações públicas deste gênero eram, pelo menos, "perigosas para o país". Explica depois que, em sua opinião, não haveria total fundamento para a afirmação de Egas. João Chagas comenta então "que as palavras do Dr. Egas Moniz obrigam a delegação ao êxito". Na ata lê-se que Afonso Costa acrescentou: "Se em vez de partir daqui para o seio da família, como o Sr. Dr. Egas Moniz fez, ele tivesse de partir para a cadeia, como já lhe aconteceu uma vez, assegura que não teria procedido assim, pelo mal que dali poderia resultar para o país." Quanto às declarações de Egas, "acha que estas foram um erro e um mal, mas a sua noção de patriotismo e do lugar que exerce impõe-lhe o dever de não as refutar por agora". Afonso Costa esqueceu, convenientemente, o quanto conspirara em Paris... Algum tempo depois, o *Jornal da Tarde* publica um discurso de Egas em que este teria acusado, além de Afonso Costa e Bernardino Machado, o capitão de mar e guerra Leote do Rego (que o prendera anos antes) de ter assinado em Paris "uma campanha de difamação contra a Pátria". Leote exigiu uma reparação pelas armas em carta de 5-8-1919 a António Granjo e Jaime de Sousa, que nunca se concretizou.[69] Leote do Rego, no entanto, faria na Câmara dos Deputados, em sessão de 11-6-1919, um longo e violento discurso contra Sidónio e seus apoiantes. No meio de

---

[68]Note-se que, no entanto, o seu nome continua a constar da lista de deputados transcrita no *Diário da Câmara dos Deputados* de 6-9-21. Parece pois que Egas não renunciou ao cargo, embora não comparecesse nas sessões.
[69]*In* José Leone, *Subsídios para a história dos hospitais civis de Lisboa e da medicina portuguesa. (1948-1990)*, citado por Rasteiro (2000).

outras afirmações, acusa os jovens que tinham assaltado a casa do então coronel Norton de Matos, roubando-lhe até a espada, de, na sua maior parte, terem passado por S. Fiel (o colégio de Egas) e Campolide, ambos colégios de jesuítas, "onde se aprendia a ter alma de borracha e caráter feito de papa". Não poupa Egas, a quem chama "célebre aventureiro".

Damião Peres refere que já com Domingos Pereira, que sucedera a José Relvas como chefe de governo, teria havido no consultório de Egas uma reunião, em 16 de abril de 1919, entre republicanos independentes e delegados dos partidos unionistas, evolucionistas e centristas, para estudar a fusão dos partidos da direita republicana num único organismo que se chamaria Partido Republicano Reformador. Nada adveio dessa reunião, à qual Egas não se refere nas suas memórias políticas.

5. Egas em Lisboa — professor e clínico de sucesso

Arrumada a história da intervenção política de Egas, recuamos agora ao início do século XX, quando Egas procurava harmonizar a sua atividade como deputado, como lente da Universidade de Coimbra e como clínico de grande ambição. O seu divórcio da política a partir de 1919 foi, como disse, irredutível, e, ao contrário do que insistem alguns, nada teve que ver com a revolução de 28 de maio de 1926. Os rebates antissalazaristas ao longo da vida nunca assumiram dimensão significativa. Contudo, o fato de estar afastado da política não o impediu de aceitar fazer um discurso em 17-6-1922, na inauguração do monumento em homenagem aos 56 soldados do concelho de Estarreja mortos na Primeira Guerra Mundial. Mas este era um dever do coração. Este elogio ao "soldado marinhão" é, lido hoje, de insuportável lamechice, mas decerto o seu estilo correspondia ao gosto da época e às expectativas da audiência. Cito só um passo: "E como uma lágrima forcejasse em rolar pela face tostada pela maresia, a mão de uma rapariga entregou-lhe um lenço como última recordação. Não sabia escrever mas conseguira dizer-lhe tudo na marca que lhe pusera: dois coraçõezitos unidos e trespassados por uma seta." O presidente da Câmara de Estarreja declarou que o discurso "a todos pareceu [...] uma peça literária de valor, urdida em fina e delicada forma de novela".

Ainda em carta a um amigo — já em junho de 1927, depois, portanto, da revolução do 28 de maio —, que lhe pedira que intercedesse junto do governo, Egas escreve: "Ando arredado da política e por tal maneira que nem sei os nomes dos ministros e *tropas* não conheço." No entanto, continuaria toda a vida a mover influências. Por exemplo, Joaquim Espírito Santo Lima, que fora ministro dos Negócios Estrangeiros na Primeira República, escreve-lhe em 30-7-1920 a pedir que interceda junto de um juiz da comarca de Santarém a propósito de uma herança, a que se tinham habilitado, como diz, "filhos fora da baralha". Um dos herdeiros legítimos era filho de Raposo Botelho, que fora ministro de Guerra por ocasião da proclamação da República.

Como vimos atrás, é evidente que Egas considerava Coimbra demasiado acanhada para a sua ambição. Assim, além do consultório da rua Nova do Carmo, anuncia em 18-10-1907 que dava agora consultas de "doenças nervosas" na praça Luís de Camões, 6, 1º, consultório que partilhava com, entre outros, António José de Almeida e a que "anexara" uma instalação de "eletroterapia geral com duches estáticos, correntes galvânicas, farádicas etc.". Mais tarde continuaria esta prática no seu consultório da rua do Alecrim. Os seus inimigos, céticos quanto à eficácia (mais que discutível...) destas terapias, que ele recomendava para patologias tão diversas como hipertensão arterial e arteriosclerose, chamavam-lhe, depreciativamente, o "eletricista da rua do Alecrim". A mudança para a rua do Alecrim, 105, onde dava consultas todos os dias das quatro às seis da tarde, foi anunciada no *Diário de Notícias* de 27-2-1913.

Com a sua transferência para a Faculdade de Medicina de Lisboa, em 1911, Egas mudou-se para esta cidade, indo viver para um andar no número 92 da avenida Gomes Freire. O que era a clínica nesse tempo está descrito num apontamento muito curioso que Romão Loff, colaborador de Egas desde 1911, redigiu em 1961 a pedido de Miller Guerra. Conta ele que os recém-licenciados começavam por abrir consultório na sua residência, com uma simples tabuleta, ou na Baixa, onde estavam a atividade comercial, a banca e os seguros. Havia ainda associações de socorros mútuos, reservadas aos clínicos de melhor reputação. O preço das consultas era aí de 1 ou 2 tostões, enquanto nos consultórios subia para 10 a 15 tostões! Os menos bem-sucedidos aceitavam dar consultas grátis em farmácias, recebendo 20% do valor dos receituários, pagos pelos donos, prática que a Ordem dos Médicos veio a pôr cobro mais tarde. Com o desenvolvimento das especialidades surgem as policlínicas, a mais famosa das quais era na praça Luís de Camões, e era nesta, como disse, que Egas dava consulta. A julgar pelo seu livro de *Notas terapêuticas* de 1929, onde registrava por seu punho as indicações e a posologia dos medicamentos que prescrevia, a sua clínica estava longe de se limitar à neurologia e à psiquiatria. O seu receituário incluía purgantes, drogas para o coração, gripe, impotência sexual e poluções noturnas. Pelo visto, a fama de sexólogo não o abandonara ainda. A breve trecho tornou-se um clínico muito procurado.

Entre os seus doentes neste período conta-se Fernando Pessoa, que o consultou em 1907. Pessoa, que entretanto desistira do curso superior de letras, começara a estudar como autodidata a psicopatologia. A avó, Dionísia Perestrelo de Seabra, enlouquecera e o poeta temia que lhe sucedesse o mesmo. Egas passou-o, "para fins ginásticos", para as mãos de Luís Furtado Coelho, o pioneiro da ginástica sueca em Portugal. Pessoa escreveu em 1933 que quando seguiu a recomendação de Egas, "para cadáver só me faltava morrer. Em menos de 13 meses e a três lições por semana, pôs-me Furtado Coelho em tal estado de transformação que, diga-se com modéstia, ainda hoje existo — com que vantagens para a civilização europeia, não me compete a mim dizer".[70]

Também Mário de Sá-Carneiro consultou Egas, depois da publicação do primeiro número do *Orpheu*, 20-1-1915. Eduardo Macieira Coelho, sobrinho-neto de Egas, conta que este lhe terá falado da consulta que fez a Mário de Sá-Carneiro. A propósito do *Orpheu*, o jornal de Brito

---

[70]Pessoa dedicou a Egas um soneto que tem data de 12-11-1914. Vale a pena transcrevê-lo: "Ainda há do teu sangue em minhas veias/ E que pouco eu sou teu, longínquo avô!/ Tu tinhas, suponho eu, poucas ideias/ Mas seu fim natural tua alma achou/ E eu que me sondo nunca sei quem sou/ E tenho as horas de incertezas cheias./ Qual mais nos vale, a inconsciência forte/ Ou esta débil consciência fria/ Que nos perguntou qual o nosso norte/ Penélope interior que à vista fia/ O aparente lençol da sua sorte/ E à noite anula o que fiou de dia." Devo a António Macieira Coelho ter-me chamado a atenção para a relação entre Egas e Pessoa.

Camacho, *A Luta*, de 11-4-1915, um dos jornais que mais reagiram à aparição da publicação, escrevia que procurara dois ilustres psiquiatras para se pronunciarem sobre a sanidade mental dos autores. Um deles foi Júlio de Matos, o outro "um especialista de doenças nervosas e mentais, um *diletantti* [*sic*] em coisas d'arte", cuja identidade não revela, que teria dito que eram "meninos sem talento que querem chamar para si as atenções do público vomitando asneiras". E recomenda: "Levem-nos para os manicômios, e metam-nos em pavilhões de dementes. Não são dignos de se juntarem aos perseguidos e delirantes. Estes são muito mais espertos." Era este "psiquiatra" Egas Moniz? Tudo o indica. Na coletânea dos escritos de Pessoa sobre o gênio e a loucura editada por Jerónimo Pizarro há uma referência muito violenta a Egas, o que significa que Pessoa o identificara como autor dessas afirmações. Escreve o poeta: "O que me indigna não é que esse parvo da ciência tenha estas opiniões. É que eles gozem, no nosso meio de idiotas, de prestígio suficiente para que a essas opiniões se ligue importância." E ainda: "O Dr. Egas Moniz é o conselheiro Acácio da neurologia nacional. Nunca tem uma opinião própria. Nunca esculpiu relevo em uma única frase. Seguiu sempre."

Segundo Eduardo Macieira Coelho, era ele aluno do 4º ano de medicina quando Egas lhe contou que um dia o procurara no consultório um doente jovem residente em Paris e que regressava a Lisboa por causa da guerra entre a França e a Alemanha. Egas ouviu-o, "aguçado pelo interesse crescente que a personagem lhe despertava, e, cinquenta anos depois, apoiado na sua enorme experiência da natureza humana, descreveu-mo e relatou-me o diálogo aproximadamente assim: 'Era um homem ligeiramente obeso, de rosto redondo com um olhar inteligente e triste. Tinha uma estatura superior à média dos portugueses. Dizia ser estudante em Paris e não era a primeira vez que consultava um neurologista. Tinha consultado outros em Paris. Descrevia com facilidade as manifestações que o atormentavam. Tinha uma linguagem muito expressiva e que denunciava cultura. Apercebe-se que havia um fosso entre a infância e a maturidade, uma manifesta ausência de identidade, aparente incoerência de pensamento e, obviamente, pensamento delirante. A certa altura disse-me: "Sabe, doutor, por vezes sinto um desdobramento da minha pessoa. Mas não é apenas um desdobramento psicológico mas é igualmente um desdobramento físico." Interrompi-o: "O que me descreve faz-me lembrar um poema que recentemente li numa revista literária portuguesa, *Orpheu*, e, que diz mais ou menos isto: Despegam-se-me os braços que vestidos de casaca vão ao baile do Vice-Rei.[71]" E o doente surpreendentemente respondeu: "Mas esse poema fui eu que o escrevi!" Ao ler o poema suspeitei ser uma manifestação literária e artística de um esquizofrênico."

Não há dúvida de que Egas deveu ao sucesso da sua clínica e à atenção que devotava às questões financeiras a pequena fortuna que acumulou ao longo da vida. De fato, fazia-se pagar muito bem. Na carta que mencionei atrás do jovem empregado do comércio lisboeta, que sofria de dúvidas quanto à sua orientação sexual, este pede que seja feito um desconto no preço da consulta que era então de 5 escudos, o que equivaleria hoje a cerca de 35 euros. Conforme apurei, naquele tempo com 20 escudos um estudante da Faculdade de Medicina de Coimbra pagava as despesas mensais na sua república, livros, roupa, e ainda lhe sobejava algum dinheiro para se divertir.

Ainda no campo da sua prática clínica, Egas esteve desde muito cedo ligado à atividade seguradora, em particular à companhia A Nacional, onde trabalhou toda a vida. A Nacional fora fundada em 1906 por Fernando Brederode. Egas era já responsável clínico da Mutual Life e assumiu a mesma função na nova seguradora, onde era médico-chefe, pois o ramo vida era o mais importante. Mais tarde é criada uma outra companhia, A Vitalícia, que lhe aceita os resseguros, de que Egas é presidente. Note-se que à época o lugar de médico-chefe era de grande responsabilidade, e o primeiro relatório de Egas em 1907 foi transcrito pela imprensa estrangeira especializada. A legislação regulando a indústria seguradora fora introduzida durante o governo de João Franco.

---

[71]É o poema que Sá-Carneiro intitulou "16", escrito em Lisboa em maio de 1914 e em que a certa altura se lê: "As mesas do Café endoideceram feitas de ar/ Caiu-me agora um braço... olha lá vai ele a valsar./ Vestido de casaca, nos salões do Vice-Rei.../ (Subo por mim acima como por uma escada de corda/ E a minha ânsia é um trapézio escangalhado...)"

Como referi, em 1911 Egas transfere-se para a capital, onde é nomeado professor catedrático de neurologia, uma área em que não havia um cultor dedicado. Esta ciência era, no entanto, ainda incipiente, quer no diagnóstico quer na terapêutica. Quanto à primeira, reduzia-se praticamente à semiologia, ou seja, ao exame físico meticuloso dos doentes, no qual os mestres franceses que Egas conhecia bem, como Babinski e Dejerine, eram exímios. Quanto à terapêutica, as armas eram de uma desoladora ineficácia. Egas, eterno otimista, tentava por todos os meios combater o que considerava um preconceito injustificado contra a sua especialidade.

Vale a pena citar um pouco da sua segunda lição de abertura do curso de neurologia, publicada na *Medicina Contemporânea* de 24-11-1912, porque é bem indicativa da modernidade do pensamento de Egas, que sempre avistou novos horizontes antes dos demais. Dizia que a maioria dos alunos se destinava à "vida policlínica", ou seja, ao que chamamos hoje "clínica geral". No entanto, pretende desfazer o equívoco de que a "terapêutica em clínica neurológica seja improfícua", o que afirma ser um "exagero". Cita o tratamento da sífilis do sistema nervoso e da eletroterapia para tratar "neurites", o que, convenhamos, não era muito quanto a armas eficazes. Quanto às ligações com a cirurgia é mais entusiástico: "Quantos progressos se não têm ultimamente realizado!", referindo sobretudo o trabalho pioneiro de Harvey Cushing, de quem se falará adiante. E cita, por fim, as doenças funcionais — a "histeria" de Charcot —, que constituíam a "maioria dos casos de todas as clínicas neurológicas", e que, de fato, não eram afecções "orgânicas" do sistema nervoso, mas sim do foro da psiquiatria, devendo ser abordadas, por isso, com psicoterapia, o que os mais "organicistas" dos neurologistas não desdenhavam. Para tanto, dizia, "é preciso falar ao sentimento", acrescentando: "É indispensável que não esqueçamos nunca que no homem o sentimento é tudo e a razão quase nada", afirmação curiosa de um homem para quem a fria racionalidade nas decisões foi uma constante até ao fim. Só em 1915 o ensino da neurologia se tornou obrigatório na Faculdade de Medicina de Lisboa. Egas escolheu então como tema da lição de abertura "As bases da psicanálise", tópico revolucionário para o tempo, a que me referirei adiante a propósito da saga da psicocirurgia. Egas foi, de fato, o primeiro em Portugal a falar de Freud.

O curso em que ensinava tinha uma orientação prática, com aulas clínicas com apresentação de doentes às terças-feiras e sábados, o que era muito diferente do ensino escolástico que recebera enquanto aluno em Coimbra. As aulas eram dadas na biblioteca do Hospital de Santa Marta. Segundo Lima, o curso era livre, mas a sala estava sempre cheia, pois, tal como às famosas aulas de Charcot e Babinski que Egas frequentara, acorriam também outros médicos. Havia ainda uma aula às quintas-feiras de anatomia clínica e semiologia nervosa, dada por António Flores, que, segundo João Alfredo Lobo Antunes, era um neurologista mais "fino".

É preciso dizer um pouco mais sobre António Flores, o outro inigualável parceiro de Egas. Flores nasceu em 1883 em Castelo de Vide, concluiu a licenciatura em 1906 e entre 1906 e 1911 estagiou em Berlim e Paris. Em 1911 foi nomeado professor auxiliar de neurologia e, entre 1942 e 1945, foi professor catedrático de psiquiatria, sucedendo a Egas na cátedra de neurologia em 1945. Foi bastonário da Ordem dos Médicos entre 1940 e 1943, além de diretor do Hospital Miguel Bombarda, e depois presidente da comissão instaladora do Hospital Júlio de Matos e seu diretor em 1945. A colaboração destes dois mestres da neurologia portuguesa foi exemplar ao longo dos anos, e se havia entre eles qualquer rivalidade isso nunca transpareceu. João Alfredo Lobo Antunes comparava os dois, dizendo: "Eram quase como o ovo e espeto. Mas ambos eram autênticos. Onde no Mestre Egas havia entusiasmo, fulgor (às vezes com o seu quê de histriônico), ousadia, no professor Flores sobressaíam o comedimento, a sobriedade, a prudência refletida. Enquanto Egas podia ser arrebatado por uma primeira ideia, Flores policiava os seus juízos com um rigor escrupuloso. Pelo que dele conheci posso garantir que Flores nunca levaria à prática a leucotomia, se acaso a tivesse concebido. E também não estou a ver Mestre Egas a divertir-se com trens elétricos...", um *hobby* de Flores. Próximo da aposentadoria de Egas, em conferência que proferiu em novembro de 1941, Flores falou de uma amizade cuja solidez, "no justo dizer de Cícero, só se adquiria na maturidade dos anos e do espírito". Note-se, no entanto, que, segundo Barahona, tal amizade "não excluía crítica".

O que era então o serviço de neurologia do Hospital de Santa Marta, que Egas dirigia, está descrito na sua contribuição para um volume intitulado O *ensino médico em Lisboa*, na ocasião do Centenário da Régia Escola de Cirurgia de Lisboa. O corpo clínico era constituído por Egas, catedrático, António Flores, professor auxiliar, Romão Loff e Almeida Dias,[72] segundos assistentes. Alexandre Cancela de Abreu, que foi companheiro e amigo toda a vida, já então abandonara o serviço. Egas partilhava o consultório com Cancela de Abreu e tinha por ele enorme respeito. A propósito do livro *Um ano de política*, Cancela escreve a Egas em 24-8-1919: "A minha censura continua a ser, como sabe, severa sob todos os aspectos — político, moral, literário etc. — quando se trata das suas diferentes manifestações públicas. Ponho-lhe a emoção e exigência da minha amizade que quer que lhe pareça *muitíssimo* bem para ter a certeza de que tudo parecerá pelo menos *muito bem*."

A enfermaria abrira em 3-11-1911 e tinha vinte camas para mulheres e trinta para homens, e em 15 anos internara já mil mulheres e 1.500 homens. Na consulta tinham sido observados 8.341 doentes. Egas não lamenta as condições de serviço, exceto para dizer que além das camas para doentes em estudo convinha que "houvesse pequenos depósitos para doentes crônicos e raros, para os indispensáveis subsídios necrópsicos quase sempre perdidos". Isto poderá causar estranheza aos leitores, num tempo em que se valorizam acima de tudo boas práticas de gestão, mas esta era a única forma de fazer avançar o conhecimento médico, que em neurologia dependia da correlação dos dados da clínica com o exame anatômico e microscópico do cérebro destes doentes. Por isso os "casos interessantes" ficavam asilados até morrerem. O gabinete do diretor,

---

[72]Arnaldo de Almeida Dias (1893-1939) era um neurologista distinto, treinado na Alemanha, particularmente dedicado ao estudo microscópico das doenças do sistema nervoso. António Flores considerava-o o sucessor natural de Egas e dele próprio na cátedra de neurologia e sentiu muito a sua morte. Em carta a Egas de 10-3-1939, Flores confessa a grande falta que lhe faz o "amigo e companheiro, que era o próprio eco do meu sentido e do meu saber".

EGAS EM LISBOA – PROFESSOR E CLÍNICO DE SUCESSO

conforme conta Lima, era muito modesto: "Uma mesa e uma cadeira[73] num quarto com duas camas, onde à noite dormiam as criadas de serviço às enfermarias." Havia ainda um gabinete de eletricidade médica, que segundo Egas teria uma frequência "por vezes excessiva". Quanto à neurocirurgia é muito parco em informação; diz apenas: "Bastantes operações se têm realizado por indicação do Serviço de Neurologia." Disto falarei adiante. A produção científica era razoável e Egas menciona 23 teses, entre as quais a de Eduardo Coelho, realizada em 1923, um volume de 231 páginas intitulado *Das relações do estado cerebral com o estado mental. O critério biológico em neurologia.*

Em 1917 Egas publica um volume de 330 páginas intitulado *A neurologia na Guerra.* Diz no prólogo que a Faculdade de Medicina de Lisboa o nomeara seu delegado para "estudar em França os últimos progressos da neurologia, a que a guerra veio trazer numerosos subsídios". Reconhece, porém, que as novas aquisições da neurologia não teriam sido muito abundantes, embora a guerra tivesse gerado uma população imensa de lesões traumáticas pouco comuns na prática quotidiana. O estudo destas vítimas veio contribuir para a definição mais rigorosa da localização das várias funções cerebrais, nomeadamente, por exemplo, a organização cerebral da área da visão. O livro é quase exclusivamente uma revisão da experiência francesa. Dedica um capítulo especial aos "comocionados", ou seja, aqueles casos em que não havia traumatismo direto, e que constituíam ao tempo matéria muito controversa quanto à sua natureza. A questão era saber se as alterações observadas nas vítimas, sobretudo no seu comportamento, eram consequência de uma perturbação orgânica ou, pelo contrário, apenas um distúrbio psicológico, curável por sugestão ou hipnose. Mais difícil ainda era a questão dos "simuladores" e "exageradores", cujo diagnóstico se baseava apenas em "dois critérios absolutos de certeza: o flagrante delito e a confissão". É claro que o objetivo destes "doentes" era, obviamente, não regressar à frente da batalha. Para apressar o regresso, eram "tratados" com choques

---

[73]Estas, um aquecedor de lâmpadas e um negatoscópio encontram-se agora no museu do Centro de Estudos Egas Moniz, no Hospital de Santa Maria, numa reconstituição deste gabinete.

elétricos, o chamado "torpedeamento" — ainda usado no serviço de neurologia de Santa Maria nos anos 1960! —, que levou a um famoso processo em Tours, quando na sequência de um destes "tratamentos" o soldado Deschamps agrediu o capitão médico Clovis Vincent — que viria a ser um dos pioneiros da neurocirurgia francesa — e que lhe respondeu na mesma moeda. Quanto às questões éticas (e a ética médica estava ainda longe de se constituir como disciplina independente), Egas conclui: "O médico há-de conseguir dos seus doentes a aquiescência a todos os tratamentos úteis", e não duvido que ele possuísse um enorme poder de persuasão. E acrescenta: "Basta que se imponha pela competência, que é ainda o maior título e a maior força em matéria clínica." O livro de Egas mereceu grande destaque na primeira página do *Século* de 11 de fevereiro de 1917, com fotografia do autor. O jornal lançava a pergunta: "Poderão os feridos de guerra recusar um tratamento, embora dele resulte a cura, só porque esse tratamento é doloroso?"

Quanto à sua relação com os seus pares na faculdade, a leitura das atas do conselho durante os anos que se seguem à retirada de Egas da política ilustra bem a modernidade do seu pensamento. Egas está presente em 7-1-1918, mas só regressa em 25-7-1919. No conselho, defende a criação de especialidades médicas, contra a opinião de quase todos os colegas. Em julho de 1921 é eleito diretor do Hospital Escolar de Santa Marta, e toma Flores como seu adjunto. Permanecerá no cargo até 1926. Em 1923 é eleito membro efetivo da Academia das Ciências de Lisboa, ocupando a cadeira n° 4, que pertencera a Curry Cabral. O jornal *O Concelho de Estarreja*, que se publicava em Pardilhó, dá notícia de que era o terceiro filho do concelho a ser eleito. O primeiro fora o Dr. José Pinheiro Soares, físico-mor do reino, eleito em 1819, e o segundo o famoso orador e político José Estêvão Coelho de Magalhães, eleito em 1855.

Entretanto, vale a pena apreciar o que foi o trabalho de Egas na área científica, no prelúdio de uma carreira que se veio a revelar fenomenalmente profícua. Logo nas primeiras páginas das *Confidências*, Egas diz que mesmo durante o período de maior atividade política não teria deixado de prosseguir os seus estudos neurológicos: "Estes é que dominavam no meu espírito", pois sempre sentira "a ânsia de alcançar alguma

EGAS EM LISBOA – PROFESSOR E CLÍNICO DE SUCESSO

coisa de novo no mundo científico." Sempre preocupado com o juízo da posteridade, Egas procura convencer o leitor de que o cientista já existia dentro de si, embora de modo rudimentar, argumentando mesmo que já nas suas primeiras publicações se adivinhava a "sua curiosidade pelo desconhecido". "Pequenas coisas", escreve, "algumas delas porventura discutíveis, mas o germe do investigador estava à vista e espreitava sempre o momento azado para empreendimento de maior vulto."

Durante o período que decorreu entre 1911 e 1925, data do início dos seus trabalhos angiográficos, Egas publicou um total de 34 trabalhos, entre monografias e artigos científicos. Naquela época não se olhava com a severidade de hoje para o fato de o mesmo material ser publicado simultaneamente em revistas nacionais e estrangeiras. O que é notável é ele ter reconhecido tão cedo a importância de publicar nas mais reputadas revistas francesas, nomeadamente na *Revue Neurologique*, fundada em 1893,[74] e na *Nouvelle Iconographie de La Salpêtrière*, que fora criada por Charcot. Os artigos diziam respeito sobretudo a casos clínicos isolados ou em pequenas séries, incluindo tumores e abcessos cerebrais, episodicamente operados por Francisco Gentil,[75] segundo Egas, sempre diplomata, com algum sucesso, o que na realidade parece não ter sido o caso.

Particularmente interessante e visionária é a lição de abertura do curso de 1919-20, chamada "As substituições no sistema nervoso", em que Egas trata da capacidade de recuperação funcional do sistema nervoso. Conclui, reiterando o otimismo que era seu apanágio: "A neurologia não é felizmente tão ingrata de sucessos terapêuticos como, à primeira vista, poderá parecer." Uma outra publicação, de 1925, no *Lisboa Médica*, órgão oficial da Faculdade de Medicina e do Hospital Escolar de Santa Marta, merece especial menção, pois diz respeito à chamada prova de

---

[74]A Société de Neurologie, em cujas reuniões Egas participava com frequência, só nasceu em 1899 e reunia-se todos os meses.

[75]Francisco Soares Branco Gentil (1878-1964) licenciou-se na Escola Médico-Cirúrgica de Lisboa em 1900. Foi professor catedrático de Cirurgia da Faculdade de Medicina de Lisboa e enfermeiro-mor dos Hospitais Civis. Gentil foi pioneiro na luta contra o cancro e fundador do Instituto Português de Oncologia. Foi também o grande impulsionador da construção dos hospitais escolares de Santa Maria e São João, a cuja comissão técnica presidiu.

Sicard, um neurologista francês que ele conhecia bem, usada no diagnóstico dos tumores da medula, a que me referirei no capítulo seguinte. Fala ainda da ventriculografia de Dandy e do trabalho de Jacobeus [*sic*], na Suécia, o homem que anos mais tarde viria, por duas ocasiões, a negar-lhe o Prêmio Nobel pela invenção da angiografia cerebral. Este artigo é importante porque é a primeira vez que Egas se debruça sobre a questão das técnicas de visualização cerebral nas doenças do sistema nervoso. Um ano depois começava a sua jornada na demanda de um método mais útil.

Ainda durante os anos que antecederam a invenção da angiografia e a publicação nos anos subsequentes de dezenas de artigos sobre este tópico, Egas não deixou de escrever sobre questões afins à profissão médica. Interessavam-lhe então matérias do foro da psiquiatria e do que hoje se chama "parapsicologia", assunto que aliás apaixonara igualmente os dois mestres de neurologia francesa que mais admirava, Charcot e Babinski. Assim, Egas escreveu sobre "Novas ideias sobre o hipnotismo", "A necrofilia de Camilo Castelo Branco" e, mais tarde, dedicou ao assunto uma extensa monografia intitulada *O padre Faria na história do hipnotismo*. O artigo sobre Camilo, publicado no *In Memoriam de Camilo*, que, segundo Egas, era apenas "um rápido escorço de trabalho de maior vulto" que nunca chegou a publicar, é a primeira tentativa de análise "psicanalítica", aliás muito rudimentar, da personalidade do escritor. Egas refere que este tipo de análise da obra de Camilo, Antero, Eça ou António Nobre daria "revelações curiosíssimas". No caso de Camilo, o artigo diz respeito ao episódio da exumação do cadáver de Maria do Adro, uma jovem que morrera tísica e que Camilo amara platonicamente na adolescência, e cuja autópsia o escritor ajudara um seu cunhado, que era médico, a executar.

É ainda durante este período pré-angiografia que Egas publica, em 1924, os dois volumes sobre *Júlio Denis e a sua obra*, na opinião insuspeita de Maria de Lourdes Belchior uma referência indispensável para quem queira estudar este romancista, cujo estilo tanto inspirou a escrita de Egas. Teve também mais tarde um papel fundamental na publicação de textos inéditos de Júlio Dinis e escreveria os prólogos dos três volumes de *Teatro inédito* (1946 e 1947) e das *Cartas e esboços literários*. A Egas se devem também a descoberta e a identificação de dois manuscritos que estiveram na origem de *As pupilas do senhor reitor* e *A morgadinha dos canaviais*. A biografia de Júlio Dinis, a que se refere em carta a José de Almeida (23-3-1924), um influente advogado de Ovar, como "o meu melhor esforço, pois realizei-o em três meses e meio", tem um extenso prefácio de Ricardo Jorge.[76] Este escreve, no seu estilo inconfundível: "A Egas Moniz assenta o grifo de neurologista ao rastrear a individualidade psicoliterária de Júlio Dinis. Discípulo do famoso Freud, um dos grandes dominadores do pensar contemporâneo, aplica ao seu protagonista o sistema da psicanálise, que hoje anda tanto na berra." Ricardo Jorge manifesta alguma resistência à análise freudiana, afirmando: "Não me quadram as suas generalizações temerárias a transcender os rigores da órbita científica e muito menos a radicação sexualista das qualidades sentimentais e éticas." Adverte Egas dos riscos de tentar conciliar a escrita com o ofício da medicina, porque, citando Afrânio Peixoto, um acadêmico brasileiro amigo de ambos, se "não fazem dano as musas aos doutores", porém se "se mantiver no sacerdócio do templo de Cós, a boa gente dos oficiais do mesmo ofício abocanha-o". E arruma a questão citando o que Baudelaire havia dito de Edgar Allan Poe, *"il avait le malheur de bien écrire ce qui a le don d'effaroucher les sots de tous les pays du monde"*.[77] Egas, que admirava muito Ricardo Jorge, cujo primeiro amor fora a neurologia e que chegara a frequentar a Salpêtrière ainda com Charcot, viria a escrever uma extensa nota biográfica sobre o notável higienista.

A originalidade da análise literária de Egas era representar uma reação

---

[76]Ricardo Almeida Jorge (1858-1939) formou-se na Escola Médica-Cirúrgica do Porto em 1879. Foi ali o criador das ciências experimentais na medicina e da estatística demográfica. O cordão sanitário que tentou impor na cidade do Porto durante a epidemia da peste criou-lhe muitas inimizades, o que o levou a mudar-se para Lisboa. Foi professor catedrático de higiene e presidente da Sociedade das Ciências Médicas de Lisboa (1913-5). Curiosamente, o título da sua tese de doutoramento foi *Localizações motrizes no cérebro*, questão de extraordinária importância, como se verá no próximo capítulo.

[77]"Tinha o azar de escrever bem, o que tem o dom de assustar os tolos de todos os países do mundo."

ao modelo positivista e realista que na época tinha em Teófilo Braga o seu maior expoente. Egas, embora pedindo desculpa pelos possíveis excessos psicanalíticos, não deixa de reiterar a importância da orfandade do romancista, chamando a atenção para o fato de as principais personagens femininas serem elas também órfãs: Jenny e Cecília em *Uma família inglesa*, Margarida e Clara nas *Pupilas do senhor reitor* e Madalena na *Morgadinha dos canaviais*. Trata-se de uma obra de fundo, escrita com entusiasmo e ternura, sobre um romancista de quem Egas se sentia particularmente próximo. Afinal quer as *Pupilas* quer a *Morgadinha* eram elegias à gente de Ovar e Egas era, no dizer de Ricardo Jorge, "vareiro de gema, até à medula dos ossos".

Há nesta biografia abundante material original e uma porfiada pesquisa das personagens reais que teriam inspirado o romancista. Assim, descobriu que o Dr. João Semana fora decalcado do Dr. João José da Silveira, nascido em 1813, licenciado em 1841 no Porto, médico bondoso, franco, sentencioso e cético: "Bem sei, bem sei, vocês curam à moderna, mas morre-se à antiga." Para ele, uma história contada a tempo e com graça valia pelo menos três receitas. Revela também facetas ignoradas do romancista, como a sua veia humorística. Por exemplo, contra a homeopatia e a doutrina de *similia similibus*, escreveu Dinis em verso:

> O fogo apagam com fogo,
> Dão vista aos cegos cegando,
> E até p'ra coroar a obra
> Curam a morte... matando.

Egas voltaria a Júlio Dinis numa conferência proferida na Academia das Ciências em 7-12-39 sobre as peças que escrevera e assinara com o seu nome verdadeiro, Joaquim Guilherme Gomes Coelho, entre os 17 e os 21 anos.

Sobre o padre Faria, Egas elaborou uma monografia de quase duzentas páginas, em que desenvolve o tema de uma conferência proferida no âmbito da celebração do centenário da Régia Escola de Cirurgia de Lisboa, em 19-12-1928. O padre José Custódio de Faria nascera em

EGAS EM LISBOA – PROFESSOR E CLÍNICO DE SUCESSO

Goa em 1756 e partira para Portugal com 15 anos. Depois de várias peripécias, foi ordenado padre em Roma em 1788. Tornou-se famoso em França como "magnetizador", dando cursos de magnetismo, hipnotismo e sonambulismo, que chamava "sono lúcido". Chateaubriand, nas suas *Mémoires d'outre-tombe*, publicadas em 1813, refere-se ao padre Faria. Este terá sido o inspirador da figura do velho encarcerado no romance de Alexandre Dumas *O conde de Monte Cristo*. O livro de Egas, embora em português, despertou um certo interesse na França, merecendo uma nota na revista *Marseille médicale*, e a ele se referiu também *La Tribune de Genève*.

Egas estaria já embrenhado na sua investigação angiográfica quando publica, em 1929, uma nota biográfica importante que fora tema de uma conferência proferida por ocasião do terceiro jubileu da Academia das Ciências de Lisboa. Trata-se da nota biográfica do papa João XXI, o nosso Petrus Lusitanus, Petrus Hispanus ou Petrus Juliani, como diz, "uma das grandes individualidades científicas do século XIII". Também em referência a este escrito, Maria de Lourdes Belchior, no seu ensaio *Egas Moniz — rigor e intuições do homem de letras*, salienta as "intuições" do neurologista, particularmente pelo relevo que deu, antes de muitos outros, à cultura dos séculos XIII e XIV e à injustiça de os olhar simplesmente como a penumbra da história de Portugal. A insigne professora afirma que Egas não só dominava a bibliografia referente à vida e à obra do papa português, como se impunha em "pesquisas de arquivo". Isto é igualmente confirmado pela correspondência que trocou com o padre Joaquim Valente, do Collegio Portoghese em Roma, que lhe deu preciosas informações e lhe forneceu documentos só acessíveis na Itália. Foi o sacerdote que o informou, por exemplo, de que o volume da Bíblia, que numa aflição Pedro Julião tivera de vender por 7 liras, se encontrava provavelmente em Siena. A sua relação com o padre Valente era anterior, porque há uma carta deste a Egas datada de 1-4-1928 em que fala da angiografia cerebral, dizendo que pedira a um padre jesuíta que escrevesse uma nota sobre esta descoberta na revista *La Civiltà Cattolica*, uma publicação confiada "a um grupo de competentes jesuítas" e que era "a melhor da Itália e uma das melhores de todo o mundo"! Não se sabe se a notícia foi dada, mas faria todo o sentido, pois Egas era, no fundo, um produto acabado da educação jesuítica e a sua ligação com a Companhia de Jesus nunca se quebrou. Quanto à sua vida familiar, os testemunhos e documentos são mais escassos, excetuando, evidentemente, os depoimentos do seu sobrinho-neto António Macieira Coelho. Egas era profundamente dedicado à família, sobretudo à de sua mulher. Recorde-se que ele já não tinha quaisquer parentes imediatos. As suas obrigações familiares ganharam outra dimensão quando, em 1918, morre num acidente de automóvel o cunhado, António Macieira, de quem a política o apartara.

Macieira formara-se em direito em 1899 e fora companheiro de folia em Coimbra, colaborando nas comemorações do Centenário da Sebenta e nas apoteoses de João de Deus, Antero e Sousa Martins. Fora também, como já se referiu, membro da Assembleia Constituinte e ministro, embora tivessem surgido mais tarde, segundo António Macieira Coelho, seu neto, "algumas divergências ideológicas" graves com o cunhado. António Macieira era casado com a irmã de D. Elvira, D. Estefânia, e, com a morte daquele, Egas tornou-se o tutor das duas filhas do casal, Maria Matilde e Maria Elvira. Esta teve uma filha, a quem chamou Lúcia, forma abreviada de Luciana, irmã de Egas. Matilde veio a se casar com Eduardo Coelho, que, como vimos, fizera a sua dissertação de doutoramento com Egas. Foi em casa deste que Coelho conheceu a sua futura mulher, de quem teve cinco filhos, todos afilhados de Egas, tendo a mais velha recebido o nome da mãe do padrinho, Maria do Rosário.

Egas tinha os sobrinhos-netos para almoçar e jantar em sua casa todas as quintas-feiras. António Macieira Coelho conta que nas férias de 1936 Egas criou, em Vidago, para a "troupe Macieira Coelho" uma pequena peça infantil que intitulou *O Lobisome*. No manuscrito indicava minuciosamente as cenas, as entradas e saídas e os papéis de cada um dos cinco pequenos atores. O interesse de Egas pelos sobrinhos-netos é bem ilustrado nas poucas cartas que restam, algumas assinadas "Aidi", que era como os sobrinhos o tratavam. Em 27-7-1951 escreve a "Rosarinho": "Os teus irmãos [...] não deram este ano boas provas, mas

EGAS EM LISBOA – PROFESSOR E CLÍNICO DE SUCESSO

prometeram-me trilhar agora melhor caminho." Prova da sua inefável ternura por estes é, por exemplo, uma carta a António escrita já em 13-9-1952, tinha Egas 78 anos, e de que vale a pena citar alguns passos: "Dizem que fazes anos amanhã! Acredito mas não quero saber quantos. Não é por ti, é por mim. Um grande abraço de parabéns e ficas com o crédito de *300 paus* à tua disposição. Se não puderes adiar a recepção saca sobre uma das tuas irmãs que quando vierem aqui serão pagas. [...] O barco azul já foi lançado à água, pois esteve em repouso na garagem, durante o inverno. Está meio submerso para inchar, mas nas vésperas de chegares será posto fora e calafetado para S. Excia, poder andar sem contrariedades. Ontem os peixes do lago andavam aos saltos e disseram que só iriam ao anzol do ilustre novel pescador. [...] já fui pôr borrachas novas no triciclo do Álvaro que vai de novo figurar nas estradas do Marinheiro. Uma azáfama dos diabos por causa da tua categorizada visita [...]. Por cá a vida pacata de sempre, com partidas à noite, repetidas vezes, e passeios agradáveis pelos arredores. Agradeço o lembrares-te desta casa amiga onde as dores — elas próprias — são menos penosas do que longe daqui. Mas agora vou melhor."

Em 1919 Egas manda construir uma moradia suntuosa na avenida Luís Bívar, onde hoje se encontra a nunciatura apostólica, um edifício de traço setecentista, com um jardim e uma larga varanda alpendorada. No tempo de Egas, além de um vasto salão de baile, tinha no andar superior uma biblioteca que era cópia da biblioteca joanina da Universidade de Coimbra. A casa era rica em móveis, louças chinesas e pinturas, sobretudo da escola naturalista portuguesa. A coleção de Egas está hoje exposta na Casa-Museu em Avanca e vale sobretudo pelo esplêndido conjunto de naturalistas portugueses, nomeadamente Falcão Trigoso, Silva Porto, João Reis, Carlos Reis e Eduarda Lapa. Existe ainda um quadro de Roque Gameiro, além de desenhos do rei D. Carlos, de Malhoa e Abel Salazar. Segundo o relato do sobrinho-neto António Macieira Coelho, jantava-se em louça de Cantão azul e branca e o faqueiro teria pertencido ao marquês de Pombal. Abundavam ainda porcelanas da Companhia das Índias, de Limoges e louças e vidros da Vista Alegre.

Egas tinha particular orgulho na sua argúcia como comprador de antiguidades. Em texto de 1947, que descreve como um "esbocete" de *A nossa casa*, conta como disputou no antiquário Álvaro Miranda, da Granja, uma coleção de serviços de chá com Guerra Junqueiro. Os dois tinham viajado juntos de comboio, mas Egas teria adivinhado a intenção do poeta e saíra na estação com passo mais rápido, antecipando-se assim na compra. Também conta como adquiriu "dois quadros franceses da época romântica do tipo Corot" que tinham interessado José Relvas. Segundo Egas, este, despeitado, ter-lhe-ia dito que os quadros eram bons mas não valiam o dinheiro que ele pagara. Egas remataria: "Às vezes os fracos [porque Relvas era muito mais rico que ele!] tomam assomos de valentões."

Poucos anos após a sua chegada a Lisboa, certamente com os lucros de uma clínica proveitosa, já vivia em grande estilo. Apreciava igualmente os bons carros — o último que teve foi um Cadillac, modelo único em Portugal, com *strapontins* — e nas viagens mais longas viajava com *chauffeur* e trintanário. Nada lhe dava mais prazer que a sua partida de cartas todas as sextas-feiras, de novembro a julho. Havia jantar em sua casa e jogava-se *o boston*. A partida reunia pelo menos quatro mesas. Em Avanca jogava *brídege* e xadrez[78] com os sobrinhos-netos e com o cunhado António e gamão com o farmacêutico.

No seu fascinante e muito bem ilustrado texto "História das cartas de jogar", que serviu de prólogo ao *Tratado do jogo do boston* publicado em 1942 pelo Dr. José Henriques da Silva, Egas conta como o gosto pelo jogo esteve presente toda a sua vida. No seu tempo de estudante de Coimbra jogava bilhar no café do Marques Pinto, mas também roleta e o jogo do monte ou batota, nos estabelecimentos do Salvador e do Pereira. Diz que além da mesada que recebia, três libras mensais, com a apostila que escrevera com o condiscípulo António Rodrigues tinha uma "mensalidade de homem rico que despendia em livros e... no jogo". Talvez desiludido com os jogos de azar, passou para os jogos de vaza, que tinham mais "ciência", e na Associação Acadêmica de Coimbra

---

[78]Em entrevista ao *Diário de Lisboa* de 20-11-1950 Egas confessa que se interessou muito na juventude pelo xadrez e que enquanto estudante de Coimbra jogara por correspondência uma partida com um filho do conselheiro Barjona de Freitas.

iniciou-se no *boston*, um sucedâneo do *whist*, surgido nos Estados Unidos na altura da Guerra da Independência e que já se jogava no Grêmio Literário em Lisboa em 1846. Mais tarde, no Clube dos Lentes, tinha partidas com ex-mestres como Filomeno da Câmara e Sousa Refóios e também Sidónio Pais, com quem se cruzaria mais tarde na política.

Nas férias, a sua devoção era a Avanca e à Casa do Marinheiro, que remodelara completamente. O fato de o casal não ter descendência levou-o a liquidar as casas que tinham em Lobão e Pardilhó, que Egas herdara dos tios. A venda da casa de Pardilhó, em 1913, não fora fácil, porque o comprador, também de apelido Rezende, vivia no Brasil e não conseguia transferir os fundos necessários. A primitiva Casa do Marinheiro era uma simples casa de aldeia, uma construção do século XVIII de um modelo semelhante a outras de Avanca. Egas reconstruiu-a segundo projeto do arquiteto Ernest Korrodi, aproveitando parte do perímetro do edifício, aumentando-o para sul e fazendo a frente para a estrada. A construção decorreu sob a orientação do padre António Maria de Pinho de Avanca e o decorador foi Álvaro Miranda, da Granja.

A casa conserva hoje o traçado original, com um acrescento no lado sul, para instalar a casa-museu, inaugurada em 14-7-1968, que aliás se integra no conjunto em razoável harmonia. A quinta tem cerca de três hectares e na sua parte nordeste corre a ribeira do Gonde, que alimenta um lago que os postais da época mostram como suficientemente vasto para nele se passear de barco a remos. Grande parte da área era reservada a pastagens para gado. Mais tarde, em 31-12-1947, Egas fundou com três sócios uma sociedade agrícola na quinta e criou uma vacaria-modelo, apurando uma raça leiteira que fornecia a fábrica da Nestlé. Na frente da vacaria existe um painel de azulejos da fábrica Aleluia, representando Santo António a abençoar uma manada de vacas.

A Casa do Marinheiro[79] ergue-se na planície de Avanca com a majestade de um palacete de província e, com os seus dois torreões de altura

---

[79]Numa curiosa nota publicada em 1951 na *Folha da Manhã*, um jornal de S. Paulo, Gondim da Fonseca, jornalista que nascera na região, argumenta que a casa se devia chamar do "Marinhão", pois este é o nome dos pescadores da Murtosa e Pardilhó.

diferente, é reconhecível a grande distância. De fato, Egas e D. Elvira viviam em grande estilo. Um retrato do pessoal da casa em 1920 inclui um feitor, três criados, uma cozinheira e um criado de mesa. Num dos torreões está implantado um belíssimo painel de Jorge Colaço de 1915. Foi este painel que Egas usou depois como seu ex-líbris; representa um navegador a avistar a terra descoberta. Tem como legenda "Quando da etherea gávea um marinheiro", um verso da estrofe 24 do canto V de *Os Lusíadas*, que continua "Pronto com a vista, terra, terra, brada". Se o painel não tivesse sido executado em 1915, dir-se-ia que Egas se referia às suas próprias invenções e a sua "terra" seriam as artérias cerebrais, que ele visualizara pela primeira vez. Em cima de uma porta lateral que dá entrada para a cozinha está um outro painel de azulejos, de Pereira Cão, datado de 1917.

À entrada da casa segue-se um vestíbulo que abre à esquerda para a biblioteca de Egas e à direita para uma sucessão de divisões, começando por uma sala de jogo, a que se segue um salão de festas e a sala de jantar. Na parede do vestíbulo estão os retratos de família: do pai, da mãe, do tio abade, do avô paterno e do tio do Lobão e da irmã Luciana. Os tetos são de madeira, um pouco escura, e as paredes forradas a papel estampado de tom dourado. Quer a distribuição das salas quer a sua decoração são as de uma luxuosa moradia citadina. Cumprindo as disposições testamentárias de Egas, a casa mantém hoje o mobiliário e a decoração original. Apenas no andar superior, em algumas divisões que originalmente eram quartos de dormir para hóspedes, o conteúdo é o da casa de Lisboa. Aí se encontra, por exemplo, o relicário para as devoções de D. Elvira, mobília Luís XVI e os móveis do escritório, além das fotografias dos mestres da neurologia francesa Charcot, Pierre-Marie (dedicado a *mon cher collègue et ami*), Pitres e Babinski, além de uma foto de Teixeira de Pascoaes em que este escreveu "À glória da Ciência Portuguesa, Doutor Egas Moniz, oferece o triste poeta".

O escritório e a biblioteca merecem descrição pormenorizada porque era aí que Egas passava grande parte do seu tempo, a ler e a escrever. A secretária está de costas para uma *bow-window* que abre para um jardim muito agradável. Ao lado direito está um *fauteuil* confortável, onde fazia a sesta, recebia as visitas e reunia os sobrinhos-netos à sua frente para conversar, e uma estante de leitura. À esquerda, um fogão contornado a azulejos. As restantes paredes são forradas por estantes encimadas pelos bustos de Camilo, Eça, Herculano, Victor Hugo, Voltaire e Júlio Dinis e, destoando um pouco, mas demonstrando de forma clara o apreço que os unia, José Maria de Alpoim.

O que seriam os gostos literários de Egas pode deduzir-se do conteúdo da sua biblioteca, que no catálogo que mandou elaborar em 1950 incluía 2.423 títulos, muitos deles com dedicatórias do autor. Em entrevista ao *Século Ilustrado* em novembro de 1949 confessa que adorava ler versos e que os lia de poetas de todas as nacionalidades. O entrevistador notou que junto a Egas estavam "dois imensos dicionários e um pequeno livro com poemas de Kipling".[80] Lá se encontram os escritores portugueses clássicos: uma "camoniana" razoável e as obras de Fernão Lopes, Damião de Góis, Garcia de Resende, Garcia de Orta, o teatro de Gil Vicente, os sermões do padre António Vieira e os tratados do padre Manuel Bernardes. Há ainda abundante representação de Camilo, Garrett, Castilho, Ramalho Ortigão, Eça de Queiroz, Aquilino e, é claro, Júlio Dinis, além das obras de Rebelo da Silva, Teófilo Braga e Oliveira Martins. Abundam também os poetas, como Sá de Miranda, Bocage, João de Deus, Antero de Quental, Cesário Verde, António Feijó, António Nobre (vários exemplares), Augusto Gil, Fernando Pessoa (incluindo os heterônimos Reis e Caeiro), Florbela Espanca, José Régio, Miguel Torga e o brasileiro Olavo Bilac.

Existem ainda na língua original coletâneas completas de Voltaire e Rousseau, além de Chateaubriand, Montesquieu, Michelet, Renan, Balzac e Baudelaire. Os livros em língua inglesa são escassíssimos — Shakespeare (também em tradução francesa), Milton, Byron, e o

---

[80]Já quanto à sua veia poética, só a podemos julgar por um soneto que escreveu em 5-4-1894 em homenagem a um quintanista de direito na récita de formatura: "Vejo fugir no azul de Imensidade/ como um bando ideal de pombas mansas/ Como os sonhos doirados das crianças/ As ilusões da nossa mocidade/ Pérolas de um altíssimo valor,/ As ilusões que vós aqui deixais/ Como as sombras das almas dos amantes/ Envolvem a alma prantos e saudades.../ Ilusões que depois nos lembrarão/ O Mondego, Coimbra, os estudantes:/ Belos tempos da nossa mocidade!"

Brave New World, de Aldous Huxley, e pouco mais. Em espanhol, o *D. Quixote*, Lorca e, em italiano, Dante e Gabriele d'Annunzio. Dos clássicos, Homero e Horácio, mas obras de filosofia quase não existem, além da *Ética* de Espinosa. O gosto de Egas pelo teatro é visível pela coleção de obras de Marcelino Mesquita, D. João da Câmara e, é claro, do seu amigo Júlio Dantas.

As salas de convívio social estão decoradas com um luxo discreto. Na sala de jogos há três mesas para esse propósito e as gravuras italianas nas paredes são alusivas à atividade de lazer favorita de Egas. O salão de festas contém várias porcelanas da Companhia das Índias e pinturas de qualidade inferior. A sala de jantar é muito ampla. Aí se encontra uma pintura de Frans Snyders (1579-1657), de que Egas muito justamente se orgulhava, duas mesas e uma extraordinária abundância de louças, sobretudo de Cantão, faiança portuguesa e cristais.

No vestíbulo há ainda uma entrada para a cozinha, e dele parte uma escada que leva ao andar superior, onde se situava o quarto de dormir do casal, com duas camas e móveis D. Maria.[81]

Nesta, como em outras divisões do andar superior, abundam as representações religiosas, quer em óleos quer em gravuras, sobretudo de Nossa Senhora e do Menino Jesus, além de dois diplomas de "indulgências plenárias" *in articulo mortis* concedidas ao casal pelos papas Pio XI e Pio XII. Egas aceitava de bom grado a piedade de D. Elvira e nesse andar existe uma capela que tinha como padroeira Nossa Senhora da Conceição, onde se dizia missa, mas que contém apenas um genuflexório.

D. Elvira e Egas tinham quartos de vestir próprios. No de Egas encontravam-se vários bonecos de porcelana representando Winston Churchill,[82] que nasceu um dia depois de Egas, e uma gravura representando uma cena de *Hamlet*. A legenda teria talvez para Egas um significado particular. "*He was a man, take him for all in all,/ I shall not look upon his like again.*" Conforme conta António Macieira Coelho,

---

[81]Na mesa de cabeceira de D. Elvira encontra-se ainda uma agenda, em que ela registrava os aniversários de amigos e parentes, e a obra completa da poetisa Rosalía de Castro.
[82]Egas tinha uma simpatia especial pelo político. António Macieira Coelho conta que em Avanca, durante os anos da Segunda Guerra Mundial, a BBC era religiosamente escutada depois do jantar.

EGAS EM LISBOA – PROFESSOR E CLÍNICO DE SUCESSO

as férias no Marinheiro eram ocasião de um convívio muito animado com a família extensa dos primos Freires e outros. No verão de 1920, em Karlsbad, Egas escreveu com o pseudônimo de Acafem, nome composto pelas suas iniciais, uma opereta em dois atos intitulada *A nossa aldeia*, que foi representada na Casa do Marinheiro em 22 de setembro. Nela intervieram vários dos seus parentes. Nos números musicais os versos eram sobretudo de Acafem. A música era da autoria da cunhada, Estefânia Macieira, e do condiscípulo Alberto Rego, além de incluir melodias tradicionais e fragmentos de outras origens, como a ópera *Manon* de Massenet. Os atores eram amigos e familiares, abundando os apelidos Lemos e Abreu Freire. Os cenários eram de Maurício de Almeida, cuja história triste foi atrás contada. O contrarregra era o padre António Maria de Pinho, que dirigira as obras do teatro improvisado na garagem.

O libreto era um panegírico de Avanca. A história começa com a chegada à vila, vindos de Lisboa, dos irmãos José e Maria José, a quem o regedor obriga a abrir as malas para investigar se não traziam bombas, pois era preciso ter muito cuidado com a gente de Lisboa. Comenta um personagem: "Parece que lá pela capital se joga ao S. João todas as noites", uma alusão irônica aos distúrbios constantes na capital. Entretanto chega um rapaz, o Manuel da Rosa, que está de partida para a América, para onde ia emigrar, deixando chorosas as moças da terra. Os irmãos de Lisboa vinham à procura da "cadeira marcónica" — e não sei se isto não seria *un jeu de mots...* —, um aparelho maravilhoso que hipnotizava, e que tinha chegado ao Marinheiro. José Maria e Maria José admiram-se com o progresso imaginário e o luxo de Avanca, que até dispunha de um teatro em que actuavam cantores vindos de Paris pelo Sud Express. A opereta termina com o contraste entre a "Avanca do passado", que cultivava a distinção e as boas maneiras, a "Avanca de hoje", que apreciava a vida simples, e a "Avanca de amanhã", dos *sports* e do "feminismo", que dançava o *foxtrot* e o *twostep*. A peça foi depois publicada no jornal *Concelho de Estarreja*. Reveladora do espírito empreendedor de Egas é a criação em Avanca de uma fábrica de produtos lácteos. Não era, aliás, a sua primeira iniciativa empresarial. Em 26-6-1920 formara sociedade com o seu amigo Camilo Infante de la Cerda para desenvolver uma roça em São Tomé, negócio altamente rentável para a época. De la Cerda foi depois sogro de Armindo Monteiro, ministro de Salazar e diplomata ilustre. Egas dedicava particular carinho à alimentação infantil. De fato, a indústria de laticínios era praticamente inexistente em Portugal e as condições lastimáveis da higiene alimentar contribuíam também para a altíssima mortalidade infantil. Tratava-se pois de uma causa que lhe dizia muito; ele era desde 1906 membro da Associação Protetora da Primeira Infância, fundada em 1901, que muito promoveu o desenvolvimento de lactários. Assim constituiu-se em escritura na casa do Outeiro em Avanca, propriedade do primo José Maria de Abreu Freire, visconde de Baçar, a Sociedade de Produtos Lácteos, com um capital de 300 mil escudos. Nos 45 acionistas, além de vários membros da família (Egas e D. Elvira investiram cada um 20 mil escudos), também se incluíam o seu colega de consultório Dr. António Augusto Fernandes, e o seu fiel criado, Joaquim Emílio Rosado, que dá como morada a residência da avenida Luís Bívar. À empresa juntou-se um engenheiro de renome, Rudolfo Leipold, antigo colaborador de Hatemaker, o inventor da máquina de secar leite, e que foi o primeiro gerente da sociedade.

A fábrica era na freguesia de Avanca, no lugar de Pensal (nome dado mais tarde a alguns produtos da sociedade). O leite era refrigerado no rio, o que obrigava no inverno os operários a permanecerem ali com água até à cintura, enquanto o leite arrefecia. De início a fábrica produzia manteiga, lacto-sic e leite desnatado e tinha como principais clientes a Sociedade Industrial de Chocolates, que fabricava os chocolates *Favorita*, e a Junta da Província da Estremadura, que distribuía leite às crianças pobres de Lisboa. Recebe depois da Nestlé, em 1933, o exclusivo do fabrico dos seus produtos em Portugal, e em 1934 produz leite em pó e o famoso Nestogen. Egas dava à fábrica "assistência científica", e em 1950 ainda recebia 5 mil escudos anuais, além de uma pensão vitalícia de 6162$75 por trimestre. Na Casa do Marinheiro estabeleceu ainda, como vimos, uma "vacaria moderna", para fornecer leite em condições de higiene.

Uma outra iniciativa empresarial não foi tão bem-sucedida. Tratou-se da criação, em 1930, do Banco de Antuã, para apoiar o desenvolvimento da região, que teve vida curta e lhe trouxe grandes dissabores. Egas terá entrado com 200 contos e foi acusado num processo de falência fraudulenta, pois o sócio principal fugiu para o Brasil com os bens da sociedade. Em carta a José António de Almeida, Egas lamentava ter sido "muito maltratado pelo tribunal coletivo". "Vexaram-me e contudo devem saber que os fatos alegados contra mim eram falsos", queixa-se. Era seu advogado o Dr. António Bustorff Silva e Egas foi absolvido. No entanto, teve de reembolsar os depositantes, para o que foi obrigado a contrair um empréstimo avalizado pela cunhada Estefânia Macieira.

Não sabemos qual o sucesso que terá tido por essa altura uma diligência do povo de Avanca dirigida a Egas nos seguintes termos: "Temos tenções de tomar o nome de V. Excelência por ser muito considerado principalmente na nossa terra. Este clube é só para desenvolvimento da nossa terra porque está ainda muito atrasada." O clube teria o nome de "Egas Moniz Foot Ball Club d'Avanca".

6. Cientista improvável e tardio

A razão por que Egas Moniz meteu ombros a um projeto de investigação cujo sucesso estava longe de garantido constitui um enigma difícil de decifrar. De fato, tinha já 51 anos, uma idade bem madura para um investigador, quando começou a perseguir o objetivo de visualizar os vasos cerebrais. Allan Lightman chamou a atenção para o fato de a idade média dos cientistas galardoados com o Prêmio Nobel, quando levaram a cabo a investigação que lhes veio a merecer esse reconhecimento, ser 36 anos. Egas tinha uma larga experiência clínica e, embora o negasse, conhecia a fragilidade das terapêuticas neurológicas. Para ele só a neurocirurgia poderia resolver algumas das patologias que diagnosticava. Enfrentava, contudo, um problema de solução complicada: o do rigor no diagnóstico e falta de um método que permitisse localizar o "inimigo" dentro da caixa craniana. Para se perceber a importância da sua contribuição, é preciso recuar 150 anos, pois a história merece ser contada desde o início.

Em 12-4-1861, um homem de 51 anos, de nome Leborgne, era admitido por gangrena da perna direita no serviço de cirurgia do Hospital Bicêtre, em Paris, dirigido por Pierre Paul Broca (1824-80), que, além de cirurgião, era antropólogo reputado. Na enfermaria, Leborgne era conhecido simplesmente por "Tan" ou "Tan Tan", pois aquela era a única palavra que pronunciava desde os seus 30 anos, embora mantivesse alguma compreensão verbal e respondesse apropriadamente a certas perguntas movendo os dedos da mão esquerda. O doente morreu pouco depois e nesse próprio dia o seu cérebro era mostrado na Société d'Anthropologie. Dois meses mais tarde, Broca apresenta na Société Anatomique uma comunicação que intitula "Perte de la parole, ramollissement chronique et destruction partielle du lobe antérieur gauche du cerveau".[83] Para ele não havia qualquer dúvida: a base do lobo frontal esquerdo, a que chamamos hoje "área de Broca", era a sede da fala. Em 1865, Broca e outros neurologistas tinham já colecionado vários casos semelhantes, o que o levava a afirmar com convicção que "falamos com o hemisfério esquerdo".

A noção de que as funções nervosas superiores, como a linguagem, a visão ou a motilidade, tinham uma localização definida nos hemisférios cerebrais não era inteiramente nova, mas faltava-lhe sólida fundamentação científica. No século anterior, Franz Joseph Gall (1758-1828), nascido no grão-ducado de Bade e que estudara medicina, primeiro em Estrasburgo e depois em Viena, tinha publicado em 1791 um livro em que expunha as suas teorias "psicofísicas", que continham quatro "teses fundamentais": 1. as qualidades intelectuais e morais eram inatas; 2. o seu funcionamento exigia um suporte orgânico; 3. o cérebro era o órgão de todas as faculdades, tendências e sentimentos; 4. o cérebro era composto de tantos órgãos quantas as faculdades.

Para Gall, a forma do crânio era moldada pela configuração do cérebro nele contido, e se uma determinada aptidão era mais desenvolvida, assim o crânio se apresentava mais proeminente nesse local, ou seja, com uma "bossa". A ideia de a "bossa da inteligência" se localizar na região frontal tem pois mais de dois séculos! Assim se desenvolveu a "ciência" da frenologia, pormenorizadamente exposta na obra monumental de Gall, publicada em colaboração com Spurzheim (1776-1832), também ele licenciado em Viena, com o título igualmente monumental *Anatomie*

---

[83] "Perda da fala, amolecimento crônico e destruição parcial do lobo anterior esquerdo do cérebro."

et physiologie du système nerveux en général, et du cerveau en particulier, avec des observations sur la possibilité de reconnaître plusieurs dispositions intellectuelles et morales de l'homme e des animaux, par la configuration de leurs têtes.*

A partir da descoberta de Broca, uma teoria científica das localizações cerebrais foi pouco a pouco tomando forma, começando com a investigação clínica de John Hughlings Jackson (1835-1911) em doentes com epilepsia localizada aos membros. Em 1870, Gustav Fritsch (1838-91) e Eduard Hitzig (1838-1907) estimularam eletricamente a superfície cerebral em cães e puderam delinear uma "área motora" que controlava a contração dos músculos da face e dos membros. David Ferrier (1843-1928), eminente neurologista inglês, reproduziu e ampliou esta investigação noutras espécies, incluindo macacos, e em 1876 publicou uma monografia intitulada *The functions of the brain*, que se tornou um clássico da literatura neurológica.

Transpor esta informação para o cérebro humano e estabelecer homologias anatômicas entre o homem e o macaco não era fácil, mas Ferrier notara já que "determinar as relações exatas dos sulcos e circunvoluções primárias do cérebro com a superfície do crânio é importante para o médico e para o cirurgião, como guia para a localização e a avaliação dos efeitos das doenças e das lesões do cérebro e dos seus revestimentos". A necessidade de fornecer ao cirurgião um sistema de localização fidedigno era para ele evidente, pois permitiria, tendo em consideração os sintomas e sinais que o doente apresentava, por exemplo a paralisia de um membro, abrir a caixa craniana no local correto e diminuir assim o risco cirúrgico. Nas *Croonian lectures*, em 1880, Ferrier chamava no entanto a atenção para a falta de correspondência que por vezes havia entre o local da doença (*the seat of disease*) e os sintomas que o doente apresentava. Além disso, como depois apontou outro neurologista ilustre, James Collier, havia mesmo falsos sinais de localização que enganavam

---

*Anatomia e fisiologia do sistema nervoso em geral e do cérebro em particular, com observação sobre a possibilidade de identificar numerosos dispositivos intelectuais dos homens e dos animais a partir da configuração de suas cabeças.

o cirurgião, assim levado a abrir o crânio no sítio errado. Uma técnica de visualização das diferentes lesões era pois indispensável para que a cirurgia nervosa acompanhasse o progresso que se ia verificando em outras áreas. De fato, o mais temível inimigo do cirurgião, a infecção, começara a ser controlado desde a introdução de soluções antissépticas como o ácido carbólico, por Joseph Lister, em 1865, que as aplicava não só nos instrumentos cirúrgicos mas também nas mãos do cirurgião, na pele dos doentes e no campo operatório.

Em 1876, William Mcewen (1848-1924), um jovem cirurgião escocês que trabalhava na Royal Infirmary em Glasgow, observou um rapaz de 11 anos a quem diagnosticou um abcesso cerebral na área da fala de Broca. Foi-lhe negada a autorização para o operar, mas a autópsia revelou que o diagnóstico fora certeiro. Só em 1879, baseado na investigação de Ferrier, Mcewen diagnosticou e operou com sucesso, pela primeira vez, um jovem com um coágulo de sangue que se desenvolvera após um traumatismo craniano.

A cirurgia do cérebro começa efetivamente no final do século XIX, a partir de três contribuições fundamentais: a anestesia, a assepsia e a localização cerebral. Esta cirurgia era praticada então por cirurgiões sem treino específico, que abriam o crânio seguindo as indicações dos neurologistas que lhes apontavam o local onde deveriam atuar. Foi assim que Rickman Godlee (1849-1925) operou, em 1884, o primeiro tumor cerebral num homem de 25 anos, seguindo a indicação de Hughes Bennett e David Ferrier, embora o doente viesse a sucumbir um mês depois por infecção. Em 1886, Sir Victor Horsley, cirurgião do National Hospital for the Paralyzed and Epileptic, em Queen Square, Londres, contava já dez intervenções neurocirúrgicas. Não obstante, David Ferrier, referindo-se à neurocirurgia da época, dizia causticamente que era *a sort of polite way of committing suicide*.[84]

Foi Harvey Cushing (1869-1939), nascido em Cleveland e estudante em Yale e Harvard, o verdadeiro pioneiro da moderna neurocirurgia. Cushing começara o seu treino cirúrgico no Johns Hopkins Hospital

---

[84]"Como que uma forma educada de suicídio."

CIENTISTA IMPROVÁVEL E TARDIO

em 1896 com Halsted, um dos grandes inovadores da técnica cirúrgica, particularmente pela meticulosidade e pelo respeito pelos tecidos, o que em relação ao cérebro era decisivo. Em 1900 Cushing viajou pela Europa, tendo frequentado o serviço de Kocher em Berna, e de Sherrington, o famoso neurofisiologista, em Liverpool. Em 1904 Cushing fala pela primeira vez do *special field of neurological surgery*,[85] reconhecendo a necessidade de um treino específico e do aperfeiçoamento da anestesia e de métodos que permitissem controlar a hemorragia durante o ato cirúrgico e a pressão no interior da caixa craniana[86]. Em 1905 publica no tratado de cirurgia de W. W. Keen[87] um capítulo de mais de 200 páginas sobre cirurgia craniana. Em 1912, Cushing foi nomeado para a cátedra de cirurgia em Harvard e para o posto de cirurgião chefe do novo Peter Bent Brigham Hospital. Com Cushing, a técnica estava agora mais ou menos codificada,[88] mas persistia o problema da localização correta, não só dos tumores cerebrais mas de outras lesões que ocupavam espaço, nomeadamente abcessos ou coágulos sanguíneos. Quando dentro da caixa craniana se desenvolve algo que ocupa espaço, os doentes queixam-se de dores de cabeça, vômitos ou diminuição da visão, a que se associam por vezes sintomas que permitem a localização correta do problema. No entanto, como apontei, as queixas também podem ser enganadoras quanto à posição real das lesões. Tornava-se pois urgente desenvolver um método que permitisse visualizar as estruturas intracranianas e se possível os diversos processos patológicos que as poderiam afetar. Sir Geoffrey Jefferson, famoso neurocirurgião de Manchester, diria mais tarde com ironia sobre os neurologistas do seu tempo, num discurso pronunciado em sessão de homenagem a Egas em 1956, que

---

[85]"Campo particular da cirurgia neurológica."

[86]Este ponto é fundamental. O fato de o cérebro estar contido numa caixa rígida faz com que qualquer massa estranha que cresça no interior desta determine a compressão do tecido encefálico e o seu sofrimento. Isto é, evidentemente, diferente do que sucede, por exemplo, na cavidade abdominal.

[87]W. W. Keen era avô de Walter Freeman, que, como veremos adiante, foi o grande responsável pela expansão da psicocirurgia nos Estados Unidos.

[88]Lima escreveu em 1940, um ano depois da morte de Cushing, uma excelente nota biográfica onde afirma que fora Cushing, só ele, "que, criando a moderna técnica da cirurgia intracraniana, promovera todo o desenvolvimento atingido por esse ramo da cirurgia".

intitulou "Retrospect on the contribution of prof. Egas Moniz to surgical neurology": "These good people had shown themselves very well satisfied with clinical, with bedside study as a key that would open any closed door. That they were greatly mistaken they were slow to realize and somewhat lacking in graciousness and good humour when the growing demands of neuro-surgery for absolute accuracy proved that bedside study was too often misleading."[89]

Dada a opacidade do crânio, a visualização das estruturas no seu interior só pôde ser conseguida após a descoberta dos raios X. A importância potencial no diagnóstico médico foi percebida logo após esta descoberta, por Wilhelm Conrad Roentgen (1845-1923), em 1895. Seis meses depois, Francis H. Williams reconhecia a sua utilidade, ao observar que o ar nos pulmões funcionava como meio de contraste que permitia delinear o coração e as costelas. A nova técnica de diagnóstico desde logo impressionou Cushing, que com ela tivera uma primeira experiência no Massachusetts General Hospital, em Boston. Levou depois consigo para o Johns Hopkins uma unidade de raios X, em 1896, e aí obteve uma radiografia da coluna cervical de um doente com uma bala no pescoço. Doze anos mais tarde, William H. Stewart observa numa radiografia da cabeça de um maquinista que tinha sido colhido por um carro elétrico e sofrera a fratura do crânio, que houvera a penetração de ar no seu interior. Para sua surpresa, o ar delineava as cavidades que existem no interior dos hemisférios cerebrais chamadas ventrículos cerebrais. Ou seja, o ar deslocara o líquido, chamado cefalorraquidiano, que normalmente as ocupa, e assim tornava visível a sua anatomia.

Não é claro como estas observações terão inspirado a Walter E. Dandy (1886-1946) a ideia de injetar ar como meio de contraste, que penetrasse não só o espaço envolvente do tecido cerebral — o espaço subaracnoideu —, mas igualmente os ventrículos cerebrais. É possível que tivesse sido Halsted a incitar o seu jovem assistente, pela sua experiência

---

[89]"Esta boa gente tinha-se mostrado muito satisfeita com o estudo clínico, de cabeceira, que seria a chave que abriria qualquer porta. Levaram muito tempo a perceber que estavam errados e mostraram alguma dificuldade em reconhecê-lo quando as exigências crescentes da neurocirurgia de uma precisão absoluta demonstraram que o estudo de cabeceira era demasiadas vezes enganador."

em injetar ar na cavidade abdominal, o chamado pneumoperitoneu. Walter Dandy, justamente considerado um outro pioneiro da moderna neurocirurgia, formara-se na Universidade do Missouri e frequentara como estudante o Johns Hopkins Hospital, onde Cushing se encontrava. As suas qualidades foram notadas por Halsted e durante um ano colaborou com Cushing no seu laboratório de investigação. A relação entre os dois gigantes fundadores da neurocirurgia foi sempre tempestuosa e o sucesso do discípulo sempre incomodou o mestre. A eles se aplica a observação de Oliver Wendell Holmes: "Os médicos são as pessoas no mundo com melhor feitio, exceto quando lutam entre si." Houve na vida de Egas vários episódios que ilustram bem a justeza desta observação.

Em 1918, Dandy — tinha então 32 anos — injeta pela primeira vez ar nos ventrículos cerebrais de duas crianças, de 6 meses e 12 anos, com hidrocefalia, uma situação clínica em que os ventrículos aumentam muito de volume, postulando que, se uma massa que ocupasse espaço no interior do crânio deformasse essas cavidades, teriam ao dispor "an early and accurate aid to the localization of intracranial affections".[90] No ano seguinte, Dandy experimentou injetar ar não diretamente nos ventrículos, mas no canal espinhal, através de uma punção lombar, depois de ter ensaiado em cães uma série de meios de contraste, como o brometo de sódio e os sais de prata, que se revelaram demasiado tóxicos, pois em todas as experiências os animais morreram.

Embora Dandy insistisse na fiabilidade da sua técnica, esta tinha um número relativamente alto de resultados incorretos e uma mortalidade que chegava aos 13%. Cushing, por seu lado, foi sempre um adversário da ventriculografia. Em 1922 escrevia a Dandy: "It has been an important contribution, but you must be very careful not to overdo it, lest you make people expect too much of it, for under these circumstances it is likely to get a black eye."[91] No final da sua carreira, Cushing dizia que o seu conservadorismo se devia sobretudo ao risco de os mais novos

---

[90] "Uma técnica auxiliar precoce e precisa da localização das afecções intracranianas."
[91] "Foi uma contribuição importante, mas tem de ser muito cuidadoso para não exagerar, para que não se espere demasiado dela, pois nestas circunstâncias é provável que fique com um olho negro."

negligenciarem a importância de examinar cuidadosamente os doentes. Dandy nunca perdoou a Cushing os seus ataques. Numa carta a John Fulton, professor de fisiologia na Universidade de Yale (e Dandy e Fulton, como veremos, estarão para sempre associados às duas invenções de Egas), embora reconhecendo que Cushing estava muito acima de todos os outros na neurocirurgia do seu tempo, considera que ele não era "a big man, he was a very selfish one and certainly not the type who wished his pupils to excel, and I have never felt that his scientific contributions were trustworthy".[92] Note-se, como observou Herbert Olivecrona, neurocirurgião sueco que iremos reencontrar várias vezes nesta narrativa, que todos os grandes neurocirurgiões que desenvolveram a especialidade na Europa foram, direta ou indiretamente, discípulos de Cushing. Isto aplica-se também a Pedro Almeida Lima, o fundador da neurocirurgia em Portugal, que, como veremos adiante, foi discípulo de Sir Hugh Cairns, ele próprio, médico "residente" de Cushing.

Embora representando um progresso notável, a ventriculografia estava longe de satisfazer as necessidades diagnósticas de neurologistas e neurocirurgiões, que em grande parte tiveram resposta na angiografia cerebral de Egas. Com efeito, esta foi, até a descoberta da tomografia axial computorizada (TAC), em 1967, por Godfrey Housenfield — a primeira aplicação clínica data de 1971 — e, durante quase cinquenta anos, a técnica imagiológica usada na rotina clínica.[93]

A história da invenção da angiografia cerebral está pormenorizadamente descrita nas *Confidências*, onde Egas lhe dedica cerca de 200 páginas. Aí diz que numa das suas viagens a Paris tinha discutido já a necessidade de uma técnica que permitisse a localização correta dos tumores cerebrais, semelhante à que Sicard introduzira para as compressões

---

[92]"Um grande homem, muito egoísta, e certamente não era daqueles que desejam que os seus discípulos se distingam, e eu nunca senti que as suas contribuições científicas fossem fiáveis."
[93]Não resisto a incluir uma nota pessoal. Durante todo o meu treino neurocirúrgico em Nova York, entre 1971 e 1974, a angiografia era a única técnica diagnóstica disponível. A análise rigorosa das imagens obtidas e a sua interpretação era tarefa que requeria um treino especial e contrasta com o imediatismo do diagnóstico por TAC e, mais modernamente, por ressonância magnética. Assim, passávamos longo tempo a olhar uma série de imagens no negatoscópio, desenhando as áreas "eloquentes" do cérebro, ou seja, aquelas cuja excisão causaria um deficit neurológico.

CIENTISTA IMPROVÁVEL E TARDIO

da medula espinhal e a que me referirei adiante. Egas afirma que matutara neste projeto entre 1924 e 1926. Para Eduardo Coelho, o fato de Egas lhe ter pedido em 1924 que trouxesse da Alemanha o tratado de radiologia de Assmann era já indício disso mesmo. Egas conta que quando ainda estudante em Coimbra, em 1896, era hábito apresentar "dissertações" no curso de medicina operatória. Ele decidiu-se por um trabalho sobre o "diagnóstico das fraturas pelo raio X". O professor Teixeira Bastos, "mestre muito distinto da física", pôs à sua disposição uma "ampola de Crooks" [sic] e Egas obteve uma "radiografia rudimentar" de uma fratura dos ossos do antebraço de um cadáver.[94]

A primeira radiografia vascular foi obtida para estudar artérias da mão no cadáver e foi feita em janeiro de 1896, um mês depois da descoberta de Roentgen, por Hashchek, por sugestão de Lindenthal, usando uma solução que continha mercúrio. Em 1923, Sicard e Forestier tinham injetado um contraste oleoso nas artérias com efeitos desastrosos, e em 1924 Barney e Brooks visualizavam as artérias *in vivo* dos membros com iodeto de sódio. Em Portugal, também em 1906, Augusto de Vasconcelos (que mais se celebrizou como político) e Feyo e Castro utilizaram a técnica para estudar a anatomia do membro anormal de um pigômelo. Apesar da sua intensa atividade política e diplomática, Augusto de Vasconcelos continuou a dirigir o Instituto de Anatomia da Faculdade de Medicina de Lisboa até 1925. Em 1913, Barbosa Sueiro estudara, com o mesmo método, as arcadas arteriais da palma das mãos.

A presunção de que Egas desconhecia que já se tivessem "picado as artérias" é certamente correta, pois só assim se explicam alguns dos passos preliminares da sua investigação, que foi, do ponto de vista metodológico, exemplar. A primeira ideia, algo mirabolante, foi administrar por via oral brometo de lítio — foi até 40 gramas deste composto que continha 92% de bromo! — a doentes epiléticos, a quem a droga era habitualmente receitada como medicamento, e obter depois radiografias do

---

[94]Segundo Albano Ramos, o primeiro diagnóstico radiológico em Portugal terá sido feito em Coimbra a pedido do professor Daniel de Matos, que demonstrou perante o curso do 4° ano um caso de artrite tuberculosa da mão. Em 1-2-1896, a revista *Coimbra Médica* publicava, em lugar de destaque, um longo artigo sobre os raios X.

crânio. Assumia que aquela substância iria impregnar o tecido nervoso, e assim torná-lo opaco, o que, naturalmente, não sucedeu. Nos últimos meses de 1925 começou a testar a opacidade de diferentes sais de bromo (lítio, estrôncio, amônio, sódio e potássio) dissolvidos em água e presos numa placa de cartão que encostava ao crânio, obtendo depois radiografias no serviço de radiologia do Hospital de Santa Marta. Acabou por escolher o brometo de estrôncio por lhe parecer dar melhor imagem. Sempre preocupado em manter o segredo da sua investigação, conta que apenas a enfermeira-chefe, Deolinda Fonseca, estava a par do projeto.

É nessa altura que começa a colaboração com Pedro Almeida Lima, um finalista de medicina cujo pai, João Maria de Almeida Lima, era um eminente professor de física da Faculdade de Ciências e fora também reitor da Universidade de Lisboa, ministro na Primeira República e presidente da Academia das Ciências. Escreve Egas nas *Confidências* que no final do seu primeiro encontro com o jovem estudante lhe terá dito:

"'O Almeida Lima não vê mais em mim o professor. Ambos estamos interessados na solução do mesmo problema. Desde este momento vai dar-lhe toda a sua atenção, mais do que isso, vai vivê-lo, como eu o tenho acalentado na concentração mental de alguns meses, para me informar das suas impressões e dar-me possíveis sugestões.' As minhas palavras soaram fundo no seu sentir. Tinha encontrado um precioso colaborador. Foi assim durante todo o tempo em que trabalhamos juntos e ainda hoje, neste final crepuscular da minha vida, o continua a ser, discutindo interpretações de filmes, diagnósticos clínicos, apreciações de doutrinas e novos empreendimentos. A Almeida Lima se deve grande parte do trabalho em que ambos nos esforçamos para alcançar a angiografia cerebral. Além disso, tem contribuído para a solução de novos problemas, como pode ver-se na sua obra publicada. Devido, por certo, à série de experiências iniciais e quiçá ao nosso convívio científico, aliados às suas qualidades pessoais, tornou-se, por sua vez, um investigador já categorizado, a quem lego, com confiança, a continuação da obra que iniciámos há vinte anos. Outros trabalhos empreendemos e quase todos com feliz resultado, em que as suas qualidades nunca foram desmentidas. Devo-lhe este preito de reconhecimento, em que a muita amizade que nos liga de forma alguma comparticipa."

Esta dupla invulgar de professor e aluno com quase trinta anos de idade a separá-los começou então a estudar a toxicidade local de vários solutos opacos aos raios X no coelho e no cão, não só quando injetados sob a pele, mas também por via endovenosa, ensaiando doses crescentes que permitissem definir os limites de tolerância e toxicidade, extrapolando depois para o homem, tendo em conta a diferença de peso. Todo este trabalho experimental era conduzido no Instituto Rocha Cabral. Uma vez que ali não havia aparelho de raios X, os animais eram transportados, com pensos temporários no pescoço e embrulhados em serapilheira, até Santa Marta, no automóvel de Egas. Como conta Lima, iam-se perdendo "algumas preparações, morrendo alguns animais no transporte e infectando muitos".

Acabaram por se decidir pelo brometo de estrôncio numa concentração até 30% por lhes parecer o menos tóxico, depois de o terem injetado por via endovenosa em doentes com epilepsia, doença de Parkinson e numa mulher com torcicolo. Com concentrações de 40% os doentes queixavam-se invariavelmente de calor na cabeça e dores generalizadas, sobretudo quando as injeções eram rápidas. Apenas em dois doentes as concentrações foram aumentadas até 80% e a quantidade injetada até aos 10-15 cc. Egas justifica assim a sua investigação: "Parece, à primeira vista, que estávamos fazendo no homem experiências injustificadas e por isso criticáveis. Se tal doutrina fosse aceite, não haveria nunca progressos na ciência médica. Devemos ter sempre na maior conta a vida humana e, se esta perigasse, as experiências feitas não teriam sido realizadas. No caso presente deu-se o contrário. O estado dos epilépticos sujeitos às injeções melhorava das suas crises e a maior parte dos parkinsônicos beneficiava com estas injeções."

Passaram então à fase seguinte, que consistiu na injeção da artéria carótida do cão. Egas ignorava que já se tinha usado esta via para administrar um medicamento (neosalvarsan) para tratamento da paralisia geral, a forma de infecção sifilítica do sistema nervoso. Sob anestesia, a artéria era exposta e o vaso picado com uma agulha de calibre de cerca de 0,8 mm. Disto resultava um orifício que era rapidamente selado por um pequeno coágulo que se formava no local. Os animais, como disse, eram preparados no Instituto Rocha Cabral, dirigido então pelo professor Ferreira de Mira, e transportados depois para o Hospital de Santa Marta. Cabia a Lima, nessa altura recém-licenciado, a dissecção do pescoço do cão e a descoberta da artéria, que tinha um diâmetro muito reduzido. Lima comentaria mais tarde com humor, numa conferência na Sociedade Portuguesa de Ciências Veterinárias: "Embora amigo do 'amigo dos homens' não podemos deixar de manifestar a nossa convicção de que a decantada inteligência do cão era uma lenda. Não valerá certamente muito um cérebro irrigado por uma artéria tão miserável."

Usaram solutos de brometo de estrôncio e iodeto de lítio a 100% para garantir uma alta concentração de contraste, e para que este não se diluísse na corrente sanguínea ocluíam a artéria a montante do local da injeção. As primeiras experiências não foram bem-sucedidas, mas Egas não desanimava: "Seguia com o mesmo entusiasmo inicial que transmitia ao meu jovem colaborador. Sem perseverança e grande tenacidade no propósito em que estávamos de ver o desenho das artérias cerebrais do cão, nada se obteria." Ao 15º animal viram por fim e de forma nítida a rede arterial do cérebro. O cão sobreviveu e foi adotado por Egas, que o levou para a Casa do Marinheiro, onde viveu o resto da vida. Chamaram-lhe, apropriadamente, *Bromo*! Escreve Lima a propósito: "Não teve prêmios nem foi eleito membro de Academias, mas talvez fosse o que mais proveito colheu da colaboração nos trabalhos do Mestre."

O passo seguinte era, naturalmente, tentar esclarecer a anatomia vascular normal no homem e, se possível, encontrar "um esquema típico". De fato, só identificando uma anatomia normal consistente se poderiam reconhecer as alterações que tivessem importância diagnóstica, nomeadamente através de desvios do padrão anatômico normal ou, o que na altura era impossível prever, padrões de irrigação anormais ou alterações da própria forma dos vasos que tivessem relevância para o diagnóstico, como veio a verificar-se no decorrer da investigação.

As cabeças humanas eram fornecidas pelo professor de anatomia Henrique Vilhena — a quem Egas ficou para sempre grato pela ajuda — e transportadas na mala do carro de Egas até Santa Marta, temendo ele que um acidente de trânsito viesse a revelar carga tão macabra. Em Santa

Marta eram injetadas as quatro artérias nutritivas do cérebro.[95] Quando eram injetadas com contraste todas ao mesmo tempo, as imagens resultavam confusas pela sobreposição dos vasos, mas se fosse apenas uma delas, e as restantes preenchidas com água, a imagem era perfeitamente nítida. Assim puderam definir uma anatomia vascular normal. Uma vez que a artéria carótida descrevia duas curvas quando penetrava a base do crânio, Egas chamou a este segmento o "sifão carotídeo", designação ainda hoje empregada. O resultado do seu estudo foi publicado no *Journal de Radiologie et d'Électrologie* em 1927, estabelecendo, desde logo, a prioridade da descrição.[96]

Passaram em seguida à fase humana da sua experimentação. Verificaram que 4 cc era dose suficiente e acabaram por escolher o brometo de estrôncio a 70%. Segundo conta, terá explicado a cada doente em que experimentou a técnica que aquela "era uma nova intervenção que íamos fazer pela primeira vez, injetando a artéria que levava o sangue ao cérebro. Com isso podíamos criar a possibilidade dum tratamento cirúrgico útil ou melhorar o estado dum padecimento cruel". E conclui o capítulo que intitula "Na senda das experiências chegamos por fim ao homem", dizendo: "Todo este rolar de dúvidas (sobre a legitimidade do procedimento) se passava entre mim e o meu colaborador, pois os trabalhos continuavam a ser secretos e, em especial, a droga empregada."

Dos seis doentes escolhidos inicialmente, três eram casos de possível tumor cerebral, dois sofriam de parkinsonismo pós-encefalítico e um de paralisia geral, e neste o consentimento terá sido dado pela família. Nos quatro primeiros casos tentaram a injeção através da pele. No primeiro não obtiveram qualquer imagem; no segundo o doente levantou-se e a agulha ter-se-á deslocado; no terceiro e no quarto o contraste extravasou do vaso para os tecidos do pescoço e os doentes apresentaram uma síndrome de Claude Bernard-Horner.[97] A partir do quinto caso passaram

---

[95]As duas artérias carótidas e as duas artérias vertebrais.
[96]Este artigo da autoria de Egas, Almeida Dias e Lima intitulava-se "La radioarteriographie et la topographie cranio-encephalique" [A codicorteringrofia e a topografia Crânio-encefálica.]
[97]Caracteriza-se por um abaixamento da pálpebra superior e uma contração da pupila devido a comprometimento dos nervos simpáticos localizados próximo da artéria, no pescoço.

a expor, através de uma pequena intervenção, a artéria no pescoço, cirurgia feita provavelmente por Amândio Pinto, cirurgião geral que, como veremos, foi o primeiro "neurocirurgião" de Egas. A carótida era ocluída por uma pinça especial desenhada por António Martins,[98] de forma a não diluir o contraste e permitir depois, libertando a pinça, que o fluxo assim restabelecido "empurrasse" aquele para a rede cerebral.

Infelizmente, no quinto caso, uma rapariga com uma suspeita de tumor cerebral, nada foi visualizado e houve uma perturbação temporária da fala e no sexto, um doente com parkinsonismo, aconteceu o que Egas descreve como "vários erros e uma atrapalhação geral. Via-se qualquer coisa, mas o doente morreu oito horas depois". E acrescenta: "Por mais de duas semanas nos abandonamos ao nosso pesar." Sentia "carência de apoio e fui buscá-lo a uma reunião de médicos da minha confiança, alguns amigos e todos de bom critério clínico". Até então só Lima, Pinto e Martins sabiam da investigação de Egas. O grupo que se reuniu em casa de Egas incluía, além de Lima, os colaboradores Romão Loff, Almeida Dias, Luís Pacheco, Eduardo Coelho, e os seus dois amigos de longa data Cancela de Abreu e António Fernandes. Concluíram que o brometo injetado era o culpado do desenlace fatal e passaram a usar iodeto de sódio.

Já com este meio de contraste tentaram mais três doentes sem sucesso, embora no último conseguissem ver a carótida. Finalmente, em 28-06-1927, no décimo caso, um rapaz com um tumor da glândula hipofisária, conseguiram pela primeira vez visualizar a circulação intracraniana e mostrar o desvio das artérias pelo tumor, assim confirmando o valor diagnóstico da técnica. Eduardo Coelho, que estava presente, terá exclamado "Eureka! Eureka!", celebrando o triunfo após tantas tentativas goradas e uma vítima mortal.

---

[98]António Augusto da Silva Martins (1892-1930) nasceu em Abrantes, licenciou-se na Faculdade de Medicina de Lisboa, foi interno dos Hospitais Civis e depois assistente de Francisco Gentil, seu futuro sogro. Era, além disso, um excepcional atleta e campeão de tiro em várias modalidades. Quando estava em Estocolmo a participar num concurso de tiro em 1929 executou a primeira angiografia cerebral na Suécia. Morreu com 38 anos, num acidente com uma arma de fogo. Foi pai de Francisco e António Gentil Martins, ambos notáveis cirurgiões.

Imediatamente Egas anuncia à Société de Neurologie de Paris que em 7 de julho faria uma comunicação sobre a nova técnica, dando provas de uma surpreendente e destemida convicção, dada a escassa experiência de que dispunha. Assim, em 3 de julho parte para Paris, cidade que visitava muitas vezes, e onde frequentava, com igual entusiasmo, o boulevard, a Comédie-Française e os famosos hospitais Pitié e Salpêtrière. Desta vez, diz nas *Confidências*, iria para "viver apenas a concretização de um audaz pensamento semiológico". Em 29-6-1927 escreve a Alberto Rego, o seu amigo dos tempos de Coimbra: "Não te posso explicar em carta do que se trata. Só te direi que consigo opacificar aos raios X as artérias cerebrais [...]. Depois verás. Estou radiante. Ontem, ao alcançar o fim desejado, chorei como uma criança. Este trabalho era a minha vida."

Egas instala-se no Hotel des Deux Mondes, e no dia 5 de julho vai visitar Mestre Babinski. Este teria ficado "convencido da vantagem do método". À tarde procurou Souques e no dia seguinte visitou Sicard no Hospital Necker. Sicard, juntamente com Forestier, tinha em 1921 descrito uma técnica chamada "mielografia", que consistia em injetar por punção lombar um contraste oleoso, o lipiodol. Quando ocorria um bloqueio na circulação do líquido cefalorraquidiano, por exemplo por um tumor que comprimisse a medula espinhal, era possível localizá-lo pelo nível de interrupção da progressão do contraste por raios X. A coincidência não poderia ter sido mais feliz: Sicard estava reunido com um grupo de clínicos, lamentando não haver uma técnica de localização dos tumores cerebrais igual à que ele inventara para os tumores medulares. Descortinando Egas ao fundo da sala, ter-lhe-á perguntado: "*Vous êtes-là, Monsieur Moniz? Est-ce que vous nous apportez du Portugal quelque chose pour faire la localisation des tumeurs cérébrales?*"[99] Quando Egas lhe respondeu afirmativamente, convidou-o para jantar em sua casa, no "boulevard Saint-Germain", onde o português lhe mostrou as imagens que trazia.

---

[99] "Está aí, Monsieur Moniz? Traz-nos algo de Portugal para fazer a localização dos tumores cerebrais?"

Na reunião de 7 de julho estava presente a fina flor da neurologia francesa e Clovis Vincent, o mais famoso neurocirurgião da época. O título da comunicação era de enorme atrevimento: *"L'encéphalographie arterielle, son importance dans la localisation des tumeurs cérébrales."* Egas começa por descrever as tentativas de visualização dos diversos órgãos por meio dos raios X e em relação ao sistema nervoso menciona a mielografia de Sicard e a ventriculografia de Dandy, chamando a atenção para a periculosidade deste método e a dificuldade de interpretação das imagens. Não hesitou em afirmar que a sua técnica era útil para o diagnóstico, que era simples e poderia ser praticada através da pele — coisa que de fato ainda não conseguira... —, e que deveria ser aperfeiçoada obtendo-se imagens seriadas. Conclui, triunfante, *"la démonstration de notre thèse est faite."*[100] Babinski terá comentado que, se as injeções fossem inócuas, estava ali uma técnica nova, e Sicard salientou o interesse que esta teria para intervir cirurgicamente no local próprio, nos casos de tumores cerebrais que não apresentassem sinais de localização. Sicard convidou então Egas a demonstrá-la num doente do seu serviço, o que, no entanto, correu mal, e não convenceu os presentes. Egas terá pensado que este insucesso era, até certo ponto, vantajoso, porque assim outros não iriam imediatamente trabalhar na mesma área e deixá-lo-iam sozinho em campo. Foi o que de fato sucedeu.

Entretanto, em Lisboa tinha falecido um doente com um tumor cerebral e Egas pediu a Lima que obtivesse uma angiografia *post-mortem* e lhe enviasse as imagens para serem apresentadas em 12 de julho numa reunião da Academia de Medicina de Paris. Neste caso as imagens eram absolutamente convincentes, comprovando que o tumor, muito volumoso, desviava as artérias cerebrais, permitindo a sua localização precisa.

Por razões não explicadas, na primeira comunicação chamou à técnica "encefalografia arterial" e na segunda "radioarteriografia cerebral".

---

[100] "Nossa tese está demonstrada."

O *Diário de Notícias* noticiou a apresentação em Paris em 8-7-1927 com o título "A descoberta do Dr. Egas Monis" [sic] com uma grande manchete na primeira página. Egas soube sempre utilizar com mestria a imprensa diária do seu país; tinha como amigos todos os chefes de redação dos grandes jornais, uma estratégia que lhe ficara decerto do seu tempo de político.

7. Uma viagem longa e solitária: o triunfo da angiografia

Animado com o que considerava ter sido um sucesso, embora deva dizer-se, em boa verdade, que provavelmente não convencera ninguém da utilidade do seu método, Egas regressa de Paris. Para em Coimbra e vários professores da Faculdade de Medicina vêm cumprimentá-lo, entre eles Lúcio Rocha, o único dos seus mestres ainda vivo, e um dos que ele mais admirava. Em Lisboa esperava-o uma "animada recepção".

Só então comunica os seus resultados aos colegas da Faculdade de Medicina de Lisboa, com o único doente até então estudado presente na sala e o conferencista de casaca, como era hábito na época. A esta comunicação assistem Ricardo Jorge, Custódio Cabeça,[101] Salazar de Sousa[102] e Reinaldo dos Santos, que constituíam parte do núcleo de apoiantes que Egas tinha na escola. No final da apresentação, Reinaldo terá perguntado se o método não se poderia aplicar também às artérias dos membros. Egas achou que certamente sim e "com menos riscos e preocupações".

---

[101] Custódio Maia de Almeida Cabeça (1866-1936) licenciou-se em Lisboa, em 1892. Foi professor de anatomia patológica e depois de cirurgia, sendo diretor da Clínica Cirúrgica de Santa Marta em 1915. Foi presidente da Sociedade de Ciências Médicas de Lisboa entre 1909 e 1911.

[102] Jaime Ernesto Salazar d'Eça e Sousa (1871-1940) licenciou-se em Lisboa em 1893 e partiu pouco depois para os Estados Unidos, onde se especializou em pediatria e ortopedia, na Universidade de Boston. Foi o fundador da cirurgia pediátrica em Portugal e, entre 1932 e 1934, presidente da Sociedade das Ciências Médicas de Lisboa.

Egas dedica-se ao aperfeiçoamento do método com extraordinária persistência, com o *esprit de suite* que Ramón y Cajal — que Egas tentaria emular toda a vida — afirmava ser a marca do verdadeiro investigador. Para se ter uma ideia do rigor de Egas nas suas observações vale a pena transcrever a nota manuscrita sobre a segunda arteriografia realizada em 1-11-1927, ou seja, quase cinco meses depois da primeira. "A prova da encefalografia saiu mal por se terem precipitado duas descargas radiográficas sucessivas por qualquer defeito do aparelho, sendo a segunda quando o doente movia a cabeça numa crise epileptoide. Contudo vê-se que a mancha sílvica [ou seja, a artéria cerebral média e os seus ramos], que quase como no caso de Freitas [tumor da hipófise] segue um trajeto ascendente fazendo uma curva de concavidade inferior em relação à posição normal da artéria [...]. A artéria deve ter sido repuxada pelo tumor [interpretação correta]. Dez dias depois o doente apresenta ainda uma hemiplegia [paralisia de metade do corpo] e uma afasia [impossibilidade de falar] também acentuada. A que foi devida a crise epileptoide inicial e estes vestígios paralíticos que apareceram desde logo e se mantêm com pequena variante? [...] Estamos convencidos de que a causa principal está em servirmo-nos de um soluto de iodeto do sódio do Hospital (25/100) que nos foi garantido como sendo quimicamente puro, mas que forçosamente o não era [...]. Diagnóstico provável: tumor da base da região temporal, de grandes dimensões, estendendo-se desde a parte posterior da órbita até bastante atrás ou ainda no próprio lobo temporal estendendo-se para cima e para a frente. Sob as reservas de uma má angiografia."

A colaboração entre Egas e Lima era exemplar. Em 27-8-1927 escrevia ao discípulo: "Vou a Lisboa. Como me demorarei pouco e tenho todo o tempo ocupado, peço-lhe o favor de vir almoçar comigo no dia 1 à tarde na Garrett. Leve-me as radiografias obtidas e os resultados dos trabalhos feitos até agora", o que revela bem o entusiasmo que partilhavam, que os levava a discutir películas radiográficas à mesa de uma pastelaria.

Nas *Confidências*, Egas salienta, em nota repetida, como a sua investigação provocava "ao lado de algum interesse, excessiva crítica pejorativa", sobretudo de personalidades como Pulido Valente e Francisco Gentil, como disse Jaime Celestino da Costa, "os dois grandes atores da cena médica portuguesa" do tempo. Pelo contrário, afirma, no estrangeiro aumentava a curiosidade pelos seus trabalhos. Logo em 1928, Egas é convidado a tomar parte nas Journées Médicales de Bruxelas e é igualmente convidado por Aloysio de Castro, professor da Faculdade de Medicina do Rio de Janeiro e ao tempo diretor do Departamento Nacional de Ensino, para aí fazer conferências.

Assim, em julho de 1928, segue no *Cap Ancona*[103] para o Rio, cidade onde nascera D. Elvira. A descrição da chegada é típica do estilo literário de Egas: "A noite tinha a serenidade morna do inverno do Rio [...]. O mar marulhava docemente na praia interminável, a que a luz do 'colar de pérolas' emprestava cintilações, na policromia dos reflexos e na estratificação da espuma que orlava o espreguiçar das ondas." Ficaram instalados no Hotel Glória, com uma larga varanda sobre a Guanabara. A viagem foi um absoluto sucesso, amplamente noticiada pelos jornais do Rio e de São Paulo.

Em 1º de agosto faz a primeira conferência da Faculdade de Medicina do Rio sobre angiografia, projetando 30 diapositivos. No dia seguinte falou na Academia Nacional de Medicina, a que presidia o professor Miguel Couto, que, num extraordinário arroubo oratório, dizia que Egas ficara "cansado da serenidade" e "não seria um português, não seria um peito lusitano se tivesse medo de queimar o céu fustigando o seu corcel alípede para o alto"! A ciência ia resistindo à oratória acadêmica...

Dois dias depois fala na Sociedade Brasileira de Neurologia, Psiquiatria e Medicina Legal, de que fora feito sócio honorário, e mais tarde na Sociedade de Medicina e Cirurgia do Rio de Janeiro. É no Rio que Augusto Brandão Filho realiza, no Hospital da Santa Casa, a primeira angiografia fora da Europa. Egas diz que foi "feliz. A doente nada sofreu e o filme arteriográfico foi regular". Entretanto recebe um convite para ir a São Paulo, onde o esperava um programa acadêmico e social ainda mais carregado.

---

[103]O casal viajou em primeira classe mas Egas, sempre cuidadoso com o que gastava, recebeu um desconto de 10%, não se sabe bem por quê, pois este aplicava-se a famílias com mais de quatro passageiros, e ainda mais 5% como "diplomata"!

Disserta na faculdade e na clínica do professor Ovídio de Campos, onde o cirurgião Ayres Neto realiza uma arteriografia. É aclamado sócio honorário da Sociedade de Medicina e Cirurgia paulista e fala de novo, desta vez sobre a importância do método na localização dos tumores. Visita o Hospital de Junquéry e o famoso Instituto Butantan, onde se investiga ainda hoje o tratamento das mordeduras de ofídios. Egas é recompensado com um banquete opíparo no Automóvel Club — "Excelente cardápio", comenta, consolado. A *Folha da Noite* de São Paulo conta ainda que no Hotel Esplanada, onde estava hospedado, "o notável clínico atendeu a vários enfermos que o procuraram, sem cobrar absolutamente nada, o que evidencia mais uma face do seu belo caráter de homem de ciência — o desinteresse e a grandeza de coração".

De volta ao Rio é recebido na Academia Brasileira de Letras com grande pompa, pois era então presidente da Academia das Ciências de Lisboa. Aí, Egas declara: "Os médicos carecem de uma vasta cultura geral e esta não se compreende sem uma sólida base artística." No dia seguinte é recebido no palácio do Catete pelo presidente da República, Dr. Washington Luís, e na véspera da partida oferece no hotel onde se alojara um chá em que estiveram presentes vários ministros, além do embaixador de Portugal, Duarte Leite.

Em 1928 publica 18 artigos, dois dos quais reproduziam as conferências que fizera na Academia Nacional de Medicina do Rio de Janeiro e nas Journées Médicales de Bruxelas. Em 11 deles era o único autor. Os restantes eram assinados sobretudo com Lima, mas também com Amândio Pinto, António Martins, Almeida Dias e Eduardo Coelho. Também em 1928 começaram a praticar as intervenções numa pequena sala do Serviço de Neurologia de Santa Marta, mas a resistência que encontraram da parte da maioria dos colegas foi tenaz.

Provavelmente na sequência do sucesso dos seus trabalhos com a angiografia, Egas é feito Doutor Honoris Causa da Universidade de Bordeaux e Lyon (15-6-29). Em Lyon é seu companheiro de viagem e de honras acadêmicas Eugénio de Castro, ainda seu parente afastado e com quem tinha algumas parecenças físicas, que lhe envia a propósito da ocasião várias missivas. Uma delas é deliciosamente queirosiana: "Leva

UMA VIAGEM LONGA E SOLITÁRIA: O TRIUNFO DA ANGIOGRAFIA

algumas condecorações? Eu estou em levar a Legião de Honra e uma ou duas comendas." Pede também que acordem os "passos necessários para que o Ministério da Instrução se esportule com qualquer subsídio". Entretanto, Egas e a sua equipe continuavam a ser praticamente os únicos a usar o método. Em 1929, apenas Saito de Nagoyama, no Japão, que visitara Egas, e Sai, em Trieste, o tinham adotado, empregando também o iodeto de sódio. Na Suécia, a primeira angiografia foi feita por António Martins no serviço de Herbert Olivecrona, no Instituto Karolinska, quando ali se deslocou em agosto de 1929 para disputar um campeonato de tiro, como já referi. O doente, que sofria já de epilepsia, veio a falecer dois dias depois. Embora tal não tivesse ocorrido como consequência da injeção, o desaire terá sem dúvida contribuído para retardar a sua aceitação como técnica de diagnóstico num dos mais avançados serviços da especialidade.

A angiografia ia-se expandindo lentamente. Em Edimburgo, Norman Dott[104] introduziu a técnica em 1931 e, em 1933, Kulkov na Rússia, Löhr e Jacobi na Alemanha e Arias em Espanha. Tönnis em Berlim e Olivecrona em Estocolmo adotam-na em 1934. Nos centros norte-americanos só em 1936 começa a ser usada, quase dez anos após a invenção do método. Até então dominava patrioticamente a ventriculografia de Dandy, sustentada pelo enorme prestígio técnico do seu inventor.

Entretanto, Egas e os seus colaboradores descobriram que, para lá das alterações anatômicas da rede vascular normal que dependiam da diferente localização dos tumores, muitos destes tinham uma irrigação própria e muito característica do seu tipo, ou seja, havia, por exemplo, um padrão característico dos tumores malignos e outro dos tumores benignos que se originavam nas meninges, chamados meningiomas. Em 1929 publicam na *Revue neurologique* um artigo sobre o tópico intitulado "Le diagnostique différentiel entre les meningiomes et les autres tumeurs

---

[104]Norman Mcomish Dott (1897-1973), neurocirurgião notável, foi igualmente discípulo de Cushing e dirigiu o Departamento de Neurocirurgia no Western General Hospital em Edimburgo, onde se treinaram vários especialistas portugueses, nomeadamente António Rocha e Mello, que introduziu a especialidade no Porto. Antes de partir para Edimburgo, Rocha e Mello pediu a Egas uma carta de apresentação a Dott.

cérébrales par l'épreuve de l'encéphalographie artérielle". A técnica dava assim um outro passo de gigante, pois permitia não só localizar o tumor, mas também, muitas vezes, definir o seu tipo microscópico.

Em 1930, Egas começa a preparar uma monografia que relatasse a experiência já obtida, que na altura englobava várias dezenas de casos. Decidiu entregar a obra à editora Masson, a mais famosa editora de livros médicos da França. Em carta a Lima de 30-6-30 escreve: "A editora Masson aceitou-o sem a menor resistência e apreciou a ordem em que tudo vinha e para o que muito concorreu o meu bom amigo. Pelo cálculo da casa deve dar 550 a 570 páginas." Lamentava, sempre preocupado com os aspectos financeiros, que o volume não pudesse ser vendido "por menos de 120 a 150 francos!". Ao mesmo tempo, concordava com os editores que o livro seria valorizado com um prefácio de Babinski, ou "quando muito Clovis Vincent, que, pelo visto, está agora em alta". Egas conta ainda que Babinski prontamente aceitara e lhe pediu "para ir almoçar com ele [...] e lhe destinar duas ou três horas para o pôr ao corrente de tudo o que consegui. Almoço íntimo, acrescentou [...]. E só com Henri e ao meio-dia abancávamos os três, eu e os dois velhos manos". A descrição de Egas desse "modesto" e "frugal" almoço é extraordinária. Começou com um *vol-au-vent financière*, uma "orquestração de miudezas em que abundavam as preciosas cristas de galo, Chateaubriand com batatas *soufflées* que fariam inveja ao cozinheiro do Meurice. Para terminar uma *tranche de foie gras* que me recordou, levando vantagem, o Chapon Fin de Bordeaux. Dessert: *fraises du bois* [...]. Vinhos: Sauterne de Yquem, um borgonha que valia uma estância do nosso épico e por fim um porto precioso de 1845 [...]. Para terminar: o café no studio do Mestre, com um *cognac* do tempo do Império para perfumar a boca depois de acarinhado e ligeiramente aquecido com a mão, como mandam as regras". E acrescenta com ironia: "Como vê, como preparação para uma conversa científica não se poderia fazer uma refeição mais simples, menos complicada e mais inocente do que esta!"

Durante três horas expôs a Babinski, minuciosamente, os diagnósticos feitos. Este terá comentado que o processo era "belo" mas as interpretações bastante difíceis. Babinski era então, escrevia Flores, "um velhinho a apagar-se". Anos depois, no número de homenagem a Babinski (julho de 1958), a *Revue neurologique* dizia com uma ponta de vaidade: "La Neurologie Portugaise, nous sommes fiers de le proclamer, est du point de vue clinique un prolonguement de la Neurologie Française."[105]

O livro sai em 1931 com o título *Diagnostic des tumeurs cérébrales et épreuve de l'encéphalographie artérielle*, e tinha, como Egas desejava, um prefácio de Babinski. Este era cauteloso, afirmando que a interpretação das imagens era por vezes discutível e exigia ser controlada por mais observações, de modo a poder ser comparada com outros meios diagnósticos, nomeadamente a ventriculografia. Não obstante, felicita o autor por se ter lançado no projeto corajosamente, como outrora "os seus compatriotas Dias e Vasco da Gama se lançaram à procura do caminho para as Índias". A obra tem 512 páginas e é de um rigor exemplar. O autor reconhece os contributos de Lima, Almeida Dias, António Martins e Amândio Pinto. Tinha uma orientação clínica e dizia respeito sobretudo a lesões que ocupavam espaço na cavidade craniana, em particular os tumores cerebrais, analisando os diversos sintomas que originam, conforme a sua localização nos hemisférios cerebrais. Chamava a atenção para os possíveis erros de localização das lesões, quando esta se baseava apenas na observação clínica. Este era, de fato, o grande objetivo da técnica: indicar ao cirurgião o local exato da sua intervenção. Descreve a experiência com noventa casos, dos quais 43 eram tumores cerebrais; em 21 destes havia confirmação por intervenção cirúrgica ou por autópsia. Em apêndice refere ainda que, logo após os primeiros trabalhos sobre a "encefalografia arterial", em julho de 1927, se pensara utilizar o método "noutras regiões do organismo". Assim, Reinaldo dos Santos, Augusto Lamas e Pereira Caldas obtiveram arteriografias dos membros, usando iodeto de sódio, e publicaram os seus resultados em *A Medicina Contemporânea*, em janeiro de 1929. Quase simultaneamente, Charbonnel e Massé relataram resultados idênticos. Em março de 1929 os mesmos autores portugueses injetaram a artéria

---

[105] "A neurologia portuguesa, temos orgulho em proclamá-lo, é do ponto de vista clínico um prolongamento da neurologia francesa."

aorta, visualizando os vasos da cavidade abdominal, e Egas Moniz, Lopo de Carvalho e Lima mostraram pela primeira vez a rede vascular pulmonar. O conceito de uma "escola angiográfica portuguesa" tinha, por tudo isto, sólida consistência e nela se incluem importantes contribuições de investigadores e clínicos da Faculdade de Medicina do Porto, como Sousa Pereira, Álvaro Rodrigues e Hernâni Monteiro, que primeiro visualizou a circulação linfática.

Os desenvolvimentos que se seguiram continuaram imparáveis. Em 1931 apresenta imagens de cinquenta casos no Congresso Internacional de Neurologia em Berna. Começa por afirmar que tinham já simplificado a técnica, referindo que injetavam agora a carótida primitiva sem a laquearem, e que, nesta primeira série, tinham tido apenas duas complicações transitórias. Conclui a sua apresentação afirmando que a técnica não resolvia todos os problemas de localização dos tumores cerebrais mas ajudava muito e era superior à ventriculografia de Dandy. No congresso Egas preside a uma das sessões e é saudado por isso por dois famosos neurologistas americanos, Bernard Sachs e Henry Alsop-Riley.

Em 1931 começa a utilizar um novo produto de contraste, ensaiado também por Reinaldo dos Santos, Augusto Lamas e Pereira Caldas nas arteriografias dos membros. Por essa altura tinham sido feitas já 302 arteriografias com o soluto de iodeto de sódio a 25%, mas os resultados não eram inteiramente satisfatórios. O novo produto era o torotraste, um soluto de bióxido de tório a 25% que era radioativo mas permitia obter uma imagem de melhor qualidade. A escolha veio a revelar-se fatídica, porque se verificou, anos mais tarde, que o torotraste causava uma cicatriz terrível no local da injeção quando extravasava no pescoço, além de tumores malignos, sobretudo no baço e no fígado, locais onde o produto se armazenava, porque, ao contrário dos outros solutos opacos, não era eliminado pelo rim. Num estudo epidemiológico notável, Jorge Horta e Cayolla da Mota documentaram que entre 1930 e 1955 tinham recebido torotraste para testes diagnósticos de 2.382 indivíduos, 1.465 dos quais para angiografias cerebrais.

Em 1931, já usando o torotraste, puderam visualizar, pela primeira vez, a circulação venosa e corrigir os conceitos anatômicos então aceites.

UMA VIAGEM LONGA E SOLITÁRIA: O TRIUNFO DA ANGIOGRAFIA

Em 1933 Pereira Caldas inventa um aparelho — o chamado "carrossel" — que permitia obter imagens sequencialmente e assim observar, em sucessão, três fases, primeiro as artérias, depois a rede capilar e por fim as veias, o que permitia estudos fisiológicos sobre a velocidade da circulação cerebral. Injetando a artéria subclávia descreveram a circulação da chamada fossa posterior, a porção do crânio que contém o cerebelo e o tronco cerebral. O mapa anatômico estava agora completo.

A utilidade da técnica no diagnóstico das doenças vasculares foi igualmente comprovada. Em 1931 mostram, pela primeira vez, um caso de oclusão da artéria carótida e definem depois o quadro clínico que resulta da interrupção da circulação cerebral. Anos mais tarde, em 1947, num relatório apresentado à Society of British Neurological Surgeons, reunida em Lisboa, Egas define os diversos sintomas clínicos destas oclusões arteriais e chama a atenção para o fato de a sua gravidade depender da velocidade com que se estabelecia a oclusão e da existência ou não de uma circulação alternativa eficaz, que tomasse a seu cargo a irrigação da zona cerebral potencialmente afetada. Esta observação foi fundamental na compreensão destas doenças. Em 1933, Norman Dott mostrara o primeiro aneurisma cerebral, uma dilatação localizada das artérias, cuja rotura é frequentemente fatal. Ainda nesse ano Egas obtivera uma imagem semelhante.

Em 1934 publica uma segunda monografia, editada também pela editora Masson, intitulada agora *L'angiographie cérébrale. Ses applications et résultats en anatomie, physiologie et clinique*, onde descreve a anatomia normal das artérias e veias cerebrais. Por essa razão, parece-lhe preferível a designação "angiografia cerebral", que ficaria consagrada para sempre. Fala da fixação do torotraste no fígado e no baço, não suspeitando ainda das consequências desse fenômeno, e utiliza-o também para visualizar os nervos periféricos, técnica sem qualquer interesse clínico. Este volume não tem talvez o élan criativo do primeiro, mas acaba, aliás, com um capítulo muito interessante, que intitula "Aspects angiographiques à l'étude", nomeadamente sobre o papel das artérias que fazem comunicar a circulação dos dois hemisférios cerebrais. A conclusão final desta segunda monografia é diplomática, agora que para ele o

145

triunfo da angiografia era indiscutível: "Os dois métodos — angiografia e ventriculografia — não se excluem, cada um tem as suas vantagens." A propósito do segundo livro, Egas escreve a Lima lamentando o fato de a editora só lhe fornecer vinte exemplares: "Os amigos a quem falei no assunto chamaram-me parvo, mas o que eu quero é a tradução. Quem deve comer a valer é o Masson. Ou não fossem judeus!"

Em 1935 Egas apresenta no Congresso Internacional de Neurologia em Londres uma comunicação sobre aneurismas e malformações arteriovenosas, lesões congênitas em que a rede capilar normal não se desenvolve, de modo que se estabelecem comunicações diretas entre artérias e veias. Na audiência estavam Foerster,[106] Pavlov, John Fulton e Walter Freeman. Como veremos, o encontro de Egas com Fulton e Freeman neste congresso terá uma consequência decisiva para a criação da leucotomia cerebral.

Por causa da prioridade no uso do torotraste, Egas envolve-se numa polêmica feroz com dois alemães, Löhr e Jacobi (a quem se refere nas *Confidências* como "um judeu de quem mais se não ouviu falar"). Egas conta que tinha enviado uma carta ao fabricante, a casa Von Heyden, em Dresden, sobre o produto e que depois Jacobi lhe tinha pedido indicações sobre o seu uso e que ele tudo esclarecera, tendo este agradecido a informação. Mais tarde, os dois alemães terão chamado a si a prioridade no uso do torotraste, argumentando que tinham sido os primeiros a obter imagens na projeção anteroposterior, quando, de fato, Egas já o fizera em 14-10-1931 e o comunicara à Academia das Ciências de Lisboa e à Société de Neurologie de Paris em 5-1-1931. Em 28-7-1933 Egas escreve a Löhr, que dirigia o serviço de Magdeburgo, uma longa carta agradecendo em primeiro lugar um livro que este lhe enviara, cujo tema era a aplicação combinada da ventriculografia e da angiografia. Diz-lhe que também o fizera no passado mas não tinha encontrado qualquer vantagem — o que, de fato, era verdade — e por isso não publicara os resultados. Recorda a Löhr que lhe tinha escrito em 25.1.1932 para lhe responder a

---

[106]Ottfried Foerster (1873-1941), que manteve toda a vida uma relação muito cordial com Egas, distinguiu-se particularmente como um neurocirurgião investigador sobretudo da área da dor e da epilepsia.

UMA VIAGEM LONGA E SOLITÁRIA: O TRIUNFO DA ANGIOGRAFIA

um pedido de esclarecimentos sobre o uso do torotraste. Egas confessa-se surpreendido com uma passagem do livro que recebera que "pourrait donner l'impression que je vous ai suivi", quando, "comme vous le savez, la priorité [...] m'appartient".[107] Como se vê, Egas não se conteve na defesa da sua posição. Mas não se ficou por aqui e pediu a Nonne, um famoso neurologista de Hamburgo, que decidisse o pleito. Este nomeou para o efeito Schaltenbrandt, que julgou a favor de Egas, afirmando que ele "tinha a prioridade de fato e bibliográfica, da angiografia cerebral no que respeita à arteriografia com o torotraste e isto mesmo confessaram os professores Löhr e Jacobi". Apesar de tudo, Egas pensou que "na Alemanha, Löhr ficaria considerado como o inventor da arteriografia, ele e o companheiro Jacobi, mas nos outros países dificilmente conseguirão destruir a verdade". Tal não veio, de fato, a acontecer.

Numa reunião na Suécia em 1935, Lima tinha igualmente defendido a prioridade de Egas no uso do torotraste. A polêmica provavelmente tinha tomado uma dimensão inesperada porque, em carta de 16-3-1935, Egas escreve a Lima agradecendo ter defendido a prioridade do uso do torotraste na Suécia: "O meu caro Lima é novo, e durante a sua vida terá que se bater, como agora fez, pela nossa Escola, reivindicando o que nos pertence. E quando eu me retirar da cena científica levarei a consolação de que saberá defender os nossos direitos."

O que sucedera é narrado numa carta muito interessante que Lima lhe escreve de Copenhague em 11-7-1935. Lima tinha acabado de chegar de uma reunião conjunta em Estocolmo da Sociedade de Neurocirurgia Escandinava e da Society of British Neurological Surgeons, onde estavam reunidos todos os grandes nomes da neurocirurgia escandinava, além de ingleses como Cairns, com quem se treinava na altura, Dott e Jefferson e dos alemães Löhr e Tönnis.[108] Nessa altura, a arteriografia era já prática

---

[107] "Podia dar a impressão de que o meu trabalho vem na sequência do vosso" quando, "como sabe, a prioridade [...] me pertence."

[108] Wilhelm Tönnis (1898-1978) foi o fundador da moderna neurocirurgia alemã, de que foi pioneiro Fédor Krause (1856-1937). Foi professor de neurocirurgia na Universidade de Berlim. Fédor Krause foi autor de um magnífico tratado sobre a cirurgia do cérebro e da medula, e mantinha correspondência muito cordial com Egas. Trocavam entre eles os seus trabalhos científicos.

corrente no serviço de Olivecrona. Löhr é descrito por Lima como um alemão do "gênero pior, atarracado, face redonda sulcada das clássicas cicatrizes, mãos curtas e papudas falando um inglês 50% alemão, quase incompreensível". Dissertou sobre arteriografia dizendo sempre "o método introduzido por mim e pelo professor Moniz", depreendendo-se que, quando tal dizia, se referia à introdução do torotraste, argumentando que antes da introdução deste contraste a técnica causaria tal mortalidade que nunca teria sido permitida na Alemanha. Lima achou que os ingleses estavam prontos a ajudá-lo na luta "arteriodiplomática". Jefferson, que presidia à sessão, deu-lhe a palavra, sublinhando que a arteriografia era um trabalho "essencialmente português". Tendo aprendido a arte da diplomacia com um supremo mestre, Lima sugere a Egas que escreva a Geoffrey Jefferson para agradecer as palavras. Note-se que já nessa reunião se discutiram os riscos associados ao uso de uma substância radioativa que não era eliminada do organismo e Reinaldo dos Santos já abandonara esse meio de contraste. Num dos jantares que se realizaram nessa reunião, Olivecrona, que fazia parte do Comitê Nobel, falou de vários episódios do processo de escolha dos candidatos e das pressões diplomáticas que recebia. Lima teria aproveitado a ocasião para mencionar o nome de Egas a várias pessoas.

Curiosamente, a polêmica do torotraste foi objeto da última comunicação que Egas fez na Academia de Ciências de Lisboa, em 7 de julho de 1955, e que publicou depois nos *Anais Azevedos*, com o título "Subsídios para a história da angiografia". O objetivo da comunicação era evitar que viesse mais alguém "apossar-se de uma descoberta que foi feita no Serviço de Neurologia do Hospital de Santa Marta e que só a mim e aos meus colaboradores pertence".

Vale a pena recuar um pouco no tempo e narrar como, desde o início, convencido da utilidade da técnica, Egas prosseguiu com uma extraordinária determinação uma cruzada para a sua aceitação pelos neurocirurgiões de maior nomeada em todo o mundo, começando, habilmente, pelo próprio Walter Dandy,[109] o inventor da ventriculografia,

---

[109]Não foi possível apurar se Egas conheceu ou se correspondeu com Harvey Cushing. Existe, no entanto, na sua biblioteca um exemplar de um livro do neurocirurgião americano com a seguinte dedicatória "Dr. Egas Moniz with the regards of Harvey Cushing".

a quem escreve em 1930 enviando algumas imagens. A escolha de Dandy e não de um neurocirurgião europeu revela a argúcia de Egas. De fato, Dandy era ao tempo o mais famoso neurocirurgião do mundo. Em carta de 24-7-1930, endereçada ao "Dr. Egar Monir" [sic], Dandy mostra-se muito interessado em conhecer a técnica, mas não resiste a afirmar: "I shall look forward to meeting you in Berne, if I am able to attend. I always feel that all brain tumors which cannot be accurately localized should have ventriculography [...]. All brain tumors causing pressure can be localized in this way",[110] uma convicção evidentemente demasiado otimista, para não dizer pouco honesta...

Em 1932, Dandy publica uma monografia sobre cirurgia cerebral, incluída no tratado de Dean Lewis, *Practice of surgery*. Nela dedica quarenta páginas à ventriculografia e duas à "encefalografia arterial", incluindo duas imagens cedidas por Egas, a quem escreve oferecendo o volume em 23 de janeiro de 1933, acrescentando "I am watching your work with the greatest interest".[111] Dandy insiste que a ventriculografia era capaz de localizar todos os tumores intracranianos, e assim "it is difficult to believe that there can be a place for arterial encephalography in the diagnosis or localization of brain tumors".[112] Numa segunda edição do livro, 25 anos depois, reafirma a sua opinião, mas acrescenta uma angiografia de um aneurisma cerebral, concedendo que a única função da angiografia é revelar "unlocalizable aneurysms of the brain and this it does beautifully".[113] Em 25-3-1935, Dandy escreve a Egas agradecendo "the lovely book on 'angiographıe cérébrale'": "I have been very much interested in following your splendid work. Do keep me advised of your new developments."[114] Num artigo que publica em

---

[110] "Espero encontrá-lo em Berna, se me for possível assistir. Penso que todos os tumores cerebrais que não podem ser localizados com rigor devem fazer a ventriculografia [...]. Todos os tumores cerebrais causadores de pressão podem ser localizados desta maneira."

[111] "Vou seguindo o seu trabalho com o maior interesse."

[112] "É difícil acreditar que poderá haver lugar para a encefalografia arterial no diagnóstico ou na localização de tumores cerebrais."

[113] "Aneurismas cerebrais não localizáveis e isso faz muito bem."

[114] "O maravilhoso livro sobre 'angiographie cérébrale'; tenho seguido com muito interesse o seu esplêndido trabalho. Mantenha-me a par dos novos desenvolvimentos."

1935 sobre o tratamento dos aneurismas da artéria carótida, Dandy reconhece que a angiografia "gave [...] every promise of the greatest help in precisely diagnosing and localizing intracranial aneurysms".[115] Tinha, no entanto, relutância em utilizá-la pelo medo de causar trombose, ou seja, oclusão de um grande tronco arterial, ou alguma outra complicação, inclusivamente a própria rotura do aneurisma. Em 1939, Dandy escreve a Moniz, dizendo-lhe que as ilustrações do seu livro estão ao seu dispor e, mais tarde, agradece-lhe as separatas que Egas lhe enviara dizendo: "I am always eager to get them. I wonder if you could send me a copy of the one that appeared last year on thromboses and the obstruction of the carotid."[116] Frank B. Walsh, um dos fundadores da neuroftalmologia, traçou um paralelo curioso: Cushing terá sido o mais veemente adversário da ventriculografia e Dandy o maior crítico da angiografia. Embora seja verdade que Egas não conseguiu converter completamente Dandy ao seu método, este acabou por aceitá-lo como indispensável para a sua prática clínica.

No décimo aniversário da invenção, Lima pede a vários dos neurocirurgiões europeus de maior reputação testemunhos escritos sobre a sua utilidade. Entre eles estavam Norman Dott, Geoffrey Jefferson ("It will be a great pleasure to me [...]. You know how much I appreciate the work that he and his co-workers have done in this field"[117]) e Sir Hugh Cairns, com quem Lima se treinara, todos eles, sublinhe-se, discípulos de Cushing. Cairns passa, no entanto, a incumbência a Northfield, o seu sucessor em Londres, alegando que este tinha trabalhado mais o tópico e que ele próprio estava muito atarefado pois aceitara a cátedra de cirurgia em Oxford. Herbert Olivecrona, agora apoiante incondicional do método, embora não estivesse disponível para escrever um artigo sobre a técnica, não quis deixar de testemunhar que considerava "the

---

[115]"Promete tornar-se de grande ajuda no diagnóstico e na localização precisa de aneurismas intracranianos."

[116]"Estou sempre ansioso por as receber. Será que me pode mandar uma cópia daquela publicada no último ano sobre thromboses e obstruções da carótida?"

[117]"Será para mim um grande prazer [...]. Sabe quanto aprecio o trabalho que ele e os seus colaboradores têm feito neste campo."

UMA VIAGEM LONGA E SOLITÁRIA: O TRIUNFO DA ANGIOGRAFIA

arteriographic examination of the brain as a beautiful discovery of great scientific and practical value, which we have been using extensively in my clinic for several years".[118] Nesse mesmo sentido se pronunciou Tönnis, a primeira figura da neurocirurgia alemã. O testemunho de Wilder Penfield (1891-1976), fundador do Instituto Neurológico de Montreal e pioneiro da cirurgia funcional do sistema nervoso, particularmente no tratamento da epilepsia, é mais cauteloso, por causa do risco associado ao torotraste. Afirma que o método era muito importante para o diagnóstico de "certos tumores vasculares obscuros", sem nomear quais, e de aneurismas cerebrais. Quanto ao diagnóstico de tumores intracranianos comuns, considera-o pouco útil, afirmando que existiam outras técnicas mais rigorosas, o que de fato, já naquela altura, não era verdade. Entende, e o tempo demonstrou que tinha toda a razão, que o uso de uma substância radioativa como o torotraste era perigoso, e era preciso encontrar outros meios de contraste mais inócuos, mas reconhece que a contribuição para o conhecimento da anatomia vascular normal do cérebro era notável.

Quem se pronunciou também foi Walter Freeman, neuropsiquiatra norte-americano que teve um papel decisivo na expansão da psicocirurgia. Freeman sublinha que a técnica tinha requerido não só uma imaginação brilhante, mas a colaboração de colegas muito bem treinados. Refere ainda que os "superb films that were demonstrated at the International Neurological Conference in London are proof enough that the method is destined to survive. All hail to its originator!".[119] A revista *Lisboa Médica* de dezembro de 1937, cuja direção era partilhada por Egas e Pulido Valente, dedica-lhe um número especial, com contribuições de Dott, Tönnis, Northfield e Löhr, que aparentemente teria sido perdoado...

Apesar dos múltiplos artigos de Egas e colaboradores, a adoção generalizada da técnica nos principais centros mundiais foi, como já

---

[118]"O exame arteriográfico do cérebro como uma bela descoberta de grande valor centífico e prático, que usamos amplamente na minha clínica há vários anos."

[119]"Os filmes soberbos que foram apresentados no Congresso Internacional de Neurologia de Londres são prova suficiente de que o método está destinado a sobreviver. Saúdo o seu criador."

referi, progredindo muito lentamente e Cairns viria a comentar que, 15 anos depois da descoberta, o desinteresse perdurava. Na Inglaterra, conforme relatou Gama Imaginário, um jovem discípulo de Moniz que partira para Oxford para estudar com Cairns, a angiografia era encarada com ceticismo, porque "the trouble for a relatively small gain remains disproportionately great".[120] Em Oxford, Imaginário terá tido um papel importante na introdução do método.

É interessante notar que a aceitação da angiografia acabou por depender, em grande medida, de outros aperfeiçoamentos técnicos, em primeiro lugar da injeção através da pele, que eliminava a necessidade de uma intervenção cirúrgica, iniciada por Loman e Myerson em 1936. Por outro lado, a introdução de um meio de contraste menos tóxico, o diodrast, proposto por Sidney Gross em 1940, evitou além disso o risco de ataques epilépticos, que sucediam com o torotraste. Nas palavras do neurocirurgião americano Ernest Sachs, passou a ser possível o *free use of angiography*. O número de exames cresceu assim de forma exponencial. Por exemplo, em Londres, no National Hospital Queen's Square e no Maida Vale Hospital, o número de angiografias passou de 60 em 1946 para 650 em 1952. Em Manchester, no serviço de Sir Geoffrey Jefferson, em 1947 a relação era de 275 angiografias para 72 ventriculografias e em 1952 de 612 para 44. Em Santa Marta, em dez anos, tinham-se executado mais de mil arteriografias, com uma mortalidade global de 1,7%.

A produção de escritos científicos de Egas e colaboradores referentes à angiografia foi fenomenal. Segundo a *Bibliografia Científica e Literária* editada pelo Centro de Estudos Egas Moniz, entre os anos de 1927 e 1937 Egas escreveu sobre o tema 126 artigos, embora alguns deles cobrissem o mesmo tópico em várias línguas. Oitenta e três artigos eram em francês, seis em espanhol, seis em alemão e um em italiano. Em língua inglesa, Egas publicou apenas três artigos, mas todos eles em revistas da maior projeção. O primeiro, em colaboração com Amândio Pinto e Lima, saiu em 1931 na *Surgery Gynecology and Obstetrics*, a revista cirúrgica de

---

[120]"O incômodo por um ganho relativamente pequeno persiste desproporcionalmente elevado."

maior projeção nos Estados Unidos, onde descreve a utilidade da técnica em seis casos excelentemente ilustrados.

Lima escreve-lhe de Londres em 15-2-1932 e 25-8-1932 salientando a importância do artigo. Em carta de 08-04-1932, o discípulo chama a atenção para o interesse de publicar os resultados em revistas inglesas de grande divulgação, como a *Lancet*, aconselhando que o artigo fosse "extremamente elementar e simples, adaptado ao espírito essencialmente prático dos ingleses". Seguindo o conselho de Lima, Egas publica na *Lancet* em 1933 um artigo muito sintético, em que demonstra a utilidade da técnica, referindo ter obtido mais de trezentas angiografias com torotraste, sem perigo para os doentes, que, logo após o exame, podiam ter alta do hospital e regressar a casa sem problemas. Num terceiro artigo, que veio a lume nos *Archives of Neurology and Psychiatry*, também em 1933, aliás traduzido de um manuscrito em francês por Lyle Gage, Egas começa por reconhecer que o procedimento tinha encontrado "certain difficulties in its general adoption",[121] argumentando que o teste era útil e razoavelmente inócuo.

Além das monografias em francês que já referi, Egas publica um terceiro livro em 1940, *Die cerebrale Arteriographie und Phlebographie*, que fazia parte de um tratado alemão de que era editor, entre outros, Ottfried Foerster, publicado pela casa Springer. O livro, que começara a ser escrito em 1939, fora, nas palavras do autor, "vazado nos moldes" da edição francesa. A tradução devia-se a António Flores, que lhe dedica intenso labor, como se depreende da troca de correspondência deste com Egas. As dificuldades eram acrescidas por se estar em plena guerra, acerca da qual Flores comenta sabiamente que é "unicamente entre a Inglaterra e a Alemanha. O resto é [...] como dizia o Eça 'paisagem'". E acrescenta: "e como o grande trunfo da Inglaterra é sempre o 'tempo' teremos guerra e mais guerra". O empenhamento de Flores na publicação do livro foi, como disse, total, e há no espólio de Egas numerosas cartas a atestá-lo. Em 10-9-1939, Flores escreve a Egas assegurando que "durante a guerra passada continuaram na Alemanha muitas publicações, talvez

---

[121]"Certas dificuldades na sua adoção generalizada."

agora suceda outro tanto". É Flores que trata de toda a correspondência com a casa Springer e vai instruindo Egas quanto ao que deve fazer, incluindo a inclusão de um prefácio em que agradeça a qualidade de trabalho do editor e o empenho de Foerster. Em 12-91940 Flores escreve a Egas sobre o prazer que tem em lhe enviar um pacote com "as folhas da impressão definitiva do livro", dizendo-lhe ainda que deve "apreciar a tiragem que foi muito cuidada, e folhear e ver as estampas que saíram muito bonitas". A monografia alemã destaca em particular a utilidade prática da técnica e a propósito de um tumor da base do crânio explica: "Sabendo nós a localização exata e estando seguros de que se tratava de um tumor benigno, provavelmente quístico, fizemos uma trepanação mais baixa e menor. Assim poupamos tempo e sangue e, mais importante ainda, não expusemos a região motora, impedindo assim que fosse exposta a traumatismo direto ou traumatismo causado pela manipulação cirúrgica esmagando o córtex contra os limites de trepanação." Esta observação de grande pertinência técnica é certamente da autoria de Lima, pois refere-se a um princípio fundamental da neurocirurgia, ou seja, a manipulação mínima de tecido nervoso.

Mais tarde, com o livro já concluído, Flores escreve ao editor indicando quais as revistas de medicina suíças, alemãs, escandinavas, italianas, russas, norte-americanas e argentinas para onde enviar a obra recém-publicada. E acrescenta algo que certamente interessava a Egas: "Resta o último ato, o pagamento. Estou curioso de ver como (o editor) o põe em prática neste período tão lamentável de guerra." De fato, a relação entre estes dois homens de exceção foi sempre exemplar. Nas *Confidências* Egas afirma com convicção que "no nosso serviço de neurologia nunca houve dissídios entre os que ali trabalhavam" e João Alfredo Lobo Antunes sempre confirmou a verdade desta afirmação.

Uma quarta monografia vem a lume em 1941. Intitulava-se *Trombosis y otras obstrucciones de las carótidas* e foi editada pela casa Salvat, de Barcelona. Em todos os livros publicados Egas aparece como único autor. Nos restantes trabalhos, Lima surge em 44, e praticamente todos os membros do Serviço de Neurologia de Santa Marta, até o mais novo, Lobo Antunes, partilharam a autoria com o mestre. A análise crítica da

Fernando Pina Rezende Abreu, pai de Egas Moniz

Maria do Rosário de Almeida e Sousa Abreu, mãe de Egas Moniz

Caetano de Pina Rezende Abreu Sá Freire, abade de Pardilhó, tio de Egas Moniz e seu educador

Egas Moniz aos 19 anos, estudante em Coimbra

Egas Moniz e D. Elvira em 1950

Casa do Marinheiro em Avanca na atualidade. O edifício da esquerda é hoje sede do Museu Egas Moniz

Casa do Marinheiro. Biblioteca de Egas Moniz

Egas Moniz à saída do Parlamento

Egas Moniz, ministro de Portugal em Madri

Egas Moniz e Sidónio Pais

Joseph Babinski, famoso neurologista francês, amigo e grande entusiasta de Egas Moniz, autor do prefácio do primeiro livro sobre angiografia cerebral

Walter Dandy, uma das figuras maiores da neurocirurgia mundial, inventor da ventriculografia, com quem Egas Moniz manteve interessante correspondência

Pedro Almeida Lima, o colaborador mais próximo de Egas Moniz e pioneiro da neurocirurgia em Portugal

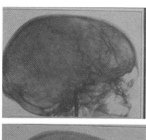
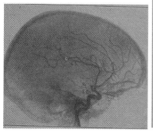
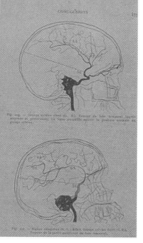

Angiografia cerebral em que é visível a alteração do padrão dos vasos sanguíneos devido à presença de um tumor. No diagrama da direita está representado o trajeto normal dos vasos

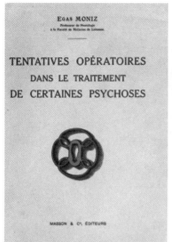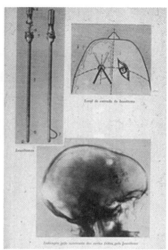

Capa do livro sobre a leucotomia pré-frontal. À direita, o "leucótomo" e um diagrama da técnica cirúrgica

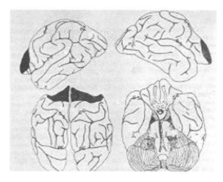

John Fulton, neurofisiologista americano. À direita, um diagrama representando as áreas dos lobos frontais removidas de dois chimpanzés, que determinaram alterações do comportamento dos animais

Walter Freeman, o principal responsável pela expansão da psicocirurgia nos Estados Unidos

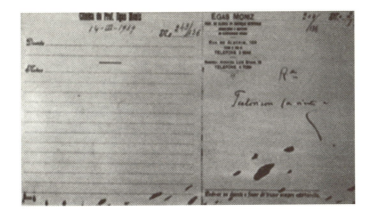

Na receita que Egas Moniz escrevia quando foi alvejado por um tiro notam-se as manchas de sangue

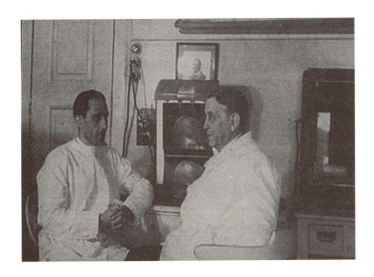

Egas Moniz e seu último assistente, João Alfredo Lobo Antunes

Egas Moniz no dia de sua jubilação, despedindo-se de António Flores. À direita, Lídia Manso Preto, anestesista, e Pedro Almeida Lima

Congresso de Psicocirurgia em Lisboa em agosto de 1948. Em destaque, Egas Moniz e Walter Freeman. Almeida Lima é o segundo a partir da esquerda na primeira fila

Entrega do Prêmio Nobel em casa de Egas Moniz pelo ministro da Suécia Gustaf Weidel, em janeiro de 1950

bibliografia de Egas não deixa de revelar que ele estava extremamente atento à sua consagração futura, e não era sua intenção partilhar totalmente os louros com o seu colaborador direto, Lima, fato que, aliás, sucedeu igualmente em relação à psicocirurgia, anos depois.

Em 23-9-1946, Lima escreve a Egas anunciando que está a preparar um livro sobre angiografia a ser editado pela Oxford University Press. Pede para isso autorização: "Caso o Prof. Egas Moniz nisso não veja inconveniente, servi-me largamente do original português do seu livro em alemão.[122] Embora em forma mais recente e sem entrar em tantos pormenores, não me parece que por enquanto nenhum livro sobre angiografia possa afastar-se muito desse método." A Oxford era uma editora de grande prestígio científico e o fato de Lima ser o único autor não deixa de ser curioso. Para esse volume, Egas escreve uma breve introdução afirmando que a Lima se deve uma larga quota "of the work we undertook together, and today working by himself, he can already show valuable results",[123] uma observação de um paternalismo displicente. A penúltima carta de Egas que consta do espólio de Lima, datada de 10-10-1950, é particularmente interessante, pois refere-se a este volume e não deixa de revelar o tremendo ego do Mestre e uma ponta de ciúme pelo reconhecimento internacional do discípulo: "Recebi — até que enfim! — o seu belo livro *Cerebral angiography*, que, apesar de pouco atualizado, vai marcar como a melhor monografia até agora publicada sobre o assunto. O 'foreword' de Cairns é imensamente amável para mim e justo para a sua colaboração na obra encetada há 23 anos! Mal sabíamos nós, ao dar os primeiros passos, que o método viria a alcançar tão larga divulgação. Já o folheei todo. Muito bem ordenado e com raro equilíbrio na apreciação. Muito o felicito pelo êxito." Cairns comenta que o estudo do padrão vascular dos tumores, que permitia destrinçar os diferentes tipos, tinha sido iniciado por Lima e fora, aliás, o tópico da dissertação de doutoramento deste. Cairns, ao tempo Nuffield professor

---

[122]Este pedido justificava-se provavelmente pela contribuição de Lima para a redação do livro da Springer.

[123]"Dos trabalhos que empreendemos juntos, e hoje, trabalhando sozinho, ele já apresenta resultados valiosos."

of Surgery em Oxford, não deixa de referir o que não podia deixar de ser salientado: "The reader cannot but be impressed at how much was discovered in the early days in Lisbon, and how little has been since added by the technical improvements of recent years."[124] É sem dúvida uma apreciação justa da fenomenal importância da invenção de Egas e do trabalho da escola portuguesa.

---

[124] "O leitor não pode deixar de ficar impressionado com tudo o que foi descoberto em Lisboa logo no início, e como tão pouco foi acrescentado pelos avanços técnicos dos anos recentes."

8. Egas Moniz e Almeida Lima: o nascimento da neurocirurgia em Portugal

Narrada a história da invenção e a expansão da angiografia cerebral, um fruto da colaboração de Egas e de Lima, o seu jovem discípulo, recuamos de novo um pouco para nos debruçarmos sobre uma outra consequência da parceria destes dois homens de exceção.

Uma das marcas da modernidade da visão de Egas Moniz foi ter reconhecido, antes de muitos, a necessidade de tornar autônoma a cirurgia do sistema nervoso, pois cedo percebeu que as exigências da técnica obrigavam a uma dedicação exclusiva a esta especialidade. Isto era tanto mais importante quanto a angiografia ia alargando cada vez mais as possibilidades do diagnóstico das doenças do sistema nervoso suscetíveis de tratamento cirúrgico. Nas suas visitas a França, Egas não perdia a oportunidade de assistir a intervenções cirúrgicas. Em duas das cartas mais interessantes que escreveu a Lima, datadas de junho de 1929, descreve pormenorizadamente operações praticadas pelos neurocirurgiões franceses De Martel e Clovis Vincent,[125] na

---

[125]Thierry de Martel (1875-1940), o primeiro neurocirurgião francês, era filho da romancista Gyp. De Martel era um cirurgião geral muito hábil. Quando os alemães ocuparam Paris, De Martel suicidou-se, deixando ao embaixador americano, William Bullit, o seguinte bilhete: "Je vous ai fait la promesse de ne pas quitter Paris. Je ne vous ai pas dit si je resterais à Paris mort ou vivant. En y restant vivant c'est un chèque barré que je remets à mon adversaire. Si j'y reste mort, c'est un chèque sans provision." ("Fiz-lhe a promessa de não deixar Paris. Não lhe disse se ficava em Paris morto ou vivo. Permanecendo vivo é um cheque cruzado que entrego ao meu adversário. Se aqui fico morto, é um cheque sem fundos.") Dele escreveu Wilder Penfield, o famoso neurocirurgião canadense, que era tão vaidoso quanto brilhante. Clovis Vincent era um neurologista que com ele colaborava e que depois decidiu começar a operar independentemente, tendo frequentado o serviço de Cushing.

clínica privada da rue Vercingétorix, em que descreve minuciosamente a técnica cirúrgica empregada numa intervenção ao cerebelo em que os cirurgiões não encontraram qualquer lesão. "Como nada se encontrasse, começaram a fechar às 12, hora a que me retirei para almoçar e voltar às 14 para uma segunda operação" — aparentemente com idêntico insucesso. Comentava: "De resto, a encefalografia [ou seja, a técnica que ele inventara!] bem-feita [...] ter-lhes-ia dado elementos de diagnóstico. Até agora dois casos certos e dois errados." E concluía filosoficamente: "Cá, como lá, más fadas há."

Egas, pelas características da sua personalidade, pelo seu pragmatismo clínico e por alguma insatisfação pela inoperância das terapêuticas então existentes, era, no fundo, um cirurgião *manqué* que realizou a sua vocação através do discípulo. É importante, pela relevância que a sua parceria com Lima teve no desenvolvimento das suas duas contribuições, perceber melhor como funcionava esta dupla única na medicina portuguesa.

A primeira intervenção neurocirúrgica em Portugal terá sido executada por Sabino Coelho em 1893 para tratamento de um caso de nevralgia do trigêmeo, uma dor facial terrivelmente incapacitante. Sabino fez a operação apenas quatro anos após a descrição da técnica por Fédor Krause, um dos pioneiros da neurocirurgia com quem Egas manteve correspondência. Sabino foi lente proprietário da secção de cirurgia na Escola Médico-Cirúrgica de Lisboa e teve como anestesista Sousa Martins! É de Sabino esta frase lapidar: "O livro é muito, mas o cadáver é mais. Aquele encaminha, este mostra, aquele guia, este ensina." Em 1916, Francisco Gentil, aliás um excelente técnico, operou o primeiro tumor cerebral, mas o doente morreu algum tempo depois. Gentil terá tido pouco êxito nas suas tentativas neurocirúrgicas. Isto foi depois cruelmente apontado por João Pereira da Rosa, o poderoso diretor de *O Século*, que disse que Egas entregara àquele cirurgião "quatro doentes: a todos Francisco Gentil abrira a caixa craniana. Foram todos quatro para o cemitério. Amândio Pinto tem, por seu turno, operado alguns desses enfermos dessa categoria, vindos da mesma origem. E, felizmente, nem todos têm morrido". A verdade é que Pereira da Rosa tinha sido operado ao estômago por Gentil e a intervenção não teria corrido bem, tendo sido alegadamente salvo *in extremis* por Amândio. Em 7-2-1933 a "vítima" relatou a sua versão do sucedido na primeira página do seu jornal, depois editada num pequeno folheto. O artigo intitulava-se "História dum crime médico-cirúrgico", e tinha como subtítulo "Como em Portugal se pode matar impunemente". Lima comentaria, mais tarde, que até a descoberta da angiografia cerebral "nenhum caso tinha sido operado com sucesso".

Também Reinaldo dos Santos, que, como vimos, contribuiu decisivamente para a criação da chamada "Escola angiográfica portuguesa", teria sentido no início da sua carreira o fascínio da neurocirurgia. Após a sua licenciatura, em 1903, Reinaldo viajou pela Europa e em 1905 pelos Estados Unidos, viagem que comentava dizendo que estivera lá "pouco depois de Colombo". No Johns Hopkins Hospital conheceu Cushing, que veio a reencontrar em Flandres quando Reinaldo era médico no Corpo Expedicionário Português. Cushing recorda, no seu livro *From a Surgeon's Journal*, um jantar, em 9-12-1917 com "Dos Santos" e que "depois de jantar dois rapazes de Dos Santos — estão cá oito, todos da Universidade de Lisboa — tocaram maravilhosamente duos de piano e violino". Destes oito, dois, António Flores e Cancela de Abreu, eram colaboradores de Egas. Reinaldo foi o primeiro a operar um tumor da medula espinhal diagnosticado por António Flores e publicou várias notas sobre temas neurocirúrgicos, entre as quais uma em 1908 sobre "alguns pormenores da técnica de craniotomia", uma recensão de um artigo de Cushing. Percebeu, no entanto, que "a cirurgia do sistema nervoso é um ramo bem especializado da cirurgia geral e o seu estudo é tão complexo que quem o empreende profundamente não pode dedicar-se a outra coisa".

A primeira escolha de Egas para seu cirurgião foi Amândio Pinto, um hábil cirurgião geral, homem requintado e rico, que começara a trabalhar no serviço de Gentil. Entre as divagações mais ou menos filosóficas que vai semeando nas *Confidências*, Egas disserta, seguindo ideias de Ramón y Cajal, sobre a escolha dos colaboradores. Diz que nunca ligara importância ao passado acadêmico dos candidatos e distingue a "independência mental, de sorte a não se prenderem excessivamente ao lucro profissional", o que é de certo modo irônico, pois Egas sempre teve uma clínica privada muito proveitosa. Preferia os colaboradores cultos e dedicados ao estudo, embora "não se afogando em leituras constantes, tomando como certas as doutrinas expostas nos tratados".

Em outubro de 1930, Amândio Pinto visita diversos serviços de neurocirurgia norte-americanos, e a descrição que deles faz a Egas na carta que lhe escreve é um relato muito interessante sobre a prática neurocirúrgica da época. Começou na Clínica Mayo, instalada numa pequena cidade de 13 mil habitantes, mas já com a melhor organização hospitalar do mundo. Observa Dandy no Johns Hopkins, escrevendo a Egas que "Dandy é o gênio da cirurgia nervosa, com atrevimentos que assombram", embora, para ele, tecnicamente inferior ao francês De Martel. Descreve uma operação de Dandy dizendo: "É pena que ele empregue várias brutalidades escusadas. Assim, o cérebro foi removido a dedo."[126] Dias depois encontra de novo Dandy na Clínica Mayo e este informa-o de que estava a escrever um livro sobre tumores cerebrais e que "tinha urgência na bibliografia referente à cefaloarteriografia". Amândio escreve a Egas: "Peço-lhe pois para lhe mandar e, sendo possível, mandar-lhe também uma coleção de positivos de radiografias, duas das mais interessantes, com a indicação da posição do tumor e dos desvios encontrados pois foi a primeira coisa que me pediu em Baltimore" (21-10-1930). Como se viu, Egas não se fez de rogado, porque o livro de Dandy seria um marco na história da neurocirurgia. Pelo contrário, o serviço de Cushing deixou a Amândio uma "impressão deplorável". Acrescentava: "Uma coisa se salva, contudo. É a técnica do homem, de fato de uma minúcia espantosa e de uma segurança que encanta!" (29-10-1930). Amândio visita ainda Viena e realiza no serviço de Schüller uma arteriografia, e disso dá nota em carta de 17-9-1931. Schüller teve de vencer "numerosas resistências" para o conseguir, já que em dois doentes anteriormente estudados tinham ocorrido violentos ataques epiléticos. Entretanto, Egas ia tratando de apetrechar o serviço para a prática neurocirúrgica, aproveitando as suas viagens ao estrangeiro para

---

[126]Manobra que era aliás corrente na altura e que ainda vi Almeida Lima praticar trinta anos depois!

contactar os fornecedores. No Congresso de Berna em 1931, por exemplo, procura a casa "M. J. Purtschert, Atelier de construction d'appareils électro-médicaux", para adquirir um aparelho de coagulação.

No ano seguinte, Amândio visita Hugh Cairns em Londres. Cairns nascera e formara-se na Nova Zelândia, tendo em 1926 partido para Londres como Rhodes Scholar. Mais tarde, como bolseiro da Fundação Rockefeller, trabalha com Cushing, confiante de que o *chief will put me on the map*,[127] o que de fato sucedeu, apesar de em carta à mulher confirmar o que se dizia de Cushing: "He was very hard and he cheated at tennis and had the reputation of not giving sufficient credit to his assistants and at being a perfect beast in the Operating Room sometimes. It is all true."[128] Amândio admira a técnica de Cairns, que era no fundo a de Cushing, comentando: "Pelo que tenho visto em cirurgia cerebral, o que se tornou necessário é operar com cuidado", e fica espantado com a precisão do diagnóstico clínico. Era uma ideia que Cushing defendia: o neurocirurgião tinha de saber neurologia. Em carta de Paris de 160-3-1931, António Flores mostra-se preocupado com o risco de a neurocirurgia, cada vez em maior expansão, poder afetar a sua disciplina pelo risco de "os métodos finos neurológicos, tão penosamente adquiridos [...] ser[em] riscados de uma penada, porque [os neurocirurgiões], impregnados de psicologia cirúrgica, que é positiva e realizadora, não compreendem que se perca tempo em observações demoradas nem sempre eficazes. Acham que é demasiado especulativa!".

Conforme Amândio refere com absoluta honestidade, a sua mortalidade operatória em cirurgia intracraniana em 1929-30 era cerca de 50%! Depois da sua visita aos serviços norte-americanos baixara para 30%, mas o ano de 1932 teria sido "particularmente" infeliz. Como termo de comparação, refira-se que De Martel em Paris tinha uma mortalidade de 20%, mas Cushing na altura já a baixara para 8,8%! Egas percebera cedo que Amândio não seria a melhor escolha e entretanto

---

[127] "O chefe pôr-me-á no mapa."
[128] "Ele era muito duro e trapaceava no tênis e tinha a reputação de não dar crédito suficiente aos seus assistentes, de ser por vezes um verdadeiro animal na Sala de Operações. É tudo verdade."

já tinha enviado Lima para se treinar com Cairns e reservara-lhe uma posição como neurocirurgião no Hospital de Santa Marta. Em carta de 29-4-1932, Lima conta que almoçara com Amândio e com Cairns e que este dissera ao visitante "com toda a franqueza que não compreendia como um cirurgião geral sem cultura neurológica especial se atrevia a fazer cirurgia nervosa".[129] É claro que esta observação de Cairns era argumento muito importante para Lima, que pretendia dedicar-se exclusivamente à neurocirurgia. Um mês antes, Egas escrevera a Lima advertindo que se tratava de um "assunto muito reservado", dizendo-lhe que pedisse a Amândio que o ajudasse, porque tencionava dedicar-se à neurocirurgia. Egas, sempre diplomático, pretendia assim evitar qualquer conflito entre o cirurgião sênior e o jovem aspirante. Lima responde com surpreendente firmeza em 8-4-1932: "Falarei com ele conforme V. Exa. me aconselhou, mas desculpe-me Prof. Egas Moniz a minha franqueza, julgo absolutamente inexequível trabalhar como seu ajudante." Amândio não terá desistido logo, porque em 1933 faz concurso para professor na Faculdade de Medicina. Um ano antes tinha publicado um livro, *Cirurgia dos tumores intracranianos*, que é dedicado a "todos os nossos colaboradores de algum dia, em especial ao assistente da Clínica Neurológica Dr. Pedro de Almeida Lima", o que não deixa de ser surpreendente e revelador da sua delicadeza.

Amândio não foi feliz no concurso. Egas descreve a Lima o que sucedera em carta de 5-2-1933: "Os concursos: uma vergonha. Reprovaram em mérito absoluto o Amândio e o Adão, deixando passar o J. Monjardino, que leu as lições... Este [Amândio] zurziu o Gentil e veio a vingança, com ordem para a censura a fim de os jornais não piarem sobre o caso." A faculdade não perdoara a independência de espírito e a fama de Amândio. Reprovando-o, castigava também o próprio Egas. É claro que *O Século* não se calou. Egas escreve em 12-2-1933: "Mandei-lhe um

---

[129]No livro que escreveu, *Cirurgia dos tumores intracranianos* (1932), Amândio cita De Martel, ele próprio um exímio cirurgião-geral, que dizia "valerá mais, para qualquer um que pretenda ser neurocirurgião, nunca ter feito cirurgia que ser cirurgião geral". Amândio, naturalmente, discordava: "Não se trata porém de dominar vícios (que se adquiram na cirurgia geral); o que é preciso é ter paciência e ser persistente."

número de *O Século*, que, lançando nesse dia uma tiragem de 200 mil exemplares, tem dado origem aos mais variados comentários." Nessa altura, aparentemente, os concursos acadêmicos eram notícia nacional. Mais tarde Lima reconhece que Amândio "apoiou sempre o jovem candidato a neurocirurgião e cedeu na altura apropriada, com simplicidade e elegância, o seu lugar".

Importa dizer, finalmente, um pouco mais sobre aquele que foi o primeiro neurocirurgião português, o braço armado de Egas, o seu discípulo e companheiro fiel de toda a vida. Pedro Manuel de Almeida Lima nasceu em Lisboa em 1903. Começou a colaborar com Egas ainda estudante da Faculdade de Medicina de Lisboa, onde se formou em 1926. Aos 17 anos trabalhava já no Observatório D. Luís como ajudante de observador e, sete anos depois, fora promovido a observador, ambos os lugares certamente arranjados por seu pai, João Maria de Almeida Lima, ao tempo diretor da Faculdade de Ciências. Mas a medicina era a sua paixão. Como vimos, começou a trabalhar com Egas ainda estudante e em 1927 é nomeado 2º assistente de neurologia da Faculdade de Medicina de Lisboa e em 1930 interno dos Hospitais Civis de Lisboa.

Não é clara a razão da escolha do serviço de Cairns para o treino de Lima, pois não encontrei vestígios de uma ligação especial de Egas à neurocirurgia inglesa, mas é possível que este tivesse dúvidas quanto à qualidade da especialidade na França. Sobre esta escrevia-lhe Flores em 1931 que o assunto principal da neurocirurgia francesa era o tratamento dos tumores cerebrais, além da disputa entre De Martel e Vincent e o desejo dos mais novos de se autonomizarem da neurologia segundo as "fórmulas de Cushing".

O certo é que em 1931 Lima parte para Londres como bolseiro da Junta Nacional de Educação, de que era ao tempo presidente Augusto Celestino da Costa, um dos mais notáveis cientistas da história da medicina portuguesa e um dos professores da Faculdade de Medicina de Lisboa com quem Egas manteve relações mais cordiais. O papel crucial que Egas desempenhou na carreira de Lima e na criação da neurocirurgia em Portugal é bem ilustrado pela correspondência que ambos trocam durante a estada de Lima em Londres.

Lima parte com apenas 28 anos para aprender uma especialidade que dava os primeiros passos. A primeira carta de Londres é de 26-1-1931. Escreve que fora recebido por Purves Stewart, um eminente neurologista, que tinha sobre a mesa de trabalho "o volume da Masson" — a monografia de Egas sobre angiografia —, o que era para Lima um excelente augúrio. Stewart deu-lhe cartas de recomendação para Julian Taylor e Hugh Cairns, ambos a trabalhar no London Hospital. Lima entusiasma-se com a técnica de Cairns, que visita neste hospital, notando a lentidão, o cuidado extremo e a esplêndida anestesia com o óxido nitroso, no fundo a "escola Cushing". É a Cairns que Lima acaba por ficar mais ligado pessoal e profissionalmente. Três dias depois dá nota da sua visita ao famoso National Hospital for the Paralyzed and the Epileptics, onde trabalhava Percy Sargent, que não o terá entusiasmado muito.

De Lisboa Egas escreve a Lima em 7-2-1932: "Veja se fazem a prova (angiografia) e se tiver a sorte de apanhar um tumor visível pela irrigação, vence a relutância de todos, mesmo dos mais críticos. Nós continuamos a executá-la duas vezes por semana [...]. De tumores cerebrais é que estamos mal: um ou dois casos e não brilhantes. Esperamos a lufada que há-de chegar." Assim Egas ia animando o discípulo e ao mesmo tempo lutava pela expansão do método na Europa, onde a sua aceitação seria mais fácil que nos Estados Unidos, pois lá ainda imperavam, como vimos, a autoridade de Dandy e a sua ventriculografia. Lima responde-lhe em 15-2-1932, começando por dizer que, graças ao artigo do *Surgery and Gynecology*, como se referiu à mais importante revista cirúrgica norte-americana, os seus trabalhos eram bem conhecidos em Londres. Julian Taylor, que trabalhava também no National Hospital, convida-o para jantar juntamente com um radiologista desse hospital e discutem a possibilidade de fazer a "prova". Até então Lima trabalhava quer com Sargent quer com Cairns. Do ponto de vista técnico, considera o primeiro muito inferior, pois desprezava a técnica de Cushing e "os doentes terminam a operação bastante chocados" [sic]. Para o mesmo tipo de tumor, escreve Lima, Sargent demorava uma hora e Cairns seis. E a carta prossegue por várias páginas explicando as minúcias da técnica, o que sempre fascinava Egas.

EGAS MONIZ E ALMEIDA LIMA: O NASCIMENTO DA NEUROCIRURGIA...

Em 1-3-1932, Lima escreve a dizer que de fato já tinha feito as primeiras angiografias, ajudado por Julian Taylor, e comunica a Egas o resultado feliz: "Tudo correu o melhor possível e parece-me que o método está aqui plenamente lançado." Egas responde-lhe logo: "Foi com imenso prazer que tive as suas boas notícias referentes à prova. Vejo que a afrontou com todas as desconfianças, tendo tirado o resultado desejado. Que se confirmem agora os diagnósticos, é o nosso desejo. Calculo a sua emoção, mas abraço-o afetuosamente pelo seu sucesso. Foi uma boa jornada essa." E poucos dias mais tarde: "Muitos parabéns pelo triunfo arteriográfico. Foi o que se chama um caso feliz para entrada."

Em abril de 1932 Lima parecia estar já bem integrado no meio neurocirúrgico inglês e, por insistência de Cairns, vai assistir a uma reunião de neurocirurgia em Amsterdã. Para o jovem médico, com escassos meios, a ida a Amsterdã e a necessidade de acompanhar estes "'senhores' em hotéis caros" desequilibrava-lhe o orçamento e por isso pediu a Egas que intercedesse junto a Celestino da Costa. Na Holanda visita o serviço de Brower e assegura ao Mestre que o seu nome e o seu trabalho eram aí conhecidos. A novidade, diz a Egas, é o aparecimento do último livro de Cushing, que referia uma mortalidade cirúrgica de 6%, o que representava um formidável avanço. Em 1932 Cairns oferece-lhe o lugar de interno (*house-physician*) no seu serviço, e aí estagia depois em 1933 e 1934, com um subsídio da Fundação Rockefeller, que já financiara Cairns e que contribuiu também para o apetrechamento do serviço do Hospital de Santa Marta. Em ata do Conselho da Faculdade de Medicina de Lisboa de 7-11-32, este aprova a concessão da bolsa Rockefeller. Apenas Gentil se opõe, argumentando que o candidato não tinha preparação em cirurgia geral. Nas palavras de Barahona Fernandes, Lima era então um "jovem senhor de si, conhecedor da física, da meteorologia e sismologia, mundano, desportista, um tanto agressivo com a sua espada [era esgrimista], como com o seu bisturi...".

Lima volta de novo a Londres em janeiro de 1933, nessa altura já como "assistente particular" de Cairns. Em carta de 8 desse mês diz que Cairns era agora um entusiasta da arteriografia. Uma semana depois, Lima escreve de novo dizendo que já ajudara Cairns numa intervenção, um caso que durara cinco horas e meia com anestesia local e que o deixara extenuado pela "tensão nervosa da atenção forçada para não haver qualquer falha". Continua a professar entusiasmo pelo ritmo de trabalho e pelas condições em que decorre. Em 1-2-1933 (e as cartas a Egas são, durante este período, quase semanais) escreve: "Aqui pode-se ser um neurocirurgião pois o mestre Cairns tem tido quase todas as semanas dois doentes particulares a quem leva duzentos guinéus (perto de 23 contos)", o que para o tempo era muito dinheiro.

Cerca de um mês depois anuncia a Egas que fizera a primeira angiografia a um doente de Cairns e que tudo correra o melhor possível. Pede mais separatas dos artigos de Egas para distribuir por vários neurocirurgiões ingleses, entre eles Norman Dott. Este surpreendera Lima ao dizer-lhe que tinha feito angiografias já diversas vezes. O discípulo não cessa, no entanto, de recordar a Egas a necessidade de garantir condições de trabalho para quando regressasse. Aliás, uma das recomendações que Cairns insistentemente lhe fazia era *stick to your business*, que ele interpreta como "fixe-se no seu objetivo e não faça outra coisa". De fato, o papel de Cairns na formação cirúrgica de Lima foi decisivo. Quando perguntavam a este por que fazia as coisas de determinada maneira, ele respondia sempre porque era assim que Cairns fazia. Este, por seu turno, operava segundo a técnica que aprendera com Cushing.

A impaciência de Lima para que lhe fossem dadas as condições adequadas de trabalho quando regressasse a Lisboa é ilustrada com ironia: "Operar sem os instrumentos e meios indispensáveis lembra-me sempre esses equilibristas que tomam chá de cabeça para baixo, ou tocam violino em posições extravagantes. Arriscam-se sempre a entornar o chá e a tocar muito desafinado." Aliás, já em 20-5-1932 escrevera a Egas confessando-se desesperado pelo ritmo lento em que decorria a aquisição do equipamento de que necessitava.

Entretanto, em Lisboa, Egas insiste que ia assegurando clientela ao jovem aprendiz: "Temos cá muito que operar. Já tenho dois casos para a sua época [...]. Havemos de adquirir o material que deseja, embora a pouco e pouco. E o meu amigo há-de vencer, como diz Cairns. [...] A série operatória deste ano tem sido boa. O pior é não poder o Amândio dar vazante ao serviço" (7-5-1933). Responde-lhe Lima com humor: "Diz o Prof. Egas Moniz que se poderia adquirir a pouco e pouco, mas, meu caro Mestre, não podemos operar os doentes a pouco e pouco."

Continua a ser um embaixador empenhado na difusão da angiografia e, em carta de 17-6-1933, lembra a importância de publicar o tal artigo na *Lancet* e fala dos contactos que tivera com os editores sobre a natureza e a extensão daquele. Diz que tomara "a liberdade de resolver afirmativamente sem o consultar", entendendo que seria útil a sua publicação antes de Egas visitar Londres, visita que ele aliás ia preparando com entusiasmo. De fato, uma publicação na *Lancet* daria à técnica uma outra notoriedade.

Diversas vezes Lima pede a Egas ajuda financeira, sobretudo para aquisição de instrumentos, nomeadamente um aparelho de "diatermia", necessário para controlar a hemorragia durante as intervenções. Com notável perspicácia (Lima tinha então 29 anos!), o neurocirurgião aprendiz observa: "Todo o resto são pequenas coisas insignificantes e os resultados que aqui me continuam a maravilhar dependem de muitos fatores, talvez difíceis, talvez alguns impossíveis de executar no nosso meio, mas não dependentes de condições materiais" (8-4-1932). Também nesta carta cita o conselho de Cairns de que "nunca deve haver pressa e segundo me tem dito muitas vezes, nunca se deve ter coisa para fazer a mais, no dia em que se marca uma intervenção craniana".

Em 12-2-1933 Egas escreve-lhe uma palavra de consolo pela morte do irmão João: "Avalio o desgosto que deve ter tido com a morte do seu querido irmão. Lá estive em sua casa a prestar-lhe a minha última homenagem. Todos sentiram que estivesse longe neste momento." E ao mesmo tempo incentiva-o: "Eu não esqueço o seu futuro de cirurgião-neurologista. Por ora nada posso dizer de positivo, mas trabalho sempre e já conhece a minha persistência e paciência quando é preciso tê-la." De fato, deste ponto de vista, Egas era invencível.

Sempre incentivado por Egas, Lima visita vários centros neurocirúrgicos europeus, entre os quais Amsterdã, onde trabalhava Oljenik, e conhece Olivecrona em Estocolmo, Vincent em Paris, Tönnis em Berlim, todos discípulos de Cushing. Em 4-6-1933 descreve uma visita a Paris, onde se realizava a reunião da Society of the British Neurological Surgeons, e observa que "De Martel, muito mais cirurgião [que Vincent], mas como todos os cirurgiões-gerais absolutamente incapaz de fazer a diferença entre as circunvoluções cerebrais e as circunvoluções intestinais" — exemplo típico da ironia de Lima — e que nenhum deles se aproximava, mesmo de longe, de Cairns ou Dott.

Lima, de Londres, não para de insistir agradecendo a "concessão dos meus primeiros inoportunos pedidos, tendo esperança de ter coragem para, pelo menos quando aí estiver, os tornar mais repetidos e inoportunos, até conseguir o mínimo indispensável para que a prática da neurocirurgia no nosso serviço seja qualquer coisa de razoável [e não?] um inútil malabarismo" (17-6-1933). Em 5-8-1933 Lima pede a Egas instruções sobre o que fazer de 25 guinéus que Cairns lhe pagara pelas ajudas na clínica privada. Disse que tentara persuadir Cairns a não lhe dar esse dinheiro, pois estava lá para aprender, mas este insistira. Se Egas achasse bem despendê-los-ia em livros e pequenos acessórios que não faziam parte da lista que tinham enviado à Fundação Rockefeller e o restante poupava para as despesas que iria fazer em Lisboa. Egas respondeu-lhe que o dinheiro que recebera de Cairns era dele e não aceitaria que parte dessa verba fosse destinada ao serviço.[130] A preocupação de Lima não é, porém, exclusivamente com a aquisição dos instrumentos necessários, mas também com a necessidade de os doentes permanecerem numa enfermaria com condições próprias. A coragem para voltar é-lhe dada pelo que considera "uma das melhores lições da [sua] vida": as "excepcionais qualidade de realização e de energia" de Egas. Em 19-8-1933 Lima anuncia que operara em Londres o seu primeiro tumor. Egas felicita-o: "Muitos parabéns pela sua primeira operação completa [...] já tenho uma ou duas operações particulares para si" (2-8-1933).

---

[130]Um dos traços da personalidade de Egas foi sempre, como referi, a sua preocupação com os aspectos materiais. Não espanta que em 1927 escrevesse a Lima: "Do nosso arranjo do gabinete apresenta a conta de 575$00. Consoante o combinado, ficam-lhe 287$50, ou seja, metade que, como a sua parte, entregará ao Mestre Agostinho. Desculpe a estocada." É claro que para Lima, que começava a sua vida clínica, a estocada era funda...

Ao regressar a Lisboa, Lima encontra grandes dificuldades para estabelecer um serviço independente. A 29-9-1933 envia a Egas, como diretor do serviço de neurologia do Hospital Escolar, um memorando formal em que descreve o seu treino em Londres e salienta a necessidade de ser criado um departamento autônomo seguindo o modelo de Cushing. Diz que à chegada encontrara "condições que tornam qualquer intervenção intracraniana e mesmo intrarraquídea absolutamente irrealizáveis". Quando, em outubro de 1933, com a morte do seu diretor, professor Carlos de Mello, é extinto o serviço de otorrinolaringologia de Santa Marta, Egas tenta reclamar o espaço para uma secção de neurocirurgia, mas Reinaldo dos Santos leva a melhor. Egas volta à carga em janeiro do ano seguinte, igualmente sem sucesso. Mais tarde, em 15-1-1936, Egas pede de novo a ampliação do seu serviço. Desta vez é Pulido Valente que se opõe.

Em julho de 1934, Lima é nomeado para dirigir a seção de neurocirurgia do Hospital de Santa Marta e, em final de agosto, está em Lisboa a negociar com o diretor do Hospital de Santa Marta, Adelino Padesca, três quartos para doentes neurocirúrgicos. Padesca ter-lhe-á mostrado o "máximo desinteresse e incompreensão do problema". De fato, as atas do Conselho da Faculdade (Santa Marta era um hospital "escolar") mostram como Egas foi diligente no seu propósito de conseguir instalações próprias para a neurocirurgia até o princípio de 1938, sempre sem sucesso.

Já depois de Lima regressar a Portugal, Egas continua a alimentar a sua prática privada: "Sempre operou a senhora do tumor que me deixou a impressão de um meningioma? Desejo saber [...] o que se passou e qual o diagnóstico do tumor e ponto de implantação" (28-8-35). E ainda: "Nesse mesmo dia ou no imediato deve chegar um doente com um tumor do ângulo à direita a fim de ser operado. Vá arranjando, sob palavra, a casa de saúde" (9-101936).

Apesar do apoio de Egas, Lima mostra-se por vezes desanimado. Gentil exigira que retirassem do seu serviço os doentes neurológicos e Lima escreve queixando-se: "Não me sinto com coragem para continuar nesta luta de pequenas habilidades contra a qual, a não ser em V. Exc[a].

não encontro qualquer apoio, nem boa vontade e muito menos reconhecimento do trabalho e aborrecimentos que temos tido nesta tentativa de conseguir entre nós a neurocirurgia" (8-9-1937). Nas *Confidências*, Egas não deixa de referir a "oposição sistemática e ordenada" à arteriografia e a necessidade de melhorar as condições do serviço de neurocirurgia, que tinha já então ganho autonomia. Egas tinha contra ele Pulido Valente, ao tempo professor de Clínica Médica, referindo que ele dirigira a campanha contra os seus desejos de melhoria e que ele "foi o mesmo que apregoava não poder haver investigação científica em Portugal". De fato, a relação entre Egas e Pulido foi sempre difícil. Norberto Lopes, amigo de Pulido, num testemunho incluído num livro de homenagem a este, reconhece que ele não tinha por Egas a "menor simpatia" e que o considerava "cabotino, teatral, vaidoso, enfatuado, mais homem da sociedade, jogador de cartas, como lhe chamava, do que homem de ciência". O contraste era igualmente entre a formação acadêmica de cada um: Pulido de raiz germânica e Egas sobretudo francesa. Também o círculo de amigos e relações era claramente distinto. Da tertúlia do consultório de Pulido faziam parte Bento de Jesus Caraça, o pintor Abel Manta, o compositor Fernando Lopes Graça e escritores como Mário Mendes e Aquilino Ribeiro. Os amigos de Egas não pertenciam ao núcleo da oposição culta ao regime. Para Jaime Celestino da Costa, o antagonismo vinha de longe. Pulido fora um dos que protestaram contra a transferência de Egas de Coimbra para Lisboa por entender que isso prejudicaria António Flores, o que é difícil de comprovar. João Cid dos Santos escreveria mais tarde: "Homens com grande responsabilidade permitiram-se reescrever o que hoje, se fossem vivos, gostariam de apagar."

Em julho de 1935 Lima visita de novo Cairns. Em Londres encontrava-se já Lídia Manso Preto a aprender anestesia neurocirúrgica com a anestesista de Cairns, que tomara Lídia *under her wing*.[131] Lídia era uma mulher muito inteligente, que enviuvou muito nova, e que interpretava angiografias tão bem como o mais experiente neurocirurgião. Colaborou com Lima durante toda a vida profissional deste, vindo a se casar com

---

[131]"Sob a sua asa."

ele após a morte de Margarida Almeida Lima, uma mulher de admirável doçura. A especialização em neuroanestesia não era muito comum para a época e Lima e Lídia escrevem em 1937: "O costume de entregar a anestesia a qualquer um, tantas vezes ao mais novo e inexperimentado, é ainda seguido em serviços onde não devem ter em grande conta nem a vida do doente nem a fama do cirurgião." Lima visita também Foerster em Breslau, onde se realizara a reunião da Sociedade Inglesa de Neurocirurgia, e transmite a Egas que o famoso neurocirurgião alemão declarara que Egas e Dandy tinham sido aqueles que depois de Cushing mais tinham contribuído para o progresso da neurocirurgia (12-7-1937).

A aceitação de Lima como neurocirurgião bem preparado e tecnicamente competente, como se viu, não foi nada fácil, o que é demonstrado pela carta que escreve a Egas em 14-8-1939: "Nunca compreendi a falta de confiança que tenho suscitado em muitos colegas da nossa terra e por vezes tenho tido grandes dúvidas se de fato não terão razão, mas com toda a sinceridade parece-me com suficiente autocrítica que os nossos resultados não são, atendendo às condições do meio, piores que os de outro qualquer." Em 1947 Lima publica juntamente com Joaquim Gama Imaginário, que se treinara igualmente com Cairns, então em Oxford, e João Alfredo Lobo Antunes um artigo documentando a primeira série de mil casos de "grande cirurgia do sistema nervoso", que incluía quinhentos casos de tumores cerebrais estudados microscopicamente por Lobo Antunes. Aí se presta homenagem ao Instituto para os Altos Estudos e à Fundação Rockefeller, que tinham subsidiado as instalações de serviço, e se registram 17 tipos de intervenções praticadas pela primeira vez em Portugal.

As cartas de Egas a Lima na década de 1940 são agora de um tom melancólico, um tanto amargo, e já com o seu quê de cerimonioso, procurando o mestre não interferir com a atividade do discípulo, cuja ação não deixa, no entanto, de seguir de perto e apoiar com energia. Em 14-10-40 Egas escreve-lhe acerca de um doente sobre o qual Lima lhe falara e que vinha pedir uma recomendação para Dandy: "Disse-me que o meu amigo hesitara na decisão a tomar e isso os tinha decidido a ir para a América, pois desejam fazer pelo pai o máximo sacrifício a fim de o salvarem. Fiz-lhes o meu discurso, mas os bilhetes para o *clipper* estavam comprados e a decisão tomada." De fato, o doente foi mesmo operado por Dandy. Este escreve a Egas em 29-10-1940, dizendo que tinha acabado de operar "Mr. Oliviera" e explicando que encontrara na operação um aneurisma de ambas as carótidas. Diz com franqueza a propósito da operação: "I do not know what this is going to accomplish — perhaps nothing."[132] Três dias depois, Dandy comunica que o doente tinha subitamente desenvolvido uma paralisia, afirmando que isto teria acontecido mesmo se não tivesse sido operado, porque nada tinha sido feito à artéria. O doente viveu mais dois dias e Dandy conclui: "I am so sorry the case could not have turned out differently."[133]

A relação entre Egas e Lima foi provavelmente única na história da medicina portuguesa. Os dois constituíam, na palavra de Jaime Celestino da Costa, um binômio indefectível, e a frase feita "a cabeça de Egas e as mãos de Almeida Lima" deve, segundo ele, ser reanalisada e corrigida. Egas, na palavra de Celestino, era literalmente um "egófilo", tal a força do seu egocentrismo. Para Celestino, o nome de Lima deveria ter figurado na capa dos livros da Masson.[134] Os que conviveram de perto com Lima conheceram-no como um homem introvertido e tímido, mas de um extraordinário calor humano na intimidade. Celestino, ao apreciar a quarenta anos de distância o currículo de Lima, que, no concurso para catedrático em 1953, declarava vir "para satisfazer as imposições regulamentares, apresentar pela terceira vez uma daquelas exposições semiautobiográficas, semiautolaudatórias, convencionalmente chamadas curriculi [sic]", uma afirmação surpreendente de coragem (ou seria arrogância?) acadêmica, reconhece que, para lá das contendas e das realizações pioneiras na neurocirurgia que criou em Portugal, ele usou a "linguagem mais apropriada a um cientista pela sobriedade, pelo sentido crítico e realmente pela modéstia". Lima, tal como Egas, sofreu

---

[132]"Não sei o que irá resultar disto — talvez nada."
[133]"Tenho muita pena que o resultado não tenha sido outro."
[134]Eduardo Coelho era de opinião de que, pelo menos no livro sobre a psicocirurgia, Lima deveria ter figurado como autor. Note-se que a relação entre Coelho e Lima foi sempre de calculada distância por razões que os próprios filhos do primeiro desconhecem.

igualmente as críticas de homens tão influentes como Francisco Gentil e Pulido Valente. Não é possível aceitar que o papel de Lima tivesse sido, como ele sempre quis dar a entender, o de um colaborador submisso, quase subserviente, sem crítica, sem imaginação e sem audácia. Barahona Fernandes, um observador astuto, que muito bem conviveu com os dois, escreveu que Lima não era apenas o discípulo "continuador da obra e do método" e muito menos "o epígono servil da doutrina". Entre os dois homens havia um "encontro autêntico, em toda a grandeza de uma viva realização humana. Sem Almeida Lima não teria possivelmente Egas Moniz efetivado da mesma forma as suas descobertas".

A verdade é que Lima, nas quase duas dezenas de escritos sobre o Mestre, sempre diluiu o valor da sua contribuição. Por seu lado, Egas, reconhecendo a importância da colaboração de Lima — nas *Confidências* escreve de forma algo ambígua: "Prof. Almeida Lima, um valioso colaborador, a quem se deve grande parte da obra inicial" — e, tendo com ele subscrito mais de cinquenta trabalhos científicos, nunca o associou à autoria de nenhuma das monografias que publicou, nem abdicou de um protagonismo único, particularmente no que se referia à divulgação da sua obra no estrangeiro. No entanto, nunca Lima disputou tal protagonismo nem, que eu saiba, alguma vez proferiu algo contra o Mestre. Este confiou sempre cegamente num discípulo com 29 anos a menos do que ele, com quem partilhou segredos, conquistas e triunfos — sobretudo domésticos... Desse discípulo fez o primeiro neurocirurgião português, apoiando-o em todas as frentes: no trabalho científico, na carreira acadêmica e na clínica privada. Tudo isto e o encanto pessoal de Egas determinaram em Lima a fidelidade e a gratidão que terão ofuscado talvez a consciência da dimensão e do valor do seu próprio contributo.

É difícil dizer em que medida ter assumido a direção de um serviço de neurologia terá tido consequências negativas para Lima. Ele continuava, por exemplo, fiel à ideia de que a angiografia devia ser executada e interpretada pelos neurocirurgiões, mesmo quando a neurorradiologia como subespecialização adquirira já notável autonomia. No fim da vida profissional, Lima foi ficando cada vez mais isolado e Lídia Manso Preto funcionava como uma espécie de agente de ligação com o mundo exterior. Aparentemente, o mesmo sucedera a seu pai, que Egas conhecera bem, que se retirara antecipadamente de professor de física na Faculdade de Ciências, por achar que a física quântica abrira um mundo que ele já não entendia. Lima passou a tratar as pessoas de forma agreste, negando sempre ter discípulos, mas apenas "companheiros, amigos e colaboradores". Manteve até o fim uma inteligência de uma extraordinária lucidez, um humor finíssimo, a paixão pela cultura anglo-saxônica e um ceticismo um pouco ácido em relação aos seus compatriotas. Foi, sem dúvida, até o último alento, um dos aristocratas mais refinados da medicina portuguesa.

Como disse, manteve até ao fim a fidelidade à obra do Mestre, de quem foi o mais entusiasta dos arautos. Não sabemos se era a Pedro Almeida Lima que Eduardo Coelho se referia quando escreveu: "Eu sei que o estranho fenômeno humano nos dá exemplos frequentes de que, dentro de uma fidelidade confessada, são os discípulos os primeiros a negar o mestre. Até nisso há um certo sabor bíblico. Não negara Pedro três vezes Cristo?" Quem, no círculo cerrado do serviço de neurologia de Santa Marta, terá sido culpado desta possível traição nunca saberemos.

9. Intuição genial ou "ciência de translação"?

A invenção da angiografia teria sido mais que suficiente para garantir a Egas um lugar perene na história da medicina. Na década de 1930, Egas continuava a viver muito confortavelmente e a gozar o reconhecimento dos seus pares e as benesses de ser uma figura da sociedade, um clínico prestigiado e um acadêmico influente. Mas é possível que tudo isto não lhe chegasse ou que, mais provavelmente, ainda não se tivesse apagado dentro dele a chama de uma pragmática irrequietude, agora que a neurocirurgia, servida por uma técnica de diagnóstico que ele inventara, estava em Portugal razoavelmente estabelecida e vencera, pelo menos em parte, a resistência de adversários da sua própria escola e do hospital que lhe estava associado. No entanto, a sua parceria com Lima seria imbatível numa outra luta que será agora contada.

A ideia de operar o cérebro para tratar doenças mentais tem provavelmente mais de 4 mil anos, se aceitarmos que seria esse o objetivo das trepanações cirúrgicas em crânios achados na Ásia, no Taiti, na Nova Zelândia, na Abissínia e ainda no Peru e na Bolívia, onde se encontraram aqueles que revelam uma "técnica cirúrgica" mais apurada. Rogerius Frugardi, conhecido por Rogério de Salerno, cirurgião do século XII, recomendava que "para a mania e a melancolia o escalpe do topo da cabeça fosse incisado em cruz e o crânio perfurado para deixar escapar a matéria". Robert Burton (1577-1640), no seu famoso tratado *Anatomia da melancolia*, publicado em 1612, referia que as feridas por espada que penetravam o escalpe levavam à cura da insanidade.

O pioneiro da psicocirurgia terá sido, sem dúvida, Gottlieb Burckhardt, que, em 1882, se tornou diretor de um asilo psiquiátrico, o Asilo de Préfargier, na margem do lago de Neuchâtel. No espólio de Egas Moniz encontra-se uma carta que António Flores escreveu a P. Deniker em 2-9-1950 a propósito de uma Exposition Internationale des Progrès de la Psychiatrie,[135] reclamando contra o fato de a Comissão Suíça querer apresentar Burckhardt como um "precursor da lobotomia", pretensão que ele acha pouco razoável. Argumenta que "si l'éclat de la découverte géniale de Egas Moniz, est à tenir par des précurseurs, on devait alors avec plus de raison présenter au public des crânes préhistoriques, trépanés dit-on dans le but de donner libre passage aux mauvais esprits qui à ces époques mystérieuses affligeaient les pauvres fous".[136] Observa com ironia que a história se repete constantemente e, depois de uma primeira fase de crítica severa e de uma segunda em que se pretende demonstrar que nada se acrescentou de novo, chega-se à terceira, em que toda a gente quer ser um precursor. Para Flores, a descoberta de Egas era de uma intuição genial, que ele só compreende pela intervenção de Minerva!

Mas voltemos a Burckhardt. Num relatório de 1888, afirma que o seu hospital fora o primeiro "où la trépanation du crâne et l'excision de parcelles de l'écorce a été pratiqué non pas pour satisfaire à des indications chirurgicales, mais pour répondre à des indications psychiatriques[...] Le résultat obtenu m'a puissamment encouragé à continuer dans cette voie dorénavant ouverte."[137] Referia-se o psiquiatra suíço a um doente

---

[135]A exposição decorreu no âmbito de um Congresso Internacional de Psiquiatria que se realizou em Paris, onde houve numerosas comunicações sobre leucotomia. Almeida Amaral, que dirigia desde 1945 o Hospital Miguel Bombarda, dá conta do sucesso da representação portuguesa em carta a Egas de 27-10-1950.

[136]"Se o sucesso da descoberta genial de Egas Moniz se deve atribuir a precursores, dever-se-iam por maioria de razão apresentar ao público crânios pré-históricos trepanados, segundo se diz, com o objetivo de dar livre passagem aos espíritos maus que nessas épocas misteriosas afligiam os pobres loucos."

[137]"Em que a trepanação do crânio e a excisão de parcelas do córtex foram realizadas não para satisfazer indicações cirúrgicas, mas para dar resposta a indicações psiquiátricas. [...] O resultado obtido encorajou-me fortemente a continuar nesta via agora aberta."

INTUIÇÃO GENIAL OU "CIÊNCIA DE TRANSLAÇÃO?"

que operara após consentimento da família, mas não fornece mais pormenores sobre o caso. Mais tarde, em artigo publicado em 1891, relata seis casos de doentes psiquiátricos que não reagiam aos tratamentos disponíveis na época. Conhecedor dos trabalhos de Broca e Wernicke sobre as áreas de localização cerebral da linguagem, Burckhardt especulava que estas estariam implicadas na gênese das alucinações auditivas típicas de certos esquizofrênicos, pelo que seria lógico proceder à sua excisão. Por outro lado, fora influenciado pelo trabalho de Mairet, que afirmava haver nos doentes esquizofrênicos um desenvolvimento anormal do lobo temporal onde residia a área da fala, observação que, na realidade, não tem qualquer consistência científica. O raciocínio era espantosamente simplista: uma vez que os doentes ouviam vozes, se se extraísse o centro da fala, as alucinações desapareceriam!

Afirmava ele nesse artigo que os médicos pertenciam a duas categorias: os que aderiam ao princípio da não maleficência e os que preferiam fazer algo a nada fazer. Ele encontrava-se certamente entre os últimos. No entanto, sublinhava, todos os caminhos que levavam a novas vitórias estavam assinalados pelas cruzes dos que tinham morrido. A apresentação dos seus resultados em Berlim foi recebida com geral suspicácia: três doentes teriam melhorado, mas nos restantes três não houvera alteração, tendo mesmo ocorrido uma morte. Desanimado, Burckhardt não prosseguiu esta linha de tratamento.

Vladimir Bechterew (1857-1927), neurologista russo, foi outro dos pioneiros que entreviram a possibilidade de a cirurgia desempenhar um papel no tratamento das doenças mentais. Juntamente com Ludvig Puusepp (1875-1942), natural da Estônia e chefe do Departamento de Neurocirurgia em São Petersburgo e mais tarde professor em Tartu, publica em 1908 um artigo de revisão sobre a "cirurgia nas doenças mentais", área aliás em que a experiência era praticamente inexistente e, dois anos mais tarde, um outro intitulado "Intervenções cirúrgicas em doentes mentais sob o ponto de vista ético e legal". Puusepp afirmava que "os médicos devem ter o direito de operar quando a família se opõe, mas um comitê de três médicos decide que a operação é necessária para salvar a vida". E mais adiante: "Do ponto de vista ético prefiro uma decisão colegial de médicos psiquiatras à autorização dos familiares." Estava-se ainda bem longe do tempo em que a autonomia da decisão dos doentes se tornaria o valor primacial em qualquer ato de diagnóstico ou tratamento, questão que viria anos mais tarde a dominar todo o debate ético sobre a psicocirurgia.

Segundo apurei, Puusepp terá operado três doentes em São Petersburgo, em 1910. Estes sofriam de síndromes maníaco-depressivas e esquizofrenia, tendo sido feita uma desconexão unilateral entre os lobos frontal e parietal, sem melhoria. Estes resultados só foram publicados em 1937, numa revista italiana. Egas conhecia bem Puusepp, que lhe enviou vários dos livros da sua autoria sobre temas neurocirúrgicos, nomeadamente *Die Tumoren des Gehirns*, livro que ele agradece em carta de 25-11-1928. Várias vezes Egas procurou que Puusepp viesse a Lisboa. Em carta de 16-12-1928 diz que não fora capaz de conseguir um subsídio do governo para tal efeito e procurara até "une opération payée; mais ces opérations chez nous sont rares",[138] uma forma imaginativa de subsidiar uma viagem...

Um dos mais violentos detratores de Egas Moniz, a que me referirei mais adiante, Elliot Valenstein, menciona outros pioneiros no tratamento cirúrgico das doenças mentais, insinuando que a ideia de Moniz não fora original. Refere o trabalho de Ducosté reportado em 1932, em que este injetou sangue de doentes com malária no lobo frontal, ou seja, a parte mais anterior do cérebro, de doentes sofrendo de paralisia geral. Provavelmente o médico francês pretendia obter apenas uma resposta mais eficaz do que a conseguida com a injeção endovenosa do sangue infectado com o parasita, proposta por Wagner-Jauregg, tratamento que valeu a este o Prêmio Nobel em 1927. Wagner-Jauregg observara que os doentes com paralisia geral melhoravam quando sofriam febres altas e assim propôs o uso da infecção pelo parasita da malária para o seu tratamento.[139] Muitos hospitais psiquiátricos tinham em anexo mosquitários para infectar estes doentes.

---

[138]"Uma operação paga, mas estas operações são raras entre nós."
[139]Egas foi convidado em março de 1937 para assistir ao 1º Congresso Internacional de Piretoterapia, ou seja, o tratamento pela febre, que se realizou na Universidade de Columbia, em Nova York, organizado por um grupo de ilustres neurologistas franceses.

INTUIÇÃO GENIAL OU "CIÊNCIA DE TRANSLAÇÃO?"

Um caso clínico famoso que Egas não menciona nunca, que eu saiba, foi particularmente ilustrativo da importância do lobo frontal para uma vida psíquica normal.[140] Phineas Gage, um jovem de 25 anos, que em 13 de setembro de 1848, quando trabalhava nas ferrovias de Vermont, nos Estados Unidos, sofreu um acidente devido a uma explosão acidental que impeliu uma barra de ferro de 109 cm de comprimento e cerca de 3 centímetros de diâmetro, que lhe atravessou a face, saindo pelo osso frontal, ligeiramente à esquerda da linha média. Após um breve desmaio, Gage se recuperou e foi transportado de trem até uma vila próxima, onde foi tratado por um jovem médico, John Harlow, o primeiro a relatar o extraordinário caso, embora de forma breve, em 1848. Gage, entretanto, deixou Nova Inglaterra, vindo a morrer em São Francisco 12 anos depois, provavelmente de uma crise epilética. Harlow só teve conhecimento da morte cinco anos mais tarde e, com a autorização da família, procedeu à exumação do corpo, recuperando o crânio e a barra de ferro com que Gage quisera ser sepultado, ambos conservados hoje no Warren Anatomical Medical Museum na Universidade de Harvard.

O tratamento inicial consistiu apenas na limpeza e na remoção dos fragmentos ósseos e na aproximação dos bordos da ferida com adesivo. Quando o cérebro começou a extrusar através desta abertura, Harlow aplicou-lhe nitrato de prata e depois excisou a parte saliente. Surpreendentemente, Gage sobreviveu e as sequelas comportamentais do acidente intrigaram o clínico desde o início. Notou, logo na sua primeira observação, que, embora a memória permanecesse perfeita, o doente não parecia apreciar o valor do dinheiro. O relato do caso, feito sob a forma de carta ao *Boston Medical & Surgical Journal*, provocou compreensível ceticismo, nomeadamente da parte de Henry J. Bigelow, famoso professor de cirurgia em Harvard, que dele se apropriou e depois o comunicou a uma sociedade científica local.

John Harlow retoma o estudo do caso em 1868, aproveitando o material obtido na autópsia, fazendo desta vez um relato mais circunstanciado.

---

[140]Cunha-Oliveira e Pedrosa dizem que o caso foi "silenciado" por Egas Moniz, afirmação que carece de qualquer fundamento.

As alterações psicológicas que observou eram fascinantes: Gage parecia completamente recuperado, com a mesma inteligência que possuía antes do acidente. A capacidade de aprendizagem e a memória também não pareciam afetadas e, contudo, para os amigos ele era outro, irreverente, caprichoso e socialmente inconveniente. Nas palavras do médico assistente, "the equilibrium or balance, so to speak, between his intellectual faculty and animal propensities"[141] tinha sido afetado.

Esta história despertou particular atenção ao famoso neurologista inglês David Ferrier, pioneiro, como referi anteriormente, do estudo das localizações cerebrais. Nas "Goulstonian Lectures on the localisation of cerebral diseases", publicadas no *British Medical Journal* em 1878, observava que a lesão causadora desta alteração mental se situava provavelmente no córtex[142] pré-frontal esquerdo, ou seja, na porção mais anterior dos hemisférios cerebrais. Em 1994, o grupo de Hanna e António Damásio estudou o crânio de Phineas Gage usando técnicas sofisticadas de imagiologia e concluiu que a barra de ferro que atravessara o cérebro lesara o córtex de ambos os hemisférios, afetando o processamento das emoções e a capacidade de decidir racionalmente.

A história de como surgiu a Egas a ideia de realizar aquilo a que chamou "leucotomia pré-frontal" vem descrita na alocução que proferiu na 1ª Conferência Internacional sobre Psicocirurgia, reunida em Lisboa em agosto de 1948, e que intitulou "How I came to perform prefrontal leucotomy", bem como nas *Confidências*. Aí refere que "a ideia da intervenção operatória como tratamento de algumas formas de alienação mental não surgiu de repente"; "Durante dois anos, desde 1933, demos-lhe muita reflexão. [...] Só a Almeida Lima confiei o segredo da minha aspiração e das especulações mentais em que me debatia [...]." Mais tarde apresenta a este, ao professor de psiquiatria e antigo condiscípulo em Coimbra Sobral Cid e a Cancela de Abreu, "clínico geral com boa prática neurológica", o seu projeto. É impossível verificar a

---

[141]"O equilíbrio, por assim dizer, entre a suas faculdades intelectuais e tendências animais."

[142]O tecido cerebral é constituído pelo "córtex" ou "substância cinzenta", onde se encontram as células nervosas ou neurônios, e a "substância branca", onde correm as fibras nervosas que naquelas se originam.

veracidade da versão de Egas, mas é fato que ele foi toda a vida um "neuropsiquiatra", uma especialidade híbrida, que, embora de forma mitigada, ainda é hoje praticada por muitos neurologistas.[143]

Como se disse já, no início da sua carreira Egas interessou-se muito pelo hipnotismo como meio de investigação e terapêutica, na tradição dos grandes neurologistas franceses que visitara, começando por Charcot, que o usava nos finais do século XIX com resultados sensacionais no tratamento da "histeria". O hipnotismo era "passatempo obrigatório dos salões e espetáculos", que tinha de início os neurologistas como seus principais praticantes, caindo depois em desuso. Mais tarde, Babinski deu à histeria uma outra interpretação fisiopatológica, chamando-lhe "pitiatismo" (o que significa "persuasão curável"). Egas discutiu a questão extensamente num artigo que intitulou "As novas ideias sobre o hipnotismo (aspectos médico-legais)", pronunciando-se contra o uso da técnica na investigação criminal para tentar arrancar confissões a presumíveis culpados.

Egas foi igualmente, como vimos, dos primeiros em Portugal a interessar-se pelas teorias de Freud, ao ponto de ter iniciado em 1915 o seu curso de Neurologia, que pela primeira vez era obrigatório na licenciatura de Medicina, dissertando sobre "um novo processo terapêutico e de investigação clínica empregado no campo das neuroses e na psiquiatria". A lição inaugural chamou-se "As bases da psicanálise".[144] Egas interessou-se particularmente pela importância que Freud atribuía aos fenômenos da sexualidade na gênese das neuroses. Aceitava que as novas ideias corrigiam a doutrina que defendera no seu livro *A vida sexual 'Fisiologia'*, em que afirmava que o "instinto sexual surgia somente na puberdade".

Em 1921 profere no Congresso Luso-Espanhol das Associações para o Progresso das Ciências, realizado no Porto, uma conferência

---

[143]Numa entrevista concedida a Ana Sousa Dias, publicada no *Público* em 16-5-1999, João Alfredo Lobo Antunes comenta que a tabuleta do seu consultório dizia "Doenças nervosas", uma designação equívoca, mas ele e os neurologistas do seu tempo "na verdade fazia[m] alguma psiquiatria".
[144]Para Jaime Milheiro, Egas "por mais estranho que possa parecer foi o primeiro psicanalista português".

intitulada "O conflito sexual". Aí narra o caso de uma mulher jovem, paralítica dos membros inferiores havia nove anos e que sofria de enfraquecimento dos braços e músculos do tronco, o que a impedia de se sentar. Escreve Egas: "Ensaiei durante dois anos todos os tratamentos psicoterápicos que pude imaginar. Cheguei a empregar como adjuvante sugestivo violentas correntes farádicas, fazendo o que mais tarde, durante a guerra, se chamou em linguagem caserneira o 'torpedeamento'. Com isso consegui melhoria da fraqueza dos membros superiores e do tronco." O uso de correntes elétricas conhecera particular voga no tempo da Primeira Guerra Mundial, durante a qual, como vimos, era aplicado para tratar as paralisias "histéricas" dos soldados e assim os devolver com mais presteza à frente de batalha. Tinha sido anteriormente empregado pelo grande neurologista Duchenne de Boulogne para "despertar a sensibilidade amortecida ou desaparecida e curar certas paralisias". No caso daquele doente, o "torpedeamento" revelara-se pouco eficaz. Escreve Egas: "Foi então que recorri à psicanálise. De dedução em dedução consegui averiguar que a causa primária do mal se filiava em acontecimentos desagradáveis que muitíssimo a impressionaram alguns anos antes do início da sua paralisia." Com delicada investigação e o que Moniz chama "pequeno isolamento", a doente voltou a caminhar.

Os fundamentos científicos que Egas evoca para uma terapêutica de concepção que ele próprio classifica como "ousada" ou mesmo "temerária", a que chamou mais tarde "psicocirurgia", eram de vária ordem. Apoiava-se, em primeiro lugar, na teoria celular de Ramón y Cajal, que considerava a célula nervosa, o neurônio, a unidade anatômica e funcional do sistema nervoso. Seriam os contatos entre os neurônios, através das sinapses, a constituir a "base orgânica do pensamento". A vida psíquica normal dependeria do bom funcionamento sináptico; as perturbações mentais resultariam do seu desarranjo. Quando estas sinapses se "fixam por adesividade anormal, as células e os influxos seguem então sempre o mesmo caminho, exteriorizando constantemente as mesmas manifestações psíquicas". Certos alienados, e tomava como paradigma "os obsessivos e os melancólicos", tinham a "vida moral circunscrita a um limitado ciclo de ideias que, dominando tudo o mais,

INTUIÇÃO GENIAL OU "CIÊNCIA DE TRANSLAÇÃO?"

voltejavam constantemente no seu cérebro enfermo". Assim, para interromper este "ciclo vicioso", propunha a interrupção cirúrgica do circuito. Atreve-se ainda a postular, sem no entanto apresentar prova, "que o número de fibrilhas varia do homem inculto para o instruído, onde são mais abundantes, e neste variam provavelmente, em número e ramificações, segundo a sua cultura, nos diferentes setores do encéfalo". A este conceito simplista de que a função faz o órgão acrescenta um outro: que em certas circunstâncias haveria uma "tendência para relativa fixidez" destas conexões e que aqui residiria o substrato fisiológico da aprendizagem, invocando como argumento o fato de o treino facilitar a prática da datilografia. De fato, todas estas noções receberiam das neurociências modernas absoluta confirmação.

Recorre também à teoria dos reflexos condicionados de Pavlov, cuja pertinência nem sempre é claramente elucidada, argumentando, contudo, que a experiência dos reflexos condicionados tinha demonstrado que "novos caminhos de influxos ou estímulos se podem estabelecer no cérebro, atinentes ao mesmo fim". Menciona ainda uma comunicação de Henry Claude sobre o lobo frontal ao Congresso Internacional de Neurologia de Londres em 1935, onde Egas tinha ido apresentar os seus trabalhos angiográficos. A presença de Moniz neste congresso teve outra consequência importantíssima a que me referirei adiante. Aceitando que a vida psíquica tinha origem no encéfalo, a escolha do lobo frontal como alvo para a sua intervenção e, mais precisamente, a porção anterior à zona motora, chamada impropriamente "lobo pré-frontal", afigurava-se lógica, pois o seu maior desenvolvimento na espécie humana e a sua complexa arquitetura celular seriam indícios de "funções de categoria diferente".

Nem todos os argumentos que Egas invoca têm igual consistência. Poderá mesmo considerar-se que o "fundamento científico" da sua operação seria débil, mas a sua intuição foi surpreendentemente certeira. A menção das diferenças encontradas entre os cérebros de indivíduos incultos e os de homens de inteligência superior, em trabalhos que prosseguiam na altura no Instituto do Cérebro, em Moscovo, que, no entanto, no dizer de

Egas, não tinham permitido chegar "a conclusões definitivas ou mesmo aproximadas", não tem qualquer relevância. Do trabalho experimental refere apenas a investigação de Bechterew e Luzaro no cão e de Fulton e Jacobson (o nome correto é Jacobsen) no chimpanzé.

Vale a pena determo-nos um pouco na figura de John Farquhar Fulton (1899-1960). Fulton estudou em 1921 em Oxford como Rhodes Scholar com o grande neurofisiologista inglês Sherrington. Regressou depois a Boston, onde se formou em medicina, em Harvard, tendo trabalhado então com Cushing, de quem, em 1946, viria a escrever uma biografia que é um clássico da história da neurocirurgia. Em 1930 tornou-se professor de fisiologia da Universidade de Yale, onde criou o primeiro laboratório de neurofisiologia de primatas. Ali trabalharam futuros neurocirurgiões famosos como Paul Bucy, A. Earl Walker e ainda James Watts, que teve depois um papel fundamental na expansão da psico-cirurgia. Fulton conhecia Egas, pois no acervo epistolar deste consta uma carta de Fulton de março de 1934 que se refere a uma tradução portuguesa do poema de Fracostoro sobre a sífilis, que tinha sido feita pelo professor Bettencourt Raposo.

Fulton e colaboradores observaram que a amputação dos lobos frontais no cão causava alterações do seu "caráter", pois os animais tornavam-se agressivos, irritáveis e impulsivos, ao mesmo tempo que as suas capacidades de adaptação diminuíam.

Mais tarde começaram a estudar o comportamento em chimpanzés. Sobre as investigações de Fulton e de Jacobsen, escreve Moniz que a extirpação bilateral das porções anteriores do lobo frontal "dá sempre alterações na conduta do animal. Depois de lesões extensas a reeducação do chimpanzé não pode conseguir-se". Este resumo das experiências de Fulton e Jacobsen é, no entanto, pouco rigoroso e não inclui qualquer referência bibliográfica.

A história é mais complexa do que Egas sugere e bastante diferente na versão de Fulton contada na sua monografia *Functional localization in relation to frontal lobotomy*, publicada em 1949 e baseada nas William Withering Memorial Lectures proferidas em Birmingham em 1948. Fulton reconhece, sem que disso ofereça qualquer prova, que se não

INTUIÇÃO GENIAL OU "CIÊNCIA DE TRANSLAÇÃO?"

deve esquecer que Moniz considerara a sua intervenção muito tempo antes de conhecer os seus resultados experimentais, embora acrescente que a lobotomia representava "a notable instance of the application of animal experimentation to a clinical problem".[145] Esta transferência de informação do laboratório para a clínica — *from the bench to the bedside* — é hoje consagrada como "ciência de translação".

Fulton e Jacobsen tinham desenvolvido técnicas de estudo comportamental em primatas e estavam particularmente interessados nas funções do lobo frontal. Analisaram-nas nos dois chimpanzés mais famosos da história da ciência: Becky[146], afetuosa e dócil, e Lucy, resmungona e intratável. Os animais foram submetidos primeiro à remoção de um lobo frontal, o que não causou qualquer alteração, e, três meses depois, à remoção do outro, o que trouxe uma clara modificação no comportamento. Os animais tinham sido previamente treinados para receber uma recompensa após terem efetuado a escolha correta no teste para que estavam condicionados. Quando tal não sucedia, manifestavam naturalmente a sua frustração. Após a segunda operação, os animais pareciam desprovidos de qualquer expressão emocional e, se se enganavam, como que encolhiam os ombros e partiam para outra atividade. Parecia que, na palavra de Jacobsen, o animal "had placed its burdens on the Lord".[147]

Fulton conta que após ter apresentado estes resultados no congresso de Londres de 1935, onde Egas estava presente, "Dr. Moniz arose and asked if frontal lobe removal prevents the development of experimental neuroses in animals and eliminates frustrational behavior, why would it not be feasible to relieve anxiety states in man by surgical means".[148]

---

[145]"Um exemplo notável da aplicação da experimentação animal a um problema clínico."

[146]Lima, no artigo a que referi atrás sobre o Bromo, o cão em quem pela primeira vez foram visualizados os vasos cerebrais, escreve a propósito de Bechky [sic]: "Devo confessar que com a Bechky nunca tive relações pessoais [...]. Sei, porém, o papel que representou, recebi dela várias fotografias (sem autógrafo) e, por interposta pessoa [...] correspondemo-nos. Infelizmente o seu caráter não era tão recomendável como as suas qualidades intelectuais." Lima foi injusto com o chimpanzé, porque quem tinha mau feitio era Lucy...

[147]"Tinha entregue ao Senhor as suas preocupações."

[148]"O Dr. Moniz levantou-se e perguntou se, uma vez que a remoção dos lobos frontais impede o desenvolvimento de neuroses experimentais nos animais e elimina o seu comportamento de frustração, não seria possível aliviar estados de ansiedade no homem por meio da cirurgia."

EGAS MONIZ – UMA BIOGRAFIA

Egas, tanto quanto pude apurar, não registou, em nenhum dos seus escritos, este episódio. De fato, quando mais tarde Walter Freeman, a quem me referirei adiante, lhe perguntou se tal episódio era verdadeiro, Egas responde-lhe (29-11-1952): "I couldn't find any reference to this subject in any of my papers. I think this subject is of no importance therefore."[149] Pelo contrário, Eduardo Coelho afirma que, embora alguns discípulos neguem que este diálogo tenha ocorrido — e aqui Coelho tinha decerto em mente Lima —, Egas, que conversava muito com os sobrinhos-netos, ter-lhes-á relatado "os fatos tais quais os descreve Fulton, asseverando-lhes a veracidade". Coelho interroga-se: "Eles vêm, porventura, diminuir o gênio inventivo do Mestre? Ou cercear a originalidade da intervenção que ele propôs?" A resposta a esta pergunta retórica é que, de fato, se poderia argumentar que ele apenas transpusera para a clínica um conceito sustentado por prévia experimentação animal. Coelho escreve ainda que Fulton e Jacobsen teriam ficado alarmados quando Moniz lhes perguntou se uma tal operação não poderia melhorar o estado de ansiedade no homem, afirmação que é impossível confirmar

De qualquer modo, Fulton acrescentaria depois que "since the Moniz procedure had been suggested by the results which we reported in 1935, I had felt in a measure responsible for a procedure that had widespread adoption before the basic physiological mechanisms had been adequately elucidated".[150]

Egas e Fulton mantiveram um contacto cordial ao longo dos anos. Em janeiro de 1941, Fulton lamenta não ter tido oportunidade de encontrar Egas durante uma estada no Estoril e, em 9-9-1953, escreve-lhe a agradecer a hospitalidade recebida durante o Congresso Internacional de Neurologia, dizendo que o "Prof. Moniz is a symbol to the younger neurologists of all that is the best in our field".[151] Egas fizera entretanto

---

[149]"Não encontrei nos meus papéis qualquer referência a esse assunto. Acho portanto que é um assunto sem importância."

[150]"Uma vez que o procedimento de Moniz foi sugerido pelos resultados que relatei em 1935, tinha-me sentido em parte responsável por um procedimento que foi adotado largamente antes de os mecanismos fisiológicos básicos terem sido elucidados de forma adequada."

[151]"O professor Moniz é um símbolo para os neurologistas mais novos do que há de melhor na nossa área."

Fulton membro correspondente estrangeiro da Academia das Ciências de Lisboa. Curiosamente, existe ainda no arquivo de Egas uma carta de 3-11-1955, em que Fulton diz: "When I sent you the Louvain Lectures last week I had forgotten about several other papers that bear on our frontal lobe chimpanzees, and since you requested this material specifically, I enclose the papers herewith."[152] Pelos vistos, Egas continuou interessado até o fim da sua vida nas experiências de Fulton.

Jack Pressman afirma, numa magnífica monografia sobre o significado e a expansão da psicocirurgia nos Estados Unidos, não haver qualquer prova de que a "famosa conversa" tivesse ocorrido e que a história dos chimpanzés fora uma pura invenção de Fulton e uma tentativa de se apoderar de um lugar na ribalta científica. Para Pressman, o papel de Fulton foi o de principal patrono da psicocirurgia e grande responsável pela sua difusão nos Estados Unidos, ao fornecer-lhe fundamento científico e apoio profissional.

Vale a pena ainda mencionar dois casos cirúrgicos citados por Egas como relevantes para a sua intervenção. No primeiro, de Penfield e Evans, o lobo frontal esquerdo fora removido para tratamento de epilepsia e, no segundo, num doente de Dandy, extensamente analisado por Brickner, ambos os lobos frontais tinham sido amputados para permitir a extração de um tumor benigno da base do crânio. Egas refere que este último doente perdera os conhecimentos anteriores e "era como uma criança que ainda não aprendera a desvendar um mundo no qual se encontram pessoas e situações e se não adaptara às suas condições exteriores. Mostrou uma diminuição na totalidade da síntese mental e uma acentuada alteração da personalidade". E acrescenta mais à frente: "É certo que mudou de caráter sob certos aspectos e que se tornou um pouco infantil", mas Brickner acentua com precisão: "O doente é essencialmente o mesmo que era antes da operação. Conserva o seu tipo pessoal." No entanto, como diria Sir Geoffrey Jefferson: "The idea of removing malignant ideas

---

[152]"Quando lhe mandei na semana passada as Conferências de Louvain esqueci-me de vários artigos sobre os nossos 'chimpanzés' e, dado que me pediu especificamente este material, aqui o envio."

rather than malignant tumours — that was novelty indeed."[153] Por fim, note-se que Egas não cita o trabalho experimental de Ferrier no cão, ou as tentativas prévias de tratamento cirúrgico das doenças mentais que mencionei logo no início deste capítulo.

Nas *Confidências* escreve que as concepções teóricas, que atrás descrevi, "levaram às tentativas operatórias em certos alienados. Com efeito, do que acabamos de expor [...] uma conclusão há a tirar: para curar estes doentes é necessário destruir os arranjos fibrilhares e sinápticos mais ou menos fixos que devem existir no cérebro e particularmente os que estão ligados aos lobos pré-frontais".

Apoiado em bases científicas que considerava robustas e aparentemente seguro de que a intervenção que se propunha fazer continha uma relevante promessa terapêutica, Moniz estava pronto para o passo seguinte. Num escrito não publicado de Lima, este confirma que o procedimento foi discutido numa reunião em casa de Egas, em que estiveram presentes também Sobral Cid e Cancela de Abreu.

Pareceu a Egas — em mais uma notável intuição — que não fazia sentido atacar o "corpo das células", ou amputar os lobos frontais, como fora feito nos famosos chimpanzés. Preferiu interromper as vias de associação que ligariam as áreas corticais de interesse. Daí o nome de *leucotomia*, que significa "corte do branco", ou seja, da substância branca do cérebro, onde, como disse, correm os feixes nervosos. Para o fazer, decidiu-se inicialmente pela injeção de um líquido neurotóxico. O álcool era a escolha natural, já que havia larga experiência do seu emprego no tratamento da nevralgia do trigêmeo.

Assim, em 12 de novembro de 1935, foi realizada a primeira leucotomia. Nas *Confidências*, Egas escreve: "De colaboração com Almeida Lima, que orientou a parte cirúrgica, fizemos dois orifícios de trépano à direita e à esquerda, à altura do lobo pré-frontal."[154] Em manuscrito, creio que nunca publicado, redigido em inglês e não datado, Lima diz

---

[153]"A ideia de remover ideias malignas em vez de tumores malignos — isso era mesmo novidade."
[154]Note-se a redação: de fato Almeida Lima não "orientou a parte cirúrgica". Foi ele que, sozinho, executou o procedimento.

que "the actual performance of the first cerebral leucotomy and of the others that followed was not Egas Moniz. However, the role of the one who performed them was that of an instrument handled by the Master".[155] Esta foi sempre a posição do discípulo. Referindo-se às mãos de Egas, Lima comentaria também que as deformações de que sofria não o impediam de escrever, mas acrescenta: "Contudo, manobras cirúrgicas mais delicadas, ou o manusear de instrumentos delicados, não lhe eram fáceis."

Neste primeiro doente, como nos quatro que se seguiram, foram feitas injeções de álcool absoluto. No entanto, logo se percebeu que esta técnica não permitia um controle adequado do volume de tecido cerebral destruído, pelo que foi desenhado um pequeno instrumento a que se chamou "leucótomo" e que consistia simplesmente numa cânula metálica de 11 centímetros de comprimento e 2 milímetros de diâmetro externo, em cuja extremidade existia uma pequena janela, através da qual saía uma ansa metálica, que em movimento circular fazia o corte pretendido. Com esta técnica eram feitos dois ou três cortes de substância branca a diferentes profundidades. A injeção de uma pequena porção de um meio de contraste radiopaco — o torotraste — permitia verificar através de radiografias do crânio o local preciso das lesões.

Barahona Fernandes, na sua biografia de Egas, dá testemunho pessoal sobre a gênese da psicocirurgia. Conta que Egas lhe dissera, no final de 1935, quando o jovem aprendiz de psiquiatra regressara de férias a Portugal de um estágio na Alemanha com o famoso professor Kleist: "Pois eu tenho cá uma grande novidade", e acrescenta: "Vocês, os psiquiatras, continuam embrenhados nos complexos, inextricáveis e obscuros meandros da dialética, presos dos fenômenos puramente subjetivos da psicopatologia [...] mais ou menos a roçar pela metafísica." E desvendou-lhe a sua "teoria da vida psíquica", que, no dizer de Barahona, "rescendia a um monismo materialista tido na época como ultrapassado". Deu-lhe depois notícia da leucotomia que praticara

---

[155] "A primeira leucotomia cerebral e as outras que se seguiram não foram executadas por Egas Moniz. Contudo, o papel de quem as realizou foi o de um instrumento manejado pelo Mestre."

poucas semanas antes. Egas ter-se-ia mostrado aberto às novas ideias defendidas pelo jovem psiquiatra, anotando-as no seu livro. Apesar dos argumentos apresentados, diz Barahona, "não se abalava, porém, na sua decisão operatória e ripostava: 'Os fatos estão aí. Os doentes operados melhoraram e não houve consequências graves. Nomeio-te censor psiquiátrico dos resultados clínicos alcançados'".

10. A expansão da psicocirurgia — o amigo americano

Tal como sucedera com a angiografia, foi em Paris, na reunião da Société Neurologique, que Egas deu a primeira notícia do seu trabalho. A sua comunicação foi comentada por Clovis Vincent, o mais famoso neurocirurgião francês da época, Henry Claude, professor de psiquiatria em Paris, e Marcel David, assistente e sucessor de Vincent. Egas escreve a Lima, a propósito da reunião: "Em suma, vou satisfeito com os censores de cá, que os de aí hão-de ser mais difíceis de contentar." Publica um artigo que intitula "Les premières tentatives opératoires dans le traitement de certaines psychoses", na revista francesa *L'Encéphale*, em junho de 1936.

Moniz foi célere no relato dos seus resultados e no ano seguinte, em Paris, novamente editada pela casa Masson, surge uma monografia intitulada *Tentatives opératoires dans le traitement de certaines psychoses*. Era um volume de cerca de 250 páginas, em que o autor revê o papel dos lobos frontais na vida psíquica, cita algumas das comunicações apresentadas no Congresso de Londres e refere, em particular, o caso de Dandy e Brickner. Discute os riscos e potenciais vantagens do método, sublinhando que o trabalho fora conduzido com todas as cautelas e a segurança que punha quando "estava em causa a vida humana", e que ouvira a opinião de colegas competentes, como fizera aliás quanto à angiografia. Descreve em pormenor os primeiros vinte casos tratados, cujos diagnósticos psiquiátricos eram muito heterogêneos. Nos primeiros utilizara a alcoolização, nos restantes o "leucótomo". Todas as operações tinham sido executadas por Lima, ajudado por Ruy Lacerda. Sublinha logo na introdução que o volume relata apenas uma hipótese de trabalho. Fala ainda da dificuldade de transpor para a clínica o resultado da experimentação animal e do risco da experimentação humana. Assim escreve: "Il faut tater le terrain prudemment, mais aussi avec décision, lorsque nous serons bien assurés que la vie de malades ne court aucun danger."[156] Não é, portanto, verdade, como os seus críticos viriam a sugerir, que não tivesse havido uma clara preocupação com a segurança do doente. Recorde-se que isto se passa mais de uma década antes das primeiras regras da experimentação humana terem sido codificadas.

Egas resume os resultados da seguinte forma: curas clínicas, sete casos, melhorias consideráveis, sobretudo da agitação psicomotora, sete casos, e mesmo estado seis casos. Note-se que o período de observação era obviamente muito curto, demasiado curto para uma avaliação rigorosa da técnica e dos seus resultados. Assinala que não tivera mortalidade, mas discute, com toda a franqueza, as complicações e os sintomas novos que surgiram, como, por exemplo, a tendência para a cleptomania, o mutismo e o apetite exagerado (bulimia). Por outro lado, no parágrafo que conclui a monografia, diz que mesmo os casos em que os doentes tinham sido operados mais que uma vez tinham mantido o mesmo estado no que dizia respeito à inteligência e à memória.

Ao contrário do que sucedeu com a angiografia cerebral, a psicocirurgia rapidamente conheceu uma enorme expansão em todo o mundo, particularmente graças ao fervor quase evangélico do neuropsiquiatra americano Walter Jackson Freeman, e, fundamentalmente, à ausência de terapêuticas eficazes para lidar com as doenças mentais. A história da psicocirurgia ficará sempre ligada de forma indissociável à personalidade controversa e injustamente tratada de Walter Freeman. Jack

---

[156] "É preciso apalpar o terreno com prudência, mas também de forma decidida, desde que estejamos seguros de que a vida dos doentes não corre qualquer perigo."

A EXPANSÃO DA PSICOCIRURGIA – O AMIGO AMERICANO

El-Hai, que lhe dedicou uma biografia intitulada *The Lobotomist*, começa por afirmar que, em conjunto com o médico nazi Joseph Mengele, Walter Freeman "ranks as the most scorned physician of the twentieth century".[157] No entanto, mais adiante acrescenta: "At first prepared to condemn Freeman as cruel, devious, and unprincipled man, I had to recognize the persuasive evidence that at times he acted in the best interests of his lobotomy patients, given the limitations of the medical environment in which he worked and the perilous nature of scientific invention".[158]

Freeman era neto de W. W. Keen, um dos cirurgiões mais famosos dos Estados Unidos e o primeiro a operar com êxito neste país um tumor cerebral. Frequentara as Universidades de Yale e Chicago e formara-se em medicina na Universidade da Pensilvânia em 1920. Como Egas, frequentara em 1923 o Hospital da Salpêtrière e aprendera a ler francês, o que lhe deu rápido acesso aos trabalhos do neurologista português. O avô famoso arranjou-lhe depois um lugar como responsável pelo laboratório do St. Elizabeth's Hospital, em Washington, que albergava 4.300 doentes mentais, muitos dos quais com neurossífilis. James Watts, o neurocirurgião que com ele veio a colaborar, dizia que o pior defeito de Freeman era nunca se cansar. Em 1931 publica um livro notável sobre neuropatologia, ou seja, a especialidade que estuda alterações anatômicas observadas nas doenças do sistema nervoso. Foi depois presidente da secção de Doenças Nervosas e Mentais da Associação Médica Americana e, em 1934, fundou os Boards de Psiquiatria e Neurologia, a organização que examinava e creditava estes especialistas. A reprovação de Dexter Bullard, um psicanalista, terá certamente contribuído para o tornar, anos mais tarde, um dos mais acérrimos críticos da psicocirurgia. Freeman era indiscutivelmente um membro pleno do *establishment* neurológico americano.

---

[157] "Classifica-se como o mais desprezado médico do século XX."
[158] "Preparado de início para condenar Freeman como um homem cruel, tortuoso e sem princípios, tive de reconhecer as indicações persuasivas de que ele por vezes atuava no interesse dos seus doentes lobotomizados, dadas as limitações do meio médico em que trabalhava e a natureza arriscada da investigação científica."

Em 1935, Freeman participa no Congresso de Neurologia em Londres e aí conhece Egas, pois ambos tinham *stands* sobre angiografia cerebral muito próximos. Um ano depois Freeman toma conhecimento do artigo publicado por este sobre a leucotomia, no *Bulletin de l'Académie de Médecine*, relatando uma comunicação feita a esta instituição em 5 de março de 1936, e imediatamente encomenda a monografia que a casa Masson entretanto editara, e sobre a qual veio a escrever uma recensão para os *Archives of Neurology and Psychiatry*. Encomenda também dois leucótomos, que, tal como numerosos outros instrumentos cirúrgicos, eram fabricados em Paris pela firma Gentile et Cie. Inicia então a colaboração com o neurocirurgião James Watts, entretanto recrutado pela George Washington University. Em 14-9-1936 executam a primeira leucotomia nos Estados Unidos. O marido da doente operada viria a declarar que os cinco anos seguintes seriam os mais felizes da vida dela.

Em seis semanas, Freeman e Watts operaram mais cinco doentes e, tal como Egas, em breve dão conta dos resultados obtidos numa reunião médica, causando aceso debate na audiência. Nesta encontrava-se Adolf Meyer, o decano da psiquiatria norte-americana, que declarou: "I am inclined to think that there are more possibilities in this operation than appear on the surface",[159] sublinhando, no entanto, a necessidade de cada caso ser escrupulosamente avaliado. Esta bênção, mesmo condicional, de uma figura tão notável da psiquiatria foi fundamental para a expansão da técnica, embora houvesse que vencer múltiplas resistências. É de notar que em 1937 havia nos Estados Unidos mais de 400 mil doentes a viver em 477 instituições psiquiátricas e que mais de metade das camas hospitalares eram ocupadas por doentes mentais, o que representava um enorme encargo financeiro.

Foi também importante um editorial não assinado, publicado em 3-12-1936, no *New England Journal of Medicine*, o jornal médico de maior reputação dos Estados Unidos, que dava crédito à obra de Moniz e considerava o tratamento baseado em "sound physiological observations" e que era a "much more rational procedure than many that have

---

[159] "Sou levado a pensar que esta operação abre mais possibilidades do que parece à primeira vista."

A EXPANSÃO DA PSICOCIRURGIA – O AMIGO AMERICANO

been suggested in the past for the surgical relief of mental disease".[160] Indicava também que poderia trazer um futuro melhor a alguns doentes mentais crônicos. Por esta altura, Egas pensava já em termos francamente mais organicistas e escrevia a Freeman em 24-12-1936: "The psychiatric doctors professing the classic and psychological school that divorced the mind from the brain or at least keep some restrictions between the organ and the functions will have some resistance to your organic orientation for a long time."[161] E, anos mais tarde (30-5-1949): "For us the progress of psychiatry will be the only way to a medical specialty of psychiatry. The other will be the philosophical and psychological way, good for nothing in scientific progress."[162]

Em 1937, Freeman e Watts, descontentes pela imprevisibilidade das lesões causadas pelo leucótomo, modificam a técnica, passando a usar uma espátula, que, introduzida lateralmente no lobo frontal, causava lesões mais consistentes.[163] Admitindo que era lesada não só substância branca, mas também células nervosas, Freeman adota o termo "lobotomia", pelo qual os procedimentos psicocirúrgicos ficaram geralmente conhecidos e designação que, anos mais tarde, viria a adquirir uma tremenda carga pejorativa, que persistiu até hoje. Em abril de 1939 já tinham operado com "bom resultado" oito doentes. Entretanto, a técnica conhecia cada vez mais sucesso, não só nos Estados Unidos como por todo o mundo, impulsionada por uma soberba operação de *public relations*, com reportagens no *New York Times*, nas *Seleções do Reader's Digest*, na *Time*, na *Newsweek* e na *Life*! Esta publicidade deu origem a várias propostas de investigação mais cuidadosa dos resultados obtidos.

---

[160]"Em observações fisiológicas seguras [...] e que era um procedimento muito mais racional que muitos sugeridos no passado para o alívio das doenças mentais por métodos cirúrgicos."

[161]"Os médicos psiquiatras que professam a escola clássica e psicológica que divorcia a mente do cérebro ou que pelo menos mantém certas restrições entre o órgão e as funções oferecerão durante muito tempo alguma resistência à sua orientação orgânica."

[162]"Para nós o progresso da psiquiatria será o único caminho para uma especialidade médica da psiquiatria. O outro, o caminho filosófico e psicológico, não contribui em nada para o progresso científico."

[163]Tive oportunidade em 1969 de ajudar Almeida Lima numa intervenção neurocirúrgica em que a técnica usada foi semelhante à de Freeman e Watts.

Em 1942 Freeman e Watts publicam um livro intitulado *Psychosurgery. Intelligence, emotion and social behavior following prefrontal lobotomy for mental disorders*, dedicado a Egas Moniz, "who first conceived and executed a valid operation for mental disorder".[164] No prefácio sublinham que a lobotomia pré-frontal estava reservada àqueles doentes cujo prognóstico era mau, em que a resposta terapêutica era insatisfatória e que enfrentavam a incapacidade e o suicídio. Por outro lado, dizem que era por precaução que salientavam os maus resultados.

Calcula-se que entre 1942 e 1954 foram operados na Inglaterra e no País de Gales cerca de 11 mil doentes e nos Estados Unidos, até meados de 1951, teriam sido praticadas cerca de 18.600 intervenções. As causas da adoção generalizada das técnicas psicocirúrgicas são complexas e foram objeto de interessante análise na monografia de Pressman. Em relação ao seu emprego nos Estados Unidos, Swayze aponta em primeiro lugar a ausência de terapêuticas alternativas. Por outro lado, verificara-se um aumento dramático do número de internamentos em hospitais psiquiátricos durante a Segunda Guerra Mundial, o que criou uma crise grave nos cuidados da saúde mental. O uso da lobotomia veio reduzir em cerca de 25% a população psiquiátrica nos hospitais. Aliás, era importante dar alta a estes doentes o mais cedo possível, não só porque a mortalidade por doenças infecciosas, sobretudo tuberculose, era muito elevada, mas também porque assim se diminuíam substancialmente as despesas com os doentes hospitalizados. Olhada segundo a ótica contemporânea da relação custo-benefício, a lobotomia era uma intervenção de enorme sucesso.

Embora todos estes fatores tenham contribuído para a aceitação da técnica, o debate sobre o seu uso manteve-se aceso durante vários anos, questionando-se o seu emprego indiscriminado, sobretudo em hospitais psiquiátricos sobrelotados e sem pessoal médico ou de enfermagem. David Rioch resumiu, na Kellog Lecture de 1950, as objeções mais estridentes, classificando a psicocirurgia como "the partial euthanasia of amputating the soul".[165]

---

[164]"Quem primeiro concebeu e executou uma operação válida para as doenças mentais."
[165]"A eutanásia parcial de amputação da alma."

A EXPANSÃO DA PSICOCIRURGIA – O AMIGO AMERICANO

Mesmo assim, os resultados obtidos com a lobotomia *standard* não satisfaziam Freeman, já que a operação requeria, para a sua prática, um neurocirurgião e um corpo de enfermagem especializado no tratamento e na reabilitação dos doentes. Por outro lado, estava convencido de que havia necessidade de um tratamento intermédio entre a técnica mais conservadora de Egas e Lima e as lesões extensas causadas pela lobotomia. Resolveu por isso adoptar em 1945 a intervenção que Fiamberti (Egas conhecia-o bem) propusera já em 1937 num hospital de Varese. Este psiquiatra italiano, seguindo uma técnica que Dogliotti iniciara em 1933 para injetar ar nos ventrículos cerebrais — no fundo uma modificação da ventriculografia de Dandy —, perfurava o teto da órbita e, entrando logo acima do globo ocular, penetrava os lobos frontais. Freeman entusiasmou-se com esta técnica algo brutal. Os doentes eram "anestesiados" com um eletrochoque e o crânio era perfurado com um picador de gelo. Os cuidados de assepsia eram mais que duvidosos. Confortável com a técnica, Freeman passou a "operar" no consultório que partilhava com Watts. Este não concordou nada com esta prática e, a partir daí, Freeman passou a intervir sozinho em diversos hospitais da área de Washington e em vários outros estados, mantendo, honra lhe seja feita, registros atualizados dos resultados obtidos.

Entretanto, a psicocirurgia conhecia uma enorme difusão e muitos dos grandes nomes da neurocirurgia mundial a praticavam, grande parte com modificações técnicas de natureza vária. Em Portugal, é inaugurado em 1947 o Centro de Neurocirurgia do Hospital Júlio de Matos com a finalidade expressa de expandir a prática da leucotomia. Lima transfere-se assim de Santa Marta mas, quando, em 1957, abre o serviço do Hospital de Santa Maria, regressa ao hospital universitário.

Em 1946, por iniciativa de Walter Freeman, começa a preparar-se a realização em Lisboa de um Congresso Internacional sobre Psicocirurgia, que veio a ter lugar entre 4 e 7 de agosto de 1948. O congresso teve como presidente Egas e como vice-presidentes Flores, Lima e Barahona Fernandes. Freeman foi o secretário-geral e também o presidente do comitê do programa. Flores desempenhou ainda um papel muito ativo na garantia de apoios oficiais. O ministro da Educação da altura,

Caeiro da Mata, amigo de longa data de Egas, propôs mesmo "uma participação grande para dar importância ao acontecimento". Antes do início do congresso, em sessão de 31 de julho de 1948, Freeman era recebido na Academia das Ciências, pois fora eleito sócio correspondente. Estava reconhecido assim, publicamente, o seu papel na disseminação da contribuição de Egas. No seu discurso alude, como era inevitável nestas circunstâncias, às viagens de Vasco da Gama e Bartolomeu Dias, que compara com a "aventura" da psicocirurgia. Júlio Dantas, que presidia, num discurso que Egas transcreve nas *Confidências*, salientou a importância das duas invenções deste, sublinhando que, com a publicação do livro em 1936, "estava aberta a áurea porta sobre os horizontes imprevistos da psicocirurgia". Aquela era a "hora [...] de agradecer àquele português o quinhão de glória que a Pátria lhe deve (vibrante manifestação)".

O congresso veio a ser inaugurado com grande solenidade pelo presidente da República, marechal Carmona, e com a presença dos subsecretários de Estado da Assistência Social, Dr. Trigo de Negreiros, e da Educação, Dr. Leite Pinto. As sessões decorreram no edifício da Faculdade de Medicina, tendo havido uma sessão de demonstração cirúrgica no Hospital Júlio de Matos. Curiosamente, o subsecretário de Estado Leite Pinto, que aceitara presidir ao banquete de honra, faltou a este "à última hora", como conta Moniz, alegando razões de ordem pessoal.

A representação internacional foi notável: Argentina, Áustria, Bélgica, Brasil, Canadá, Chile, Cuba, Checoslováquia, Dinamarca, Espanha, Estados Unidos, França, Holanda, Honduras, Hungria, Índia, Itália, México, Nova Zelândia, Noruega, Portugal, República do Panamá, Reino Unido, Roménia, Suécia, Uruguai e Venezuela. Estavam presentes nomes famosos da neurocirurgia e da psiquiatria mundial, como Le Beau, de Paris, Spiegel e Wycis, de Filadélfia, J. Grafton Love, da Clínica Mayo, Paulino Longo, Mário Yhan e Aloísio Mattos Pimenta, do Brasil, William Beecher Scoville, de Hartford — que propôs uma modificação técnica posteriormente muito usada —, E. Bush, de Copenhague, e J. Lawrence Pool, da Universidade de Columbia, em Nova York, que criara uma técnica original, a chamada "topectomia", e levara a cabo um estudo sistemático dos seus resultados, o chamado Columbia-Greystone Project. Em carta a Egas de 30-5-1948, Pedro Polónio, que viria a suceder a Barahona Fernandes na cátedra de psiquiatria, em visita aos Estados Unidos, relata alguns resultados deste trabalho, dirigido por Fred Mettler, um neuroanatomista do Neurological Institute. Polónio não deixa também de mencionar a adoção generalizada da angiografia como método de diagnóstico. James Watts não pôde estar presente por causa da doença de um filho, e disso se justificaria em carta a Egas em 2-8-1948. Note-se que em 1948 e 1949 a psicocirurgia nos Estados Unidos atingira o seu auge. Em 1948 foram publicados setenta artigos científicos e em 1949 foram publicados oitenta.

Egas abriu o Congresso com uma comunicação em inglês que intitulou "How I came to perform pre-frontal leucotomy", a que me referi no capítulo anterior. As contribuições portuguesas incluíram vários trabalhos. Manuel Almeida Amaral, que dirigia o Hospital Miguel Bombarda, apresentou uma comunicação comparando o que chamou a técnica de Lima e a técnica de Freeman. Amaral era grande amigo e colega de curso de Lima. Doutorou-se com uma tese sobre leucotomia e mantinha grande veneração por Egas. Em carta de 9-7-1949 escreve a Egas queixando-se do esquecimento a que parecia estar votada a sua contribuição pessoal para o tema. Na carta sublinha que, desde 1937, tinha sido "um colaborador modesto, mas apaixonado e leal como poucos terá tido V. Excia. ao seu lado". Recorda que "utilizando o material de doentes à minha disposição operou [sic] o Almeida Lima e o Imaginário [...] algumas dezenas de doentes". Diz ainda que a monografia que tinha publicado sobre o tema havia sido largamente vendida na Espanha e na América do Sul. Recorda que durante a sua estada na Suíça, em 1946, proferira uma conferência sobre psicocirurgia no serviço de Bleuler, e que isso teria levado à primeira leucotomia executada na Suíça, por Krayenbühl, um dos grandes nomes da neurocirurgia europeia.

A contribuição portuguesa mais substantiva foi um estudo "clínico e psicológico" de cem doentes, em que colaboraram, entre outros, Barahona Fernandes e Pedro Polónio, além de Lima e Miller Guerra. Concluía que os doentes leucotomizados "podiam apaixonar-se, adquirir novas ideias políticas e espirituais", mas "a integração da personalidade diminuía" e o "comportamento tornava-se muito mais reativo e dependente de estímulos exteriores. Em casos extremos o doente torna-se numa espécie de máquina reflexa". Egas observa nas *Confidências*: "É trabalho sério e honesto. Deixou-me satisfeito por ver que a Escola Portuguesa de Psicocirurgia está em mãos vigorosas que saberão continuar a obra encetada." Diogo Furtado, um neurologista e rival de Lima para a sucessão na cátedra de neurologia, relatou a experiência com uma série de doentes da Casa de Saúde do Telhal, alinhando na corrente adversária à psicocirurgia, pois concluía que os resultados eram desfavoráveis e que a mortalidade era alta. Na realidade, a mortalidade resultara de intercorrências variadas e não do procedimento cirúrgico em si mesmo. Egas, nas *Confidências*, comenta secamente: "Faz referência a seis casos recentemente operados de lobotomia de que tirou conclusões." Durante o congresso, Egas ofereceu em sua casa um *cocktail* que, nas suas palavras, "serviu para se fazerem muitos conhecimentos", e que, para os seus críticos, terá sido mais uma excelente oportunidade de fazer lóbi pela sua causa, "o Nobel".

No decorrer da última sessão, a delegação brasileira, que, como veremos adiante, vinha já preparada para a iniciativa, enviou para a mesa uma moção em que propunha que as delegações dos vários países presentes, que eram 27, apoiassem a nomeação de Egas para o Prêmio Nobel. O texto dizia que o prêmio era merecido pelos "inestimáveis serviços prestados à Ciência e à Humanidade pelas duas notáveis descobertas [...] arteriografia e leucotomia cerebrais, hoje universalmente consagradas". A moção foi aprovada por aclamação, após o apoio dos delegados argentinos, franceses e norte-americanos. O Nobel estava mais próximo.

A produção escrita de Egas sobre psicocirurgia foi, em comparação com a angiografia, muito reduzida e quase sempre assinada apenas com o seu nome. Em 1936 publicou dois artigos em português e cinco em francês, além da monografia publicada pela casa Masson. Em 1937 vêm a lume três artigos em francês e um em português, um em italiano e outro no *American Journal of Psychiatry*, intitulado "Pre-frontal leucotomy in the treatment of mental disorders", cujo texto terá sido traduzido por Freeman. Só volta a escrever sobre psicocirurgia em 1948, o texto lido na abertura do congresso. Nesse ano publica dois artigos em alemão e em 1949 e 1950 publica mais quatro.

É a Egas que cabe, em 19-11-1948, a conferência de encerramento das comemorações do centenário do Hospital Miguel Bombarda, antigo Hospital de Rilhafoles, que intitulou "O domínio do delírio e da alucinação". Recorda que, quer Miguel Bombarda quer ele, tinham sido vítimas das balas de um louco: "Foi a loucura a força que armou o comando das suas mãos agressivas." Depois entra num devaneio literário, totalmente inesperado, uma espécie de *libretto* com pretensões wagnerianas, em que participam "Sua Majestade a Loucura" e uma corte de deuses gregos e ninfas bizarras como a "Embriaguez", a "Preguiça" e a "Voluptuosidade". Felizmente, acaba por aparecer Erasmo de Roterdã a pôr fim ao desacato, e a um interminável discurso que o autor confessou ser "alheio à apreciação de uma erudita assembleia".

Em 20-5-1954 faz uma conferência na Academia das Ciências intitulada "A leucotomia está em causa". A defesa da técnica já então consagrada pelo Nobel é muito frágil na argumentação e reduz-se no fundo a um comentário a propósito de artigos dedicados ao tema publicados no *Figaro Littéraire* e nos *Cahiers Laennec*. Egas refere o decreto que proibia a sua prática na antiga União Soviética, salientando a "bênção" que recebera de teólogos franceses de vários credos religiosos, entre os quais de um jesuíta, o padre Tesson, que dissertara sobre "Leucotomia e Moral". Na União Soviética a expansão da psicocirurgia iniciou-se logo após a publicação dos primeiros trabalhos de Egas. O 3º Congresso de Neurologia e Psiquiatria, realizado em Moscovo, em 1950, dedicou-lhe uma sessão. Burdenko, o mais famoso neurocirurgião soviético do tempo, afirmava em 1948 que a psicocirurgia era a "canção do futuro". Curiosamente, um ano antes, na sessão do Congresso chamado "Pavloviano", a psicocirurgia conhecera severa crítica. Em dezembro de 1950, o Ministério da Saúde da União Soviética argumentou "que o uso da leucotomia pré-frontal no tratamento de doenças neuropsiquiátricas contradizia os princípios básicos da teoria fisiológica de Pavlov", que, como referi, terá inspirado Egas, e, sabe-se lá por quê, proibiu a prática destas intervenções. Na sequência desta ordem, muitos psiquiatras, na maioria judeus, foram demitidos. Esta medida, que refletia algo da posição antissemita do governo da época, teria sido consequência em parte do fato de o filho de um político altamente colocado ter sido submetido a uma leucotomia contra a vontade da família. A psicocirurgia só voltou a ser praticada na União Soviética em 1982, com a introdução das técnicas estereotáxicas,[166] que são as adotadas hoje.

Um dos aspectos mais curiosos da história da psicocirurgia em Portugal refere-se à polêmica descrita por Barahona Fernandes como "duelo reprimido" ou "peleja latente" entre Egas e Sobral Cid. De início este terá dado a sua colaboração a Egas, mas cedo começou a levantar reservas quanto aos resultados obtidos com o método. As reticências do psiquiatra ter-se-ão manifestado logo após os resultados obtidos nos quatro primeiros doentes. Sobral Cid, que foi, no dizer de Barahona, o introdutor da moderna psicopatologia em Portugal, interpretava as modificações e mesmo o desaparecimento de certos sintomas, como a depressão, a ansiedade ou as obsessões como consequência da "apatia cinética" secundária à mutilação cirúrgica do lobo frontal. Na biografia de Egas, Barahona refere que "na base das nossas observações dos primeiros operados, partilhamos de algumas das objeções de Sobral Cid; eram justas e antecipavam quase por completo todas as futuras críticas feitas ao método de Egas Moniz". A posição de Barahona em artigo incluído no volume comemorativo do centenário do nascimento de Egas é, contudo, um pouco diversa; aquele afirma que, embora tivesse de início discordado das bases teóricas que o Mestre propunha, ganhara depois "grande interesse e entusiasmo pela investigação dos doentes operados, convencido pela realidade do que acontecia", enumerando múltiplos sintomas que "melhoravam efetivamente e de modo por vezes espetacular com a intervenção da leucotomia".

---

[166]A técnica estereotáxica consiste na aplicação de um sistema de coordenadas ortogonais que permite definir com absoluto rigor a posição de qualquer alvo no interior da cavidade craniana.

A EXPANSÃO DA PSICOCIRURGIA – O AMIGO AMERICANO

Não há dúvida, porém, de que, ao contrário do que acontecera com a angiografia, cujas potencialidades como técnica diagnóstica foram exploradas por Egas e pelos seus colaboradores até o limite dos meios técnicos da época, a leucotomia não teve expansão semelhante entre nós. Sobre as causas disto Egas escreveu uma carta a Walter Freeman, datada de 9-7-1946, dizendo incluir nela "a parte íntima que preferi deixar no esquecimento" e que não menciona nas *Confidências*, publicadas alguns anos mais tarde, embora na carta remeta Freeman para o livro que dizia estar a preparar. Essa carta está publicada no volume comemorativo do centenário do nascimento de Egas e é precedida por uma introdução de Freeman. Ele próprio relata o arranque lento da leucotomia nos Estados Unidos pelo interesse entretanto surgido pelas terapêuticas convulsivas, como o "eletrochoque". Aliás, o desenvolvimento da técnica ocorreu sobretudo neste país e na Inglaterra. Freeman diz que a França e a Alemanha nada acrescentaram, exceto críticas.

A carta a Freeman é única no espistolário de Egas pelo seu surpreendente azedume. Principia referindo a "opressão deste ciclo fascista que nos domina, cópia servil da orientação de Mussolini" e a "degradação de estar, como Portugal, há mais de vinte anos sob o peso de um governo despótico, apoiado apenas pelo exército contra um povo subjugado". E ainda: "O governo sempre desajudou propositadamente o meu trabalho científico, desde os primeiros ensaios sobre angiografia." E continua: "Um professor de cirurgia que tratava Salazar[167] dizia com sobranceiro desprezo: 'Coisa sem valor algum e a que ninguém liga a menor importância.'" As culpas são divididas: "O governo nunca melhorou a minha instalação hospitalar [...] juntou-se à má vontade de uma grande parte dos colegas da Faculdade [...] que desde logo reconheceram um certo sucesso nas minhas investigações e se colocaram em franca e reservada oposição." Faz profissão de fé de democrata e liberal e refere como o feria "a falta de liberdade de expressão do pensamento e de outras liber-

---

[167]Segundo Eduardo Macieira Coelho, tratava-se de Francisco Gentil, que operara Salazar. Egas contrapunha o apoio que Salazar dera ao projeto de Gentil de construção do Instituto Português de Oncologia à pouca atenção que teriam merecido as suas próprias contribuições.

dades fundamentais". Como sublinhei diversas vezes ao longo deste volume, e sem pôr em questão todo um percurso de independência de espírito, a relação entre Egas e o Estado Novo foi sempre complexa e a crítica de Egas não é decerto inteiramente justa, nem ele pode ser considerado de modo algum um "perseguido" ou um mártir do governo de Salazar.

Quanto à sua relação com Sobral Cid, conta que viera para Lisboa com ele na sequência da notável reforma do ensino médico de 1911 que criara as cadeiras de neurologia e psiquiatria. Eram assim, escreve, "ambos filhos da mesma Escola de Coimbra, meio restrito que nem a um nem a outro agradava". Egas não menciona que, em concurso para lente da Faculdade de Medicina de Coimbra realizado em 1902, Sobral Cid fora eleito catedrático, enquanto ele próprio ocupara uma vaga de substituto. Sucede, porém, que em Lisboa Egas ficara com a cadeira de neurologia, enquanto Sobral Cid foi nomeado apenas professor auxiliar de psiquiatria e depois catedrático de psiquiatria legal, cargo aliás extinto quando vagou a cátedra de psiquiatria, após a morte de Júlio de Matos.

Diz Egas que procurou, logo de início, a ajuda de Sobral Cid para lhe fornecer os doentes de que precisava. Após ter fornecido ao seu colega de Coimbra os primeiros quatro doentes que considerava incuráveis, Sobral Cid começou a pôr os maiores entraves. Dois dos homens da primeira série, segundo Sobral Cid, tinham tido apenas uma melhoria transitória. Segundo Egas: "Aqui deu-se uma paragem na remessa dos casos. Desde essa época, para obter um doente era necessário ir ao asilo nove a dez vezes, procurar Sobral Cid e instar com ele para me enviar mais enfermos mentais. Dava-me a desculpa de só querer enviar doentes com histórias completas, mas as observações não se adiantavam e eu consumia a minha paciência nestas peregrinações." Isto obrigou Egas a recorrer a outras fontes, como casos da sua clínica privada e de outros asilos.

Para Egas, ficara entre eles "um resquício de natural emulação": "tínhamos sido camaradas do mesmo tempo e da mesma educação científica". Sobral Cid não esperava o sucesso do método e, quando tal se verificou, teria tomado "uma atitude parcial, hostil", considerando

A EXPANSÃO DA PSICOCIRURGIA – O AMIGO AMERICANO

os doentes "no mesmo estado", sublinhando que, se alguns sintomas se tinham atenuado, "o fundo psicótico" permanecia inalterado. Quando os doentes melhoravam, o psiquiatra alegaria, segundo Egas, "que talvez os casos não tivessem sido bem estudados". Ou seja, Egas ficava sempre a perder...

Particularmente severos foram os comentários de Sobral Cid a uma comunicação de Diogo Furtado e Egas feita à Sociedade Médico-Psicológica de Paris em 26 de julho de 1937, em que Cid declara sem rebuço: "En adressant à mes distingués compatriotes tous mes compliments, je n'hésite pas de déclarer sans ambage que je suis loin de partager leur enthousiasme pour cette méthode"[168] e acrescenta, com severa acutilância, "on peut se demander si l'on a le droit d'infliger au malade une mutilation centrale[169] si considérable, pour le délivrer d'un syndrome psychosique [sic] qui est curable par sa nature et qui aurait spontanément guéri en quelques mois".[170] Considera ainda que a base teórica da leucotomia era "pure mythologie cérébrale".[171] Conclui dizendo que as suas reflexões pareciam talvez demasiado severas, mas eram coerentes com a sua atitude em relação ao seu amigo Egas, pois acreditava que "pour le savant qui cherche une voie, les critiques sont toujours plus profitables que les louanges".[172] Embora benévolo, diplomático, mas também algo ambíguo na interpretação da posição de Sobral Cid, Egas, que enquanto parlamentar fora agressivo e duro, não encontra outra explicação para a atitude do seu colega senão o despeito, pois invadir as suas atribuições psiquiátricas e trazer a essa ciência alguma contribuição útil, por pequena que fosse, não era de molde a deixar estoicamente impassível o professor de psiquiatria. No elogio fúnebre de Sobral Cid, que escreveu em 1941, Egas é mais generoso, mas certamente menos sincero, negando

---

[168] "Ao dirigir aos meus ilustres compatriotas os meus cumprimentos, não hesito em declarar sem reserva que estou longe de partilhar o seu entusiasmo por este método."

[169] Provavelmente queria dizer "cérebrale".

[170] "Podemos perguntar-nos se temos o direito de infligir no doente uma mutilação central tão considerável, para o libertar de uma síndrome *psicósica* [sic] que é pela sua natureza curável e que teria espontaneamente desaparecido em poucos meses."

[171] "Pura mitologia cerebral."

[172] "Para o investigador que procura um caminho, as críticas são sempre mais úteis que os louvores."

que alguma vez a "sombra de uma rivalidade ou o sopro de um despeito" tivessem perturbado "a nossa estima e consideração mútuas". Acrescenta ainda, algo enigmaticamente: "Às vezes ascendia com concepções de ordem psicológica a altura que não podia acompanhá-lo."

A carta a Freeman tem um final amargo. Fala da imprensa amordaçada pela tirania dominante e de um Parlamento que não existia. Havia sim "um arremedo de deputados do partido único, a tanto por mês". Mas este desabafo nada tinha que ver com a ciência e o contexto em que é escrito é difícil de entender, pois está totalmente desenquadrado do propósito da carta.

11. A década do atentado

Tratadas em pormenor as duas invenções seminais de Egas, explicado o seu papel na criação da cirurgia do sistema nervoso em Portugal e analisada ainda, em traços largos, a sua extraordinária relação com Lima, retomamos o fio da narrativa, mais uma vez recuando ao início da década de 1930.

Em 1929 Egas é eleito presidente do conselho da sua faculdade e a seguir vogal do Conselho Superior de Instrução Pública. É durante o seu mandato que se começa a planejar a construção de um hospital universitário, em que muito se empenhou Francisco Gentil. Entretanto, as instalações do Hospital de Santa Marta iam-se deteriorando miseravelmente e, com o argumento de que em breve se iniciaria a construção do novo hospital, pouco era feito para o beneficiar. De fato, o Hospital de Santa Maria só veio a ser concluído 25 anos depois. Egas procurou junto do ministro das Finanças o necessário subsídio e recorda como, na audiência pedida que o levou ao Terreiro do Paço, o ministro o fez esperar várias horas e ele percebeu que não havia grande vontade (e verba) para concluir o projeto.

Foi ainda durante esse mandato que, em 30-4-1931, Egas foi preso, embora muito brevemente, pela terceira vez. Conta que estava no Hospital de Santa Marta quando foi chamado ao telefone pelo chefe de gabinete do ministro da Instrução Pública, que lhe comunicou a existência de uma revolta dos alunos da faculdade, que insultavam o pessoal do ministério e tinham arvorado uma bandeira vermelha. O ministro convoca-o imediatamente, exigindo que fosse chamada a "força pública" para garantir a ordem dentro do edifício. Egas conta que se recusou, oferecendo a sua demissão, logo recusada. Parte então para o Campo de Santana, para tentar acalmar os "rebeldes". Diz que conseguiu os objetivos, a bandeira foi arriada e "verberou" os excessos cometidos. Quando as coisas acalmaram, surgiram à grade da porta principal soldados de carabinas apontadas, exigindo que se abrissem as portas. Acompanhado de Augusto Celestino da Costa e Sobral Cid, tentou aquietar as forças policiais e, abrindo a porta, disse aos alunos que passassem e fugissem. No entanto, a tropa entrou de roldão e terá havido alguns feridos ("cutiladas nos braços, pancadas pelo corpo").

O capitão que comandava a força responsabilizou Egas pelos desacatos e não ficou satisfeito com as suas explicações, apesar de este ter assegurado que o sucedido seria averiguado. Quando tudo parecia estar resolvido e Egas se dispunha a regressar a casa, procura-o um guarda à paisana que o intima a acompanhá-lo ao Governo Civil, para onde ele seguiu no seu próprio carro. Depois de algum tempo foi encaminhado de lá para a cadeia do Limoeiro, onde ficou detido, aparentemente numa cela destinada a quem cometera "delitos políticos". Egas conta que os "camaradas" o "encheram" de "considerações" e que terá dito ao guarda: "Ainda vale a pena ser preso!" Desta vez a detenção foi curta e rapidamente o governo reconheceu o tremendo disparate de tal medida. Logo às 16 horas chegou à prisão o reitor da universidade, Caeiro da Mata, velho companheiro de Coimbra, acompanhado de professores como Moreira Júnior, Celestino da Costa e Sobral Cid e Egas foi de imediato libertado. Nessa tarde foi procurado no consultório por uma comissão de alunos e o ministro pediu-lhe que continuasse em funções.

Na sequência destes acontecimentos, Egas pede a sua demissão de diretor e Moreira Júnior assume o cargo interinamente. Egas afirma no conselho da faculdade que sempre se opusera à greve dos alunos, mas, uma vez que a questão estava a causar grande turbulência no corpo dis-

A DECADA DO ATENTADO

cente, o conselho decide encerrar transitoriamente as aulas. Entretanto, o ministro recusa-se a aceitar a demissão de Egas, que recebe o apoio do reitor e do vice-reitor da universidade, professores Caeiro da Mata e Carneiro Pacheco, ambos figuras preeminentes do Estado Novo, e retoma as suas funções na reunião de 30-5-1931. Curiosamente, nesse mesmo dia, o conselho aprova a concessão de uma verba de 5 mil escudos para Egas se deslocar ao Congresso de Neurologia em Berna, onde apresentou os resultados dos seus estudos angiográficos. No mês seguinte Egas pede definitivamente a demissão, alegando motivos de saúde e a necessidade de apresentar os seus trabalhos no estrangeiro. Entretanto, conseguira a aprovação do conselho, em 22-12-1930, para que à cadeira de neurologia ficasse agregado um instituto dedicado à investigação. Para isso contou com o apoio de Sobral Cid, ainda seu aliado na altura.

Os primeiros anos da década de 1930 foram dedicados intensamente ao desenvolvimento da angiografia. A psicocirurgia, iniciada em 1935, não absorveu Egas da mesma maneira. De fato, esta obrigava apenas à seleção dos doentes e ao seguimento pós-cirúrgico, muitas vezes feito não por Egas, mas pelos colaboradores. Quanto à parte cirúrgica, era da responsabilidade de Lima. No entanto, ambas as invenções ocuparam muito Egas até à sua jubilação, em 1944, e a sua produção ²scrita no domínio científico foi, durante este período, extraordinariamente fecunda, sobretudo, claro, no que se referia à angiografia. Egas publicou 13 artigos em 1930, 29 em 1931, 24 em 1932, trinta em 1933, 11 em 1934, dez em 1935, 13 em 1936, 13 em 1937, seis em 1938, nove em 1939. Em 1940 nada publica e até à sua jubilação há um natural decréscimo de produção, com vinte artigos nesses quatro anos. Dir-se-ia que a ogiva de uma carreira acadêmica e científica se iria encerrar tranquilamente, não fora o sobressalto trágico que ocorreria em 1939.

Da sua produção de índole mais literária vale a pena mencionar uma conferência que realizou na Sociedade Nacional de Belas-Artes, na inauguração da exposição do Grupo Silva Porto em 7-2-1930 (a convite do pintor Carlos Reis). Intitulava-se "Os pintores da loucura", e a ela se refere várias vezes noutros escritos. Distinguia os pintores da "loucura alheia", como Goya, e os pintores "surpreendidos pela alienação mental translanddando para a tela fases da sua psicose", como Van Gogh. Reclama para si "tendências talvez excessivamente modernistas", o que é um pouco surpreendente porque nada na sua coleção o confirma. Não deixa de citar apreciativamente Picasso, Léger, Braque, Duchamp e Kandinski. Dos vários ensaios sobre pintura que escreveu, este é decerto o mais interessante.

"Os médicos no teatro vicentino" foi uma conferência realizada na Academia das Ciências de Lisboa em 8-3-1937. Disserta então sobre a aliança entre a medicina e o teatro, das tragédias gregas à obra de Shakespeare e Ibsen. Entre nós, D. João da Câmara e, claro, Júlio Dantas. Mas são as personagens vicentinas que o ocupam, como já as doenças nesse teatro tinham sido tema que Ricardo Jorge tratara. É um trabalho de leitura agradabilíssima, que revela a paixão de Egas pelo teatro. Intriga-o sobretudo o *Auto dos físicos*, que fora condenado pelo inquisidor-geral em 1551. Já no final, exclama: "Daqui séculos, o que não dirão os vindouros da medicina de hoje! Quantas vezes sorrimos das prescrições dos antepassados desta desavinda família médica, sem nos lembrarmos dos sarcasmos que mais tarde cairão sobre nós!" Sarcasmos da desavinda família médica recebeu Egas em abundância...

O que era o quotidiano de Egas pode depreender-se em certa medida da leitura das suas agendas diárias. A primeira impressão, um pouco surpreendente, que se colhe é o modo como se envolvia nos problemas mais comezinhos da vida doméstica, a julgar pela lista de compras que elabora (lâmpadas, papel de retrete, sabão...). Cabia-lhe ainda escolher a fruta (rainhas-cláudias, laranjas e cerejas...), as flores, as carnes e as lagostas. Também não descurava a produção agrícola da Casa do Marinheiro, encomendando sementes e alfaias agrícolas. Frequentemente visitava livreiros e lojas de bricabraque. Mantinha uma vida clínica ativíssima, com doentes particulares internados sobretudo nas Casas de Saúde de Benfica e das Amoreiras. Semanalmente deslocava-se à companhia de seguros A Nacional e estava particularmente ativo na Sociedade das Ciências Médicas de Lisboa. Continuava a viver fidalgamente, embora na sua declaração para o imposto suplementar referente a 1941 registrasse apenas 34.800$00 de rendimento profissional, mas por essa altura estas declarações referiam verbas sempre muito abaixo

A DÉCADA DO ATENTADO

do valor recebido. O vencimento anual da faculdade era de 40.800$00, como membro do conselho de administração da companhia de seguros A Nacional recebia 17.502$00 e mais 148$25 como presidente do conselho fiscal da companhia de seguros Vitalícia. Por estes 93.500$00 pagou de impostos cerca de 67.00$00.[173]

Em 1937 Egas e D. Elvira visitam a Côte d'Azur e Itália. O pretexto foi um convite para falar da angiografia e da leucotomia, aliás ainda muito na infância, no Hospital-Asilo de Raconnigi, situado nos subúrbios de Turim, que era dirigido por Emilio Rizzatti. Chegam a Marselha de barco e visitam Nice, Cannes, Mônaco, Gênova, Pisa, Nápoles, Capri, Roma, Florença e Pádua. Na clínica de Rizzatti Egas faz oito lições e assiste a intervenções cirúrgicas. À noite reúne-se com outros médicos em casa daquele, cuja empregada "tinha sofrido a operação da leucotomia". Ao saber-se da estada de Egas, logo chegaram outros convites. Aceitou ir a Ferrara, onde trabalhava Boschi, seu companheiro das reuniões em Paris, e vai a Trieste, onde trabalhava Sai, que fora dos primeiros no mundo a utilizar a angiografia como método de diagnóstico. Registra que na clínica de Sai foi saudado por uma orquestra que tocou, em sucessão, o hino fascista e *A Portuguesa*. Partem a seguir para Veneza e Milão e daí para Marselha, onde embarcam de regresso a Lisboa.

É no final da década que ocorre o momento mais dramático da vida de Egas. Em 14-3-1939, Egas é atingido a tiro no seu consultório, na rua do Alecrim, por um doente mental e escapa milagrosamente (e o termo não é forçado) à morte. O atentado marcou-o compreensivelmente para toda a vida.[174] Anos mais tarde, os críticos mais ferozes da leucotomia quiseram propalar o fato (falso) de que o autor do disparo teria sido um doente leucotomizado, uma das "vítimas" de Egas que assim se vingara, ideia que aliás persiste em vários escritos sobre Egas.

---

[173]Como já referi diversas vezes, Egas era extremamente meticuloso com as suas finanças. Há notas detalhadas, por exemplo, das despesas da Casa do Marinheiro, incluindo receitas por venda de uma vaca, um porco e arroz!

[174]Na página da sua agenda de 14-3-1949 está escrito: "Faz hoje dez anos que fui atingido a tiro no consultório." Curiosamente, este é o único apontamento pessoal registrado nas páginas das agendas dos anos a que tive acesso.

Como conta nas *Confidências*, Egas observara o agressor pela primeira vez no início de março. Chamava-se Gabriel Coedegal de Oliveira Santos, tinha 28 anos, era natural de Ovar e vivia em Coimbra, onde trabalhava na Repartição dos Serviços Florestais como engenheiro silvicultor. Egas escreve que ele lhe comunicara de forma muito rápida as suas queixas e não apurara assim que ele estivera já internado e que teria "más relações com a família", com "ameaças de maus-tratos e morte". Segundo declarações do pai feitas após o atentado, o filho sofria de alterações mentais havia mais de nove anos, estivera já internado na Casa de Saúde do Telhal e queixava-se de perseguição pela família, argumentando que a avó morrera recentemente e ele não fora contemplado na herança. O diagnóstico foi vago: "Um psicopata com alterações endócrinas." Egas ter-lhe-á aconselhado repouso fora da cidade onde trabalhava e prescrito "injeções", que ele não tomou, como lhe disse quando voltou ao consultório alguns dias depois. Vinha pedir-lhe um atestado para o emprego, o que Egas lhe passou, e saiu pouco depois. Egas terá chamado então a empregada do consultório para lhe dar instruções no sentido de, se ele voltasse, o tratar com "solicitude" e mandá-lo entrar no gabinete logo que chegasse, porque não estava "bem da cabeça".

Não contava, porém, que ele aparecesse de novo, pois a prescrição estava feita e o atestado escrito. Poucos dias depois, em 11 de março, ele regressa pela terceira vez. Por coincidência, D. Elvira estava também no consultório, à espera que o marido terminasse a consulta, pois iriam jantar e depois ao teatro, coisa que faziam com frequência. O doente mostrou-se muito agitado, reclamando um outro atestado, porque o que já fora passado mencionava "doença mental", informação que ele não queria que constasse no documento. Trazia outra meia folha de papel selado e Egas fez-lhe a vontade, redigindo o atestado de outra forma. O doente retirou-se com relutância, não sem argumentar, a despropósito, contra o atestado e as receitas prescritas. D. Elvira, que o ouvira, terá observado então: "Esse homem que saiu há pouco é mau e perigoso. Não o recebas mais. Mete-me medo." Egas sossegou-a dizendo-lhe que o homem iria para o Porto e não voltaria tão cedo, nada havendo, portanto, a recear.

A DÉCADA DO ATENTADO

Dois dias depois ele apresenta-se aparentemente calmo e solicita a Egas que lhe receite umas ampolas mais fortes. De fato, segundo relato de *A República* de 15-3-1939, terá declarado que pretendia uma injeção "à base de 25 mg" e Egas só lhe dera de 10 mg. Egas começava a escrever a receita quando o doente, que estava à sua direita, inicia os disparos. O primeiro tiro atinge a mão direita e a caneta salta-lhe da mão, manchando a receita, cuja imagem ele inclui nas *Confidências*. Depois, conta Egas, "desviando-se para as minhas costas, ainda por excesso de precaução, despejou as cargas da pistola automática". Só à quinta bala Egas toma consciência de que estava a ser atacado e ainda tenta pegar num tinteiro para arremessar ao agressor, mas a mão não obedece. Recebe mais dois tiros. O oitavo falha por pouco o abdômen. O agressor deixa o consultório e dirige-se ao Governo Civil, que era próximo, para se entregar, dizendo que matara o Dr. Egas Moniz. Quando lhe perguntaram a razão do seu ato terá respondido apenas "questões complicadas".

Egas, ferido, move-se até ao gabinete adjacente, onde as empregadas, que de início tinham acorrido à janela por pensar que o ruído viera da rua, o vão encontrar de pé, encostado à secretária, com a mão de que escorria sangue sobre o lado direito do peito, também ensanguentado. Chamaram logo o Dr. António Augusto Fernandes e Eduardo Coelho, que com ele partilhavam o consultório. Segundo um jornal da época, Fernandes disse-lhe: "Isto não é nada, Egas [...] vamos tratar disso já." Quis dar-lhe uma injeção de álcool canforado, que ele recusou. Responde-lhe Egas: "É, é... Foi um louco, meu querido amigo [...] é a nossa vida." E depois: "A ambulância, depressa." A versão das *Confidências* é um pouco diferente (e mais literária): "Foi um infeliz alienado. Chamem já a minha mulher. Quero vê-la antes de morrer." Deitaram-no numa *chaise longue* e avisaram-no de que iam chamar uma ambulância. Egas insiste: "Deixem-me morrer aqui tranquilamente. Estou mortalmente ferido. Este desvairado crivou-me de balas. Não posso resistir." Não custa a crer que neste momento Egas se tenha recordado do destino do seu colega Miguel Bombarda, ferido de morte igualmente por um doente mental, que o atingiu com quatro balas, três das quais tinham perfurado o abdômen, e, porventura, do que sucedeu ao seu mestre de

Coimbra e parceiro de cartas Sousa Refóios, que fora morto em plena baixa coimbrã, em 4-12-1905, pelo bacharel em medicina Rodrigo de Barros Teixeira Reis, que acabou internado num manicômio. Com a mão direita, que jorrava sangue, já ligada, é transportado até o Banco do Hospital de S. José, onde entra às 20 horas. Estava de serviço como chefe de equipe Augusto Lamas, colaborador em trabalhos de angiografia. Em breve acorre Cancela de Abreu, outro companheiro de clínica e amigo de toda a vida. Das oito balas apenas duas não o tinham atingido. Aleu Saldanha, no início de uma carreira distinta como radiologista, fez o estudo radiográfico. O fato de nenhuma bala ter atingido o abdômen — o que fora fatal para Bombarda — trazia uma réstia de esperança.

A descrição de Aleu é reveladora do extraordinário sangue-frio de Egas: "Vi-o entrar caminhando com firmeza no Banco de S. José. Prudentemente imobilizado, não poderia sujeitar-se às manobras habituais de localização dos projéteis. Meio sentado, encostado a uma única película, fiz-lhe duas radiografias, deslocando apenas a ampola do aparelho portátil. Cinco projéteis tinham uma localização mais ou menos superficial e apenas um se tinha encravado no corpo da sexta vértebra dorsal, de resto a poucos milímetros da aorta." Egas, curioso, perguntou-lhe: "Como lhe foi possível com uma só película tirar tantas conclusões?" Estavam num "quarto cheio de médicos e cirurgiões, comovidos, inquietos e ansiosos", mas Egas insistia: "Vai explicar-me em que consiste esse método" e, durante alguns minutos, o radiologista explicou-lhe a técnica. Egas concluiu: "O método é interessante. Havemos de o aplicar à angiografia cerebral."

Todos achavam que não ia sobreviver. D. Elvira, Fernandes, Cancela, Coelho, que não deixou a cabeceira de Egas, e os assistentes do seu serviço de neurologia, de Santa Marta, não o abandonavam. Na primeira noite a vigilância de sinais vitais era apertada. Egas repetia: "Morro no meu posto", e conta que não receava a morte, mas tinha pena de abandonar a vida e "perder para sempre o contato com os que tanto me queriam". Enquanto dormitava sentia-se transportado para a paisagem bucólica de um recanto do quintal que tivera em Rossas, com um pequeno tanque de granito onde caía a água da serra — sonho causado talvez pela terrível sede que o atormentava.

Declinou a oferta da legação da Itália para que fosse observado por um especialista italiano de doenças pulmonares, o professor Morelli. Nas *Confidências*, escreve: "Além das razões apresentadas havia uma de muito maior força: a confiança ilimitada que tinha no Augusto Lamas, como cirurgião, e no Eduardo Coelho e no Alexandre Cancela como clínicos gerais. Se eles não me salvassem, outros o não conseguiriam." No hospital não parava o cortejo dos que queriam saber da sua saúde, do presidente da República ao presidente do Conselho e vários ministros, através do enfermeiro-mor, tenente-coronel Nepomuceno de Freitas, conforme conta o *Diário de Lisboa* de 16-3-1939. Também a imprensa internacional noticiava o atentado. No *Daily Telegraph* lia-se que não se esperava que Egas sobrevivesse. Aloísio de Castro, que teve papel decisivo na campanha do Nobel, escrevia do Brasil, em 16-3-1939, "à cabeceira do meu amigo [está] metade da minha alma".

A pouco e pouco, Egas começa a melhorar. Três das balas palpavam-se sob a pele e foram removidas. Egas menciona um "acidente pleural", provavelmente um derrame na parede torácica que lhe trouxe algum incômodo, enquanto a gota, que o atormentava desde a adolescência, irrompia também. Porém, apesar da bala alojada na coluna, Egas se recuperou totalmente e sem qualquer problema físico.

A 8 de junho volta a Santa Marta, no dia seguinte ao consultório e em breve retoma a sua rotina. Em julho vai agradecer ao presidente Carmona e a sua mulher todo o cuidado que tinham tido.[175] No entanto, o pedido de audiência que endereçou ao Dr. Salazar, que tinha igualmente manifestado interesse pelo seu estado, pedido feito através de um acadêmico amigo que "privava de perto" com o presidente do Conselho, não teve acolhimento, apesar da insistência de Egas, que queria partir para férias. Acabou por fazê-lo por escrito, mas decerto não perdoou a Salazar o que para ele representou uma indesculpável desconsideração.

---

[175]No espólio de Egas há um telegrama do presidente da República em que este exprime "sinceros votos pelo seu completo bem-estar".

Existe um rascunho da carta que Egas terá enviado a Salazar, e em que se lê: "Pretendia manifestar o meu muito sincero reconhecimento pelas atenções que me dispensou na doença [...]. Venho agradecer por este meio enquanto não se proporciona o ensejo de o fazer pessoalmente, os cuidados com que se dignou honrar-me e que muito me penhoraram." Mais tarde diria que Salazar tinha mandado o seu secretário a S. José informar-se do seu estado, "certamente para se certificar apenas se [...] entretanto já teria morrido".

O regresso de Egas ao consultório foi notícia de primeira página de *O Século*. No consultório esperavam-no alguns amigos e colegas. O jornal diz que "não houve discursos: houve flores, abraços de respeito, de amizade e de admiração e gentileza de senhoras", uma das quais, D. Maria Barbosa de Sousa Brandão, lhe entregou um donativo que Egas destinou aos pobres de S. José.

O inquérito policial foi conduzido por Rudolfo Lavrador, procurador-adjunto no Tribunal de Instrução Criminal, e, segundo o *Diário de Lisboa* de 15-3-1939, mostrou-se bem revelador do delírio paranoide de que sofria o agressor, pois "dizia que o professor Egas Moniz era amigo íntimo do pai e sabia da sua doença, não pelo que ele lhe dissera mas sim por outras pessoas, e por isso não o queria tratar". *O Século* de 21 de junho de 1939 dá notícia do parecer psiquiátrico da autoria de Sobral Cid e Magalhães Ilharco, presente ao 9º Juízo Criminal presidido pelo Dr. Francisco Menano, que declarou o agressor inimputável. Os dois psiquiatras concluíam afirmando que "foi na vigência de um acesso psicótico agudo e em obediência a uma motivação delirante que o arguido praticou o crime que se apresenta com todas as características das violências raciocinadas dos perseguidores-perseguidos". Não se ficam, no entanto, por aqui, e não resistem a elogiar o comportamento de Egas, que comparam com o de Miguel Bombarda, "cujo procedimento ante o agressor e em seguida à agressão, supondo-se ferido de morte, tem o cunho de estoicismo. Assistido desde o início com competência e desvelo inexcedíveis, o Prof. Egas Moniz pôde alcançar as melhoras que todos almejavam. Trabalha, investiga e ensina". O agressor foi então transferido da cadeia do Limoeiro para o manicômio Bombarda.

Cumpridos os agradecimentos devidos a quem o visitara e decerto irritado pela recusa de Salazar em recebê-lo, Egas parte para férias, passando pela Quinta de Cima, do seu condiscípulo e grande amigo Dr. Alberto Rego. Depois segue até Coimbra, onde no Hotel Astória se realizava o jantar de reunião do seu curso. Dos antigos mestres restava apenas Lúcio Rocha. Na manhã seguinte descerram, na casa onde vivera, na rua de Tomar, uma lápide onde se lia "Homenagem de carinho e admiração dos condiscípulos no 40º aniversário da sua formatura, ao descobridor da Angiografia". Parte depois para a Casa do Marinheiro. É sempre no ambiente desta casa que encontra mais tranquilidade e é lá que completa a convalescença.

Entretanto, em Santa Marta, António Flores continuava a trabalhar na tradução alemã do livro sobre angiografia a que já me referi. Foerster escreve de Breslau em 5 de maio de 1939: "Não se inquiete por causa da sua monografia [...]. Arranjei tudo com a Springer. A neurologia alemã sente-se orgulhosa e cheia de reconhecimento pelo fato de receber, das suas próprias mãos, um notável documento do seu gênio e da neurologia portuguesa." Quando o volume fica finalmente pronto, Foerster escreve do sanatório suíço onde estava internado por uma tuberculose que o surpreendeu na velhice que o livro era "uma obra magnífica, um monumento *aere perenius*".

Nas *Confidências* Egas relata também a "manifestação" que lhe foi feita na sessão plenária da Academia das Ciências de Lisboa em 1º de fevereiro de 1940, uma homenagem prestada na sequência do atentado. Nessa sessão, Júlio Dantas é substituído por Egas na presidência. Dantas, referindo-se a Egas num discurso que este qualifica de "modelo de elegância acadêmica e de esplendor de linguagem, difícil de igualar", diz que "as grandes figuras representativas do gênio de um povo ou de uma cultura de uma época são geralmente ondulantes e diversas", expressão que Dantas foi buscar a Montaigne, que, aliás, não cita. Transmitidos os poderes, intervieram mais quatro acadêmicos, começando por Caeiro Mata, ao tempo ainda reitor da Universidade de Lisboa e, no Partido Regenerador, adversário das lutas parlamentares, que recordou a carreira de Egas como político e diplomata, dizendo ele ter sabido guardar "o dom mais precioso de todos: o do otimismo, o da infância do coração". Seguiram-se Moreira Júnior, que falou sobre a eloquência do homenageado, Reinaldo dos Santos, sobre a sua contribuição científica, e, finalmente, Joaquim Leitão, o secretário da Academia, que se referiu aos escritos literários e históricos de Egas, particularmente sobre o papa João XXI. Egas responde então a cada um deles com a sua habitual verve. A Joaquim Leitão diz, por exemplo, que este tinha posto em tal realce os seus escritos que "ao citá-los os desconheci"! Egas acrescenta, no final, que o tinham informado de que alguns acadêmicos haviam querido associar o governo àquela festa sem o conseguirem. E conclui, olímpico, que "fundamentalmente não era justo dar qualquer distinção honorífica a quem apenas tinha tido energias físicas para resistir a uma grave agressão".

Algum tempo antes, em 14-12-1939, Egas, já plenamente recuperado, profere uma conferência na Ordem dos Advogados intitulada "Psicoses sociais", que alguns consideram particularmente interessante, sobretudo pelo contexto político da época, pois estava-se então em plena guerra. Esta conferência foi depois publicada numa coletânea de textos intitulada *Ao lado da medicina*[176] A ideia-chave é que as psicoses não afetam apenas o indivíduo singular, mas "os aglomerados sociais também podem sofrer de males idênticos que destroem o equilíbrio da vida normal". Para ele, as multidões tinham "alma própria, com qualidades que as diferenciam e lhes dão forma psíquica especial". A ideia, segundo aponta, não seria original, porque já em 1848 Rodrigo da Fonseca Magalhães teria declarado no Parlamento: "É preciso confessar que o povo, em certas circunstâncias, padece moléstias do espírito como os indivíduos adoecem do físico." Egas distingue a "psicose do medo", a "psicose convulsiva", com crises de agitação social que deflagram em violência, numa "espécie de epilepsia coletiva", a "psicose da superstição", e cita, a propósito, a seita russa dos skopzki que já mencionava

---

[176]O jornal satírico *Sempre Fixe* de 30-5-1940 dedica a Egas, a propósito do livro, uma caricatura simpática na primeira página, com dois anjinhos pegando numa fita métrica para medir os "quilômetros do gênio" do autor. Egas, enquanto viveu, teve sempre boa imprensa...

na sua *Vida sexual* — "agora com trânsito vedado nas livrarias" —, a "psicose da guerra", "psicose coletiva, periódica, que de certa forma é a projeção em tela de desmedida grandeza da sucessão das crises maníacas da psicose cíclica que observamos no indivíduo". É à guerra que dedica mais espaço, preocupado que estava com a "noite trágica que [descia] sobre a Europa".

Uma outra tentativa de cura cirúrgica de uma afecção neurológica é raramente citada, pois os resultados não foram brilhantes. Tratou-se da interrupção dos feixes nervosos motores por meio da injeção de álcool na substância branca subjacente à área cerebral da motricidade, para tratar a doença de Parkinson. Desta vez, Egas fica-se por três casos e o procedimento, relatado numa revista de escassa divulgação, não foi mais tentado.

Em 1939 Egas publica ainda uma extensa nota biográfica sobre o seu colega e amigo Ricardo Jorge, escrita quando se encontrava nas termas de Vidago. Egas devia ao sábio higienista — o primeiro que "lançou o pregão a favor da estatística" —, como vimos, o prefácio do seu Júlio Dinis. Dá particular destaque à paixão de Jorge pelo seu Porto, de que foi admirável cronista. Recorda o seu papel durante a epidemia de peste bubônica nesta cidade, que provocou uma violenta disputa política entre, por um lado, republicanos e regeneradores que atacavam as medidas do governo e, por outro, os progressistas, entre os quais se contava o próprio Egas. Egas defendeu no parlamento o governo que nomeara Ricardo Jorge para liderar a Direção-Geral da Saúde Pública. Este artigo, juntamente com a monografia publicada por Eduardo Coelho, constitui obra de referência sobre uma das maiores figuras da medicina portuguesa. Merece ainda especial referência o prólogo que escreve para o *Tratado do jogo de boston*, do seu parceiro de toda a vida Henriques da Silva. Intitulava-se "História das cartas de jogar" e, com as suas 196 páginas, ocupava mais de metade do livro. É um notável trabalho de investigação sobre o tema, magnificamente ilustrado, publicado pela Ática em 1942.

12. A jubilação: à espera do Nobel

Com o ano de 1944 chega a sua jubilação. Para Egas, as manifestações de homenagem e apreço que então recebeu devem ter sido uma reconfortante consolação no final da vida acadêmica, pelo que significavam de reconhecimento da sua obra científica. Nas *Confidências* reserva-lhes cinquenta páginas. É preciso recordar que o Nobel chegou já depois da publicação destas, e Egas, sempre em campanha para esse objetivo, não se cansava de exaltar, por todas as formas ao seu alcance, a importância do que conseguira.

Ao abandonar o ensino, lastima-se: "[...] fugiam também os meios de investigação com que ainda vislumbrava animar por mais algum tempo o meu cérebro, sempre ávido de novas aquisições". O grupo de finalistas da disciplina de neurologia de 1944 quis homenageá-lo e preparou uma lápide, que colocou no Hospital de Santa Marta e está agora no museu do Centro de Estudos Egas Moniz, com uma citação de Percival Bailey em que se lê: "É certo que grandes coisas se têm feito com insuficientes recursos e desfavoráveis ambientes. Vejam a obra de Cajal em Espanha e a de Moniz em Portugal. O gênio paira acima dessas circunstâncias."[177] Os alunos leram igualmente uma

---

[177]Esta citação foi extraída da alocução presidencial de Percival Bailey, um outro notável discípulo e colaborador de Cushing, na Central Neuropsychiatric Association, em outubro de 1940. Bailey interroga-se também: "Why the expression of horror at the work of Moniz? [...] Their indignation rests on the subconscious conviction that removal of a part of the brain robs a man of part of his 'soul'. There is nothing inherently repulsive in removing a part of the brain if the patient stands to gain thereby" ("Por que a expressão de horror em relação ao trabalho de Moniz? [...] A sua indignação nasce da convicção subconsciente de que a remoção de uma parte do cérebro rouba ao homem parte da sua 'alma'. Não há nada intrinsecamente repugnante em remover uma parte do cérebro se o doente pode se beneficiar disso").

mensagem com data de 28-2-1944, em que explicam que a homenagem não tinha outra virtude "senão a de deixar impresso num pedaço de mármore um sentimento que nos nossos corações gravou a indelével recordação do saber e das virtudes do mestre".

Na sua resposta, Egas saúda a mocidade e afirma que a "lisonja é sempre sedutora". Diz aos jovens que tinham conseguido o que ele pretendia evitar mostrar: a fraqueza do seu enternecimento. Afirma ainda: "Transviei-me, em tempos, da minha vida médica deixando-me arrastar pela atividade política [...]. O único bem que tirei desse afastamento foi reconhecer que andava pelo caminho errado." E não desiste de martelar na sua independência e persistência: "Nunca me inquietei com o desprezo alheio e menos ainda com as críticas mordazes." De fato, há testemunhos de que ouvia os seus críticos no conselho da faculdade com completa indiferença.

As homenagens de amigos e colegas sucediam-se. Assim, foi cunhada uma medalha comemorativa da autoria do escultor João Silva e publicada uma monografia intitulada *A expansão da angiografia e da leucotomia pré-frontal*, em que se incluía a bibliografia dos trabalhos publicados no estrangeiro sobre os dois temas. A introdução, não assinada, era escrita por Lima.

Na véspera do seu aniversário, Egas assiste a um último conselho da faculdade, onde é saudado por Reinaldo dos Santos, então diretor. Egas agradece e retira-se logo de seguida. No *Século* desse dia, Eduardo Coelho escreve um longo panegírico que Egas classifica como um "interessante e documentado artigo" e transcreve longamente nas *Confidências*.

A "última lição" foi dada no anfiteatro de fisiologia da faculdade, ainda no edifício do Campo de Santana. A sala não comportava senão metade dos que tinham vindo assistir, entre os quais os reitores das quatro universidades e os diretores das três faculdades de medicina. Curiosamente, Egas e os seus colaboradores envergavam a "bata branca do serviço". A aula começou às 11 da manhã. A esta última lição Egas chama uma "conferência-relatório" que não visava só os alunos, pois seria a "história da atividade científica" do seu serviço. Afirma a sua

A JUBILAÇÃO: À ESPERA DO NOBEL

concordância com a reforma aos 70 anos, mas considera-se "caminheiro que ainda sentia forças para prosseguir, mas a quem foge o espaço que poderia percorrer". Dos colaboradores iniciais salienta a contribuição de António Flores e refere o modo como aproveitou "o seu convívio e orientação científica". Faz depois uma descrição *pari passu* da invenção da angiografia e do seu progresso. Já com a angiografia bem estabelecida como técnica de diagnóstico, diz ter verificado que a neurocirurgia "não fazia boa simbiose com a cirurgia geral" e, juntamente com António Flores, designara Lima para a tarefa. Dá especial relevo à expansão da angiografia na Rússia e destaca a carta do responsável do Instituto Científico Neurocirúrgico do Estado, Kopyloff, a pedir-lhe que envie o seu retrato. Fala depois da leucotomia e diz: "Não tendo serviço próprio de psiquiatria, tive grandes dificuldades a vencer." Fala da oposição conceitual de parte da comunidade psiquiátrica e cita o testemunho de Percival Bailey. Parece evidente que para Egas, na altura, a sua maior contribuição era a angiografia. Por isso não esquece a disputa com Löhr e Jacobi e cita o testemunho de Foerster e a carta que este lhe escrevera em 30-1-1931, onde dizia que era "la plus belle découverte en neurologie pendant les dernières décades".[178] Despede-se dizendo-se tranquilo quanto à sucessão por António Flores e chama a atenção para a nova orientação da neurologia: o progresso da neurocirurgia. Afirma que voltará de tempos a tempos ao hospital: "Sei que os meus amigos e companheiros o consentem e estimam."

Falou depois o seu sucessor, António Flores, referindo-se ao orador, parlamentar, diplomata, homem de sociedade, cultor das belas-letras, professor e cientista, pois tudo isto, segundo ele, Egas fora com distinção. Depois Flores passa em revisão todas estas facetas num eloquente discurso que Egas transcreve nas *Confidências*. Não deixa de referir que até a data da jubilação se tinham publicado no estrangeiro mais de trezentos artigos sobre a angiografia, dos quais 160 em língua alemã, e 150 sobre a leucotomia, noventa dos quais nos Estados Unidos. Isto documenta bem as assimetrias da expansão das duas invenções na Europa e nos

---

[178] "A mais bela descoberta da neurologia nas últimas décadas."

Estados Unidos. Remata dizendo: "Pela bondade fez de cada discípulo um amigo e conquistou a estima de quantos o têm conhecido de perto."

Falaram ainda uma representante dos alunos e os reitores das universidades. Os professores da Faculdade de Medicina do Porto enviaram uma mensagem, recordando que fora no Porto que pela primeira vez se ensinara psiquiatria e neurologia.

Egas agradece a todos e cita a quadra que ouvira ao poeta João de Deus na homenagem que a Academia de Coimbra lhe prestara, tinha Egas 19 anos, e que cito pela frescura da lírica:

> Que vindes cá fazer, ó mocidade!
> Despedir-vos de mim, quanto vos devo
> Também, levo de vós muita saudade
> E em lá chegando, à outra vida, escrevo.

As manifestações não se ficaram por aqui. Os condiscípulos de Coimbra ofereceram-lhe uma edição de *Os Lusíadas* e os médicos e enfermeiros do serviço lamentaram-lhe a retirada. Os conterrâneos de Avanca e dos concelhos de Estarreja e Murtosa juntaram-se nos Paços do Concelho de Estarreja para uma homenagem e foram descerradas lápides na Casa do Marinheiro e no município de Estarreja.

O presidente da República, Óscar Carmona, "velho amigo", agraciou-o com a Grã-Cruz de Santiago de Espada. Do Brasil veio uma mensagem da "classe médica brasileira, na ocasião do seu glorioso jubileu profissional", cujo primeiro subscritor era Aloísio de Castro, presidente da Academia Nacional de Medicina e seu apoiante indefectível.

Após a jubilação, Egas visitava o serviço de neurologia de Santa Marta, agora sob a direção de António Flores, duas ou três vezes por semana. A estreita ligação entre eles está bem documentada na correspondência que mantêm. O sucessor natural de Flores teria sido Arnaldo de Almeida Dias, que morrera precocemente em 1939. Almeida Dias fora chefe de laboratório de anatomia patológica e era preciso que alguém o substituísse, o que obrigou Lima, neurocirurgião feito e ocupadíssimo, a aprender essa especialidade, pois Flores opunha-se à criação de uma cáte-

A JUBILAÇÃO: À ESPERA DO NOBEL

dra de neurocirurgia. Uma outra hipótese teria sido Corino de Andrade, acerca do qual Flores escreve a Egas dizendo "pouco mais ciência tem e já enveredou para o Porto". Lima não terá aquecido o lugar, para o qual Egas preparava já João Alfredo Lobo Antunes, como o prova a carta que escreve a Lima, em 4-8-1945, sobre a vantagem de "auxiliar o Lobo Antunes dando-lhe possibilidade de fixação na anatomia patológica", afirmando as "esperanças que nele depositava, até como investigador".

João Alfredo Lobo Antunes comentava que, após as suas duas invenções, Egas se sentia de alguma forma tocado por uma inspiração genial e não desistia de apontar em pequenas folhas manuscritas ideias que, achava, valeria a pena investigar. Numa delas, com notável intuição, Egas aconselhava a usar cortisona no tratamento da esclerose múltipla, porque a evolução da doença, com os seus surtos e remissões, sugeria-lhe que na sua origem haveria algo de semelhante às doenças reumáticas. É claro que para o jovem colaborador nem todas as suas ideias faziam sentido. Não podia, no entanto, deixar de satisfazer o pedido, tão esotérico, de recolher olhos de cadáveres no Instituto de Medicina Legal para verificar, na esteira de um artigo de Sousa Martins de 1888, se as pupilas dos mortos reagiam à luz. Cabia ao jovem assistente recolher os olhos e guardá-los, bem junto ao almoço que trazia embrulhado de casa, no frigorífico do serviço de Santa Marta. Ao apresentar os resultados em sessão da Sociedade das Ciências Médicas de Lisboa a 8-1-1946, Egas confirmava os resultados do médico e taumaturgo famoso, que, dizia ele, estaria naquele dia presente entre eles "numa das fulgurações do seu privilegiado talento".

Egas foi presidente da Sociedade das Ciências Médicas de Lisboa entre 1944 e 1946. Fundada em dezembro de 1822, a sociedade logo contou com o patrocínio de D. João VI, sendo uma das mais antigas da Europa. A sua conferência inaugural, de 12-12-1944, intitulou-se "Anciania" e é uma revisão dos vários aspectos do percurso normal de envelhecimento à luz dos conhecimentos de então. Recorda também a obra célebre de Cícero *De Senectute*. Mais uma vez aqui se mostra a modernidade da sua visão: para ele, a "anciania" não seria um estado mórbido, mas apenas uma "idade como as que a antecederam". Além disso, entende que a velhice exige, além da abordagem médica, terapêuticas sociais, para combater sobretudo o abandono e a solidão.

Igualmente interessante é a sua segunda conferência inaugural, proferida em 30-10-1945 e intitulada "A geração humana e as doutrinas de Exeter", pois é bem reveladora do pensamento da época sobre a eugenia e o apuramento da raça.

O título é de certo modo enganador, uma vez que Egas não trata de questões de biologia reprodutiva ou hereditariedade. A matéria era outra. Ao acordar do pesadelo da guerra, a Europa reconhecia a importância da sua reconstrução demográfica após uma carnificina devastadora. As soluções propostas estavam longe de ser ortodoxas. Egas salienta, corretamente, algo que marcou de forma decisiva a natureza deste conflito: ter sido uma "guerra total", que não poupara a população civil, matando sem distinção homens, mulheres e crianças. De fato, as estimativas são horrendas: segundo Judt, terão morrido na Europa entre 1939 e 1945, de causas diretamente relacionadas com a guerra, 36,5 milhões de pessoas, das quais mais da metade civis.

Egas reconhece pois a necessidade de repovoar a Europa, mas de forma regrada, seguindo uma orientação claramente eugénica, que era, na altura, aceite sem reserva ética ou política. De fato, escrevia: "A eugenia pretende orientar a saúde e a melhoria das espécies, promovendo, por todas as formas, a seleção dos indivíduos normais, de melhores aptidões no campo intelectual e físico, sobre o que há de construir-se uma Sociedade melhor." Desta deveriam ser excluídos "os débeis, os tarados, os achacados de toda a ordem".

Insiste em distinguir a sua posição das práticas da Alemanha nazi e argumenta contra a alegada "superioridade ariana", que levou à "perseguição de outras raças, especialmente a judaica", a quem, reconhece, "a humanidade deve mais serviços do que aos que se julgaram a estirpe superior". Várias medidas propõe para concretizar esta "boa natalidade", incluindo políticas sociais (tal como hoje!) para os casais que "evitam ter filhos por motivos de falta de subsistência" e a persuasão daqueles que, podendo tê-los, os evitam, para que "auxiliem a comunidade", embora não diga de que modo isso seria possível. O fato de ele próprio não ter filhos terá tornado Egas particularmente sensível a este tópico.

Egas era homem de paixões, um fervoroso crente no progresso científico, e a longa introdução que faz nesta palestra serve sobretudo para preparar o ouvinte para o relato das práticas iniciadas na Clínica de Exeter, fundada em 1933 por Margaret Hadley Jackson, onde, além de assistência contraceptiva, se tinham introduzido técnicas de procriação medicamente assistida (note-se que isto se passava há sessenta anos), até com o recurso a dadores de sêmen! Não deixa de notar que os críticos de então, como os de agora, alegavam que o uso destas técnicas seria "um primeiro passo na aplicação da estranha e contundente fantasia de Aldous Huxley desenvolvida no seu volume *Brave the World* [sic]". No entanto, a modernidade do pensamento de Egas nesta matéria vai ainda mais longe, e ele interroga-se: "Se uma mulher solteira ou divorciada, sem descendência direta, estiver em condições físicas e materiais de ter um filho por este processo, alguém poderá com justiça negar-lhe esse tratamento fecundante?" Reconhece, contudo, que o tema é "perturbante, por atingir hábitos e costumes de há muito inalteráveis; mas é assunto que deve ser estudado com calma e serenidade, tanto mais que o ruído causado pela sua divulgação tem sido violento". Não previa ele, há sessenta anos, que o ruído se manteria. Contra Egas ergueu-se a voz do médico católico José de Paiva Boléo, com uma crítica feroz que chamava a atenção para a ligeireza com que Egas abordara o tema. De fato, Egas afirmava também que: "As ciências biológicas nada têm a ver com a moral"; e ainda: "A moral varia com as religiões, flutua ao sabor dos tempos, dos hábitos e dos preconceitos." Em relação à substância científica do discurso, não havia grande consistência.

Durante esses anos manteve-se igualmente um fiel frequentador das sessões da Academia das Ciências de Lisboa e grande parte dos escritos publicados durante esse período referem-se a conferências feitas ali. Nestas, Gago Coutinho e o matemático Mira Fernandes eram os companheiros que mais apreciava. Egas tinha um especial gosto pela matemática e contou aos sobrinhos que numa sessão da Academia em que Mira Fernandes fizera uma comunicação recheada de símbolos matemáticos que ele já não entendia se dirigiu ao ilustre acadêmico (em privado, é claro) dizendo-lhe: "Ó Mira, estas já não são p... do meu tempo."

Depreende-se também que mantinha uma vida social relativamente recatada, com exceção das suas partidas de *boston*. Recebia os colaboradores em sua casa em ocasiões especiais, como na altura da sua jubilação, em 29-11-1944, ou na recepção ao neurocirurgião sueco Herbert Olivecrona, que passou por Lisboa, onde fez uma conferência.

Tinha entrevistas frequentes com o seu advogado, Bustorff Silva, um dos mais distintos da época, e com os seus banqueiros. Sempre atento à imagem pública, mantinha-se em contato com jornalistas como Norberto de Araújo, do *Diário de Lisboa*, João Pereira da Rosa e Acúrcio Pereira, do *Século*, e Aprígio Mafra, do *Diário de Notícias*, que generosamente dão notícia da sua atividade. Igualmente eram frequentes contatos com os seus editores, particularmente Luís Montalvor, da Ática, que viria a publicar *Confidências de um investigador científico*, em 1949. Montalvor não chega a ver impressa a obra, pois morreu tragicamente em 2 de março de 1947.

Egas, nas *Confidências*, e os jornais da época dão muito realce ao Prêmio da Neurologia, que recebe em 1945, concedido pela Faculdade de Medicina de Oslo pelo seu trabalho sobre a angiografia cerebral. O prêmio valia 3.500 coroas e anteriormente só fora concedido duas vezes. Monrad Krohn, reconhecido neurologista norueguês, explicou em entrevista a um jornal de Oslo a importância da técnica. Diz ainda que Egas era "um senhor de grande imaginação", pois descobrira também um método sensacional para tratamento de certas doenças mentais. O prêmio foi entregue num almoço na legação da Noruega em 13-2-1946. Não era ainda o Nobel, mas, pelo menos geograficamente, era uma aproximação...

Em fevereiro de 1947 Egas recebe um convite do secretário da Associação Médica Americana (secção de Doenças Nervosas e Mentais) para participar como *honored guest speaker* no seu congresso. O seu estado de saúde e, sobretudo, a imprevisibilidade dos ataques de gota não permitiam que aceitasse o convite. Também por essa altura é publicado um relatório oficial referente à experiência com a leucotomia na Inglaterra e no País de Gales, que analisava os resultados em mil doentes e concluía afirmando que se observava "notável melhoria de comportamento numa larga percentagem de casos que tiveram sintomas graves com prognóstico sombrio e em que falharam todos os outros métodos de tratamento". Os resultados e o reconhecimento do autor do método causaram-lhe grande júbilo, já que no seu país a psicocirurgia estava quase esquecida e era pouco praticada.

Como afirmei, a "ligação neurocirúrgica" de Egas fora de fato sempre com o Reino Unido, assim como a ligação neurológica fora com a França. Em dezembro do ano anterior, Sir Geoffrey Jefferson, secretário da Society of British Neurological Surgeons, manifestara o interesse da sociedade inglesa de se reunir em Lisboa em abril de 1947, aproveitando a oportunidade para homenagear Egas. Lima, que era membro, logo se empenhou na organização do programa. O ministro da Educação da altura, Caeiro da Mata, manifestou imediatamente o seu apoio, subsidiando a reunião. Entretanto era necessário aprontar o serviço de neurocirurgia do Hospital Júlio de Matos, criado essencial-mente, mas não exclusivamente, para a prática da psicocirurgia. Para isso foi conseguido apoio do ministro do Interior (Augusto Cancela de Abreu), do subsecretário de Estado da Segurança Social (Trigo de Negreiros) e do ministro das Obras Públicas (J. Frederico Ulrich). As obras ficaram prontas pouco antes da reunião, o que demonstra que as relações com os ministros de Salazar eram muito mais cordiais do que com o presidente do Conselho. Também a Polícia Internacional facilitou as viagens dos congressistas de vários países.

A delegação inglesa era presidida por Sir Hugh Cairns. Grandes no-mes da neurocirurgia europeia, como Sjöqvist, da Suécia, e Krayenbühl, de Zurique, ou William Feindel, um dos precursores da cirurgia de epilepsia, do Canadá, estiveram presentes. Houve demonstrações ci-rúrgicas e organizou-se uma exposição de angiografias. Egas recebe em sessão solene o título de Emeritus Member da sociedade inglesa, honra que já fora concedida a Cushing e Foerster, bem como aos nobelizados Sherrington, Keith e Adrian, conforme assinalou Cairns nessa sessão. Nas *Confidências*, Egas dá notícia pormenorizada do programa social e científico, que era de fato de excelente qualidade. Na sequência da sessão, Egas foi eleito em maio desse ano membro honorário da Royal Medico-Psychological Association.

Embora já não com o vigor dos anos passados, Egas continua a entregar-se a atividades que classificava como "literárias". Em 20-11-1947, em comunicação à Academia de Ciências, que publica depois na *Medicina Contemporânea*, traça uma biografia do abade de Baçal, Francisco Manuel Alves, que falecera pouco tempo antes, uma das figuras mais extraordinárias da arqueologia e da história portuguesas. O interesse do abade fora sempre a sua província de Trás-os-Montes. Pároco de uma vila de seiscentos habitantes, era um homem simples e de espantosa erudição, que "até tarde podou as suas videiras" e vivia "iluminado nas escabrosas montanhas brigantinas. Sempre em busca da verdade nas inscrições e nos bolorentos manuscritos dos arquivos".

Em 14-10-1949, uns dias antes de receber a notícia da atribuição do Nobel, Egas faz uma conferência na Associação dos Jornalistas e Homens de Letras do Porto, de que era sócio honorário, como prelúdio às comemorações do centenário de Guerra Junqueiro, que conhecera bem. Aproveitou a ocasião para falar de outros escritores portugueses, como Júlio Dinis, Garrett e Ricardo Jorge. Egas diz que conhecera Junqueiro "na política e no consultório". Rejeita as críticas que se fizeram à obra de Junqueiro *A morte de D. João*, acusada de conter "descrições lúbricas", dizendo que em Coimbra todos sabiam de cor "tiradas do D. João". Defende com igual vigor *A velhice do padre eterno* e reconhece na *Pátria* uma "profissão de fé republicana".

É também em 1949 que vem a lume *Confidências de um Investigador científico*, livro editado primorosamente pela Ática e acabado de imprimir em janeiro desse ano. Uma reedição fac-similada recente da Câmara Municipal de Estarreja contém um fragmento que a censura cortou na página 488. Referia-se à "demissão ou aposentação forçada" dos professores da Faculdade de Medicina de Lisboa Celestino da Costa, Pulido Valente, Fernando da Fonseca, Cândido de Oliveira, Adelino Costa, Cascão de Anciães e do assistente Dias Amado. Egas diz que tinham sido destituídos "dos melhores valores" da escola. Deste grupo, Egas era particularmente próximo de Celestino, que foi depois reintegrado. Em relação às "pesquisas científicas a que se entregaram", diz que dão conta os "livros e revistas em que alguns desses professores deixaram o resultado do labor". O "alguns" é significativo. Egas não esquecia e não perdoava os seus opositores. Neste grupo infamemente afastado estavam Pulido e os seus colaboradores mais próximos.

13. Finalmente o Nobel

Embora, não só nas *Confidências*, mas também em numerosos depoimentos sobre a importância das suas duas contribuições, Egas tente aparentar sempre uma desprendida modéstia quanto ao mérito do seu trabalho, a verdade é que, pouco tempo após a invenção da angiografia, começou a trabalhar na sua candidatura ao Prêmio Nobel, objetivo que perseguiu durante vinte anos.[179] Para tal, como vimos, contou com o apoio dos seus discípulos, sobretudo Lima, de um grupo restrito de colegas da Faculdade de Medicina de Lisboa e do quase vitalício presidente da Academia das Ciências de Lisboa, Júlio Dantas, com quem manteve toda a vida relações de amizade, bem documentadas em abundante correspondência, numa troca contínua de elogios mútuos num estilo de insuperável elegância palaciana.

A primeira candidatura submetida ao Comitê Nobel foi subscrita por Azevedo Neves, em carta de 7-1-1928, e por Pedro António Bettencourt Raposo.[180] Azevedo Neves, que fora companheiro de Egas nas lides políticas e era então diretor da Faculdade de Medicina, chamava a atenção

---

[179]Egas guardava, desde 1928, recortes dos jornais com o anúncio dos galardoados com o Nobel. Deve-se a Manuel Correia um importante estudo sobre a história do prêmio.

[180]Pedro António Bettencourt Raposo licenciou-se em Lisboa em 1876. Foi cirurgião dos Hospitais Civis e sucedeu a Sousa Martins na cadeira de patologia geral e semiologia. Foi ministro do Reino em 1895. Durante largos anos foi secretário da Faculdade de Medicina de Lisboa.

para o fato de a "encefalografia arterial" — Raposo chama-lhe "radio-arteriografia cerebral" — representar uma nova e importante aquisição para a ciência médica, pois permitia visualizar a rede arterial e assim localizar tumores cerebrais e aneurismas. Segundo Azevedo Neves, Egas demonstrara, com os seus primeiros resultados (dois casos!), o valor da prova e, acrescentava, "les découvertes que nous avons signalées et dont l'importance médicale ne saurait échapper, suffisent amplement à justifier la proposition que j'ai l'honneur de faire".[181] De fato, esta candidatura, sustentada por uma experiência tão reduzida, era de um surpreendente atrevimento. Egas tinha até então publicado apenas 23 artigos sobre o tópico, escritos em português e francês.

O parecer, naturalmente negativo, foi emitido por Hans Christian Jacobaeus (1879-1937), professor de medicina do Instituto Karolinska, em Estocolmo, entre 1925 e 1937 e presidente do Comitê Nobel. Jacobaeus fora um pioneiro da toracoscopia e da laparoscopia, técnicas que permitem espreitar, através de tubos apropriados, o interior das cavidades do corpo, e fora o primeiro a usar a injeção de ar por punção lombar no diagnóstico dos tumores da medula espinhal em 1909. Publicara os seus resultados em 1921, no mesmo ano em que Sicard primeiro usou o contraste oleoso com igual propósito. Estava portanto familiarizado com as técnicas de imagem no diagnóstico neurológico. Jacobaeus, embora reconhecendo o grande interesse da técnica de Egas, argumentava ser muito difícil verificar se o método era tão inócuo como o autor afirmava com base em tão poucos casos, o que, compreensivelmente, também não permitia avaliar a sua verdadeira utilidade.

Numa carta publicada no *Diário de Lisboa* em novembro de 1930, F. Santos Tavares, ao tempo ministro plenipotenciário em Haia, a propósito de um artigo do jornal sobre "por que não veio ainda o Prêmio Nobel para Portugal", afirma que Egas "teria ido às finais (perdoe-se-me a expressão)". Diz ainda que o professor Jacobaeus lhe afirmara que,

---

[181]"As descobertas que referimos e cuja importância é ineludível bastam para justificar amplamente a proposta que tenho a honra de fazer."

se "o êxito afirmado em Portugal se mantém, o descobrimento do Dr. Moniz considerar-se-á o mais notável do nosso tempo".

Poucos anos depois, os portugueses voltam a propor a candidatura. Desta vez foi Lopo de Carvalho (carta de 23-12-1932), colaborador e amigo de Egas, que em 1956 viria a ocupar na Academia das Ciências a cadeira que pertencera a este, e Jaime Salazar de Sousa, na altura presidente da Sociedade das Ciências Médicas de Lisboa. Lopo de Carvalho envia mesmo uma lista dos artigos de Egas publicados depois do aparecimento do livro da Masson em 1931, e que incluía 25 títulos. Desta vez o relatório de Jacobaeus (agosto de 1933) é muito mais elaborado. Nele faz uma descrição pormenorizada da história das técnicas imagiológicas aplicadas ao sistema nervoso, incluindo a "mielografia" de Sicard e Forestier e a "ventriculografia" de Dandy, e uma análise extensa da "encefalografia arterial". Não deixa de citar — o que certamente teria enfurecido Egas se, ao tempo, tivesse tido acesso ao documento — a importância da contribuição de Löhr e Jacobi, que, segundo ele, tinham desenvolvido na Alemanha, ao mesmo tempo que Egas, a angiografia com o torotraste, o que teria sido decisivo para a expansão da técnica, pois o iodeto de sódio que Egas usava como meio de contraste tinha consequências nocivas, tendo havido mesmo dois casos mortais em cerca de 350 registrados até então. Diga-se em abono da verdade que se trata de uma taxa surpreendentemente baixa, dada a situação clínica dos doentes de então, e muito inferior à da ventriculografia de Dandy. O relatório menciona igualmente a importância da técnica para o estudo da fisiologia da circulação cerebral e a sua aplicação na aortografia em 1929, por Reinaldo dos Santos, e na visualização da circulação pulmonar, técnica desenvolvida, como vimos, em colaboração com Lima e Lopo de Carvalho, autor da proposta. Conclui que a técnica tinha indiscutível mérito e originalidade, mas que a ventriculografia era de maior utilidade. Neste contexto, parecia-lhe que, a ser concedido o prêmio, este deveria ser partilhado com Dandy, que aliás viria a ser proposto, sem êxito, em 1934 e 1936. No entanto, como Dandy não era candidato em 1933, não podia considerar essa hipótese. Assim, entendia que teria de deixar a eventual concessão para avaliação futura, mas que o trabalho de Egas deveria ser seguido com atenção, e que este poderia ser de novo considerado seriamente para essa distinção. Menciona também que o método já tinha sido usado por Olivecrona, o famoso neurocirurgião de Estocolmo. Este escreve também um parecer em agosto desse ano, e acha igualmente que o método deveria ser mais bem avaliado e, a ser atribuído o prêmio, este deveria ser dividido com Dandy.

Em 1937 segue nova proposta, subscrita por Moreira Júnior, outro companheiro da política e membro da Academia das Ciências, e, de novo, por Azevedo Neves. A proposta de Moreira Júnior, aliás muito bem elaborada, cobre, pela primeira vez, as duas contribuições de Egas, com particular ênfase na leucotomia, dizendo que em 1935 Egas tinha iniciado "une nouvelle orientation, en faisant une très développée étude sur les fonctions des lobes préfrontaux".[182] E afirmava: "En mettant en jeu les phénomènes organiques en liaison avec les manifestations psychiques, il a créé une théorie organiciste sur l'activité mentale qui l'a conduit à faire des tentatives opératoires pour obtenir la guérison de certaines psychoses, tentatives suivies de résultats encourageants."[183] Tinha já operado 49 casos: "Aucun décès, aucun ennui",[184] conclui numa apreciação decerto excessivamente otimista da intervenção. No entanto, a estratégia de combinar na sua proposta as duas invenções não terá sido a mais acertada.

Sobre esta candidatura pronunciou-se, de novo, Herbert Olivecrona, que, no entanto, não se refere à leucotomia. Em parecer de 12-8-1937, menciona o relatório anterior e a avaliação de Jacobaeus e reconhece a importância da visualização das veias cerebrais e a observação dos aspectos angiográficos dos diferentes tipos de tumores cerebrais. Refere ainda a sua própria experiência com a técnica. Continua a insistir, no entanto, que para o diagnóstico da localização a angiografia era inferior à ventriculografia, e que esta teria maior utilidade prática, o que já então

---

[182]"Uma nova orientação, fazendo um estudo muito desenvolvido sobre as funções dos lobos pré-frontais."

[183]"Pondo em jogo os fenômenos orgânicos em ligação com as manifestações psíquicas, criou uma teoria organicista da atividade mental que o levou a fazer tentativas operatórias para obter a cura de certas psicoses, tentativas seguidas de resultados encorajadores."

[184]"Nenhuma morte, nenhum inconveniente."

era difícil de sustentar. Note-se que Olivecrona tinha sido também o relator da candidatura de Dandy em 1936.

A quarta candidatura surge em 1944 por proposta de Walter Freeman, desta vez salientando a importância da psicocirurgia, argumentando que era difícil subestimar o profundo efeito que tivera sobre a saúde, a felicidade e a paz de espírito de milhares e milhares de indivíduos torturados pela doença mental. A avaliação foi feita, desta vez, por um psiquiatra, Erik Essen-Möller, em relatório de 29-8-1944, baseado em grande parte nas monografias de Egas e de Freeman e Watts. Embora aceitando que a técnica poderia ter vantagem em relação a outras formas de tratamento psiquiátrico, tinha também inconvenientes e consequências desfavoráveis. Assim, parecia-lhe necessária uma melhor comprovação dos resultados, não podendo por isso recomendar que o prêmio fosse concedido a Moniz.

Em 4-2-1946 Egas escrevia a Freeman: "I have hesitated to beg of you a special favor because I have no authority to do so. But as you made references in your letter to 'false modesty', I take courage to explain my wish to you [...]. If (the) request is not reasonable, forget it, and I shall continue to be on good terms with you and this explanation will be as non existent [...]. My audacity is very inconvenient, but this prize could be a kind and useful conclusion for my life."[185] Egas, como apontei já, não sofria de "falsa modéstia"; sofria sim, e muito mais, de "falsa imodéstia". Também diz, com incompreensível bajulação, que, vindo a nomeação de Freeman, esta seria tão valiosa como o próprio prêmio. Este seria o esforço derradeiro para conseguir o galardão.

Por seu lado, Júlio Dantas movia igualmente influências.[186] Em carta a Egas de 23-9-1946, Dantas fala dos contatos que mantivera

---

[185] "Hesitei em pedir-lhe um favor especial por não ter autoridade para fazê-lo. Mas como se refere na sua carta a 'falsa modéstia', ganhei coragem para lhe falar do meu desejo [...]. Se o pedido não lhe parecer razoável, esqueça-o e continuaremos de boas relações e esta explicação será como se nunca tivesse acontecido [...]. A minha audácia é muito inconveniente, mas este prêmio poderia constituir uma conclusão agradável e útil para a minha vida."

[186] Em 1951 é a vez de Egas retribuir, propondo à Academia sueca o nome de Dantas para o Prêmio Nobel da Literatura. Embora aquele desminta a esperança de ser galardoado, em 25-10-1951 escreve a Egas: "Já me pediram de lá autorização para publicar uma antologia da minha obra e para representar em sueco o *Outono em flor*."

com Rodrigo Aires. Encarregado de Negócios em Estocolmo, estava devotado a uma causa "que muito interessa o meu espírito e o meu coração: a concessão do Prêmio Nobel ao meu querido Egas". O acadêmico dizia que os suecos não "gostavam politicamente de nós", e Aires apontava a necessidade de "publicar aqui um artigo sobre a Suécia que seria transcrito nos jornais de lá, de modo a criar ambiente de cordialidade sempre necessário nestas circunstâncias". Em 20-1-1949 Dantas escreve ao presidente da Academia das Ciências da Suécia na sua qualidade de presidente da Academia das Ciências de Lisboa, comunicando-lhe que a Academia decidira por unanimidade apoiar a candidatura de Egas. Esta era fundamentada pela deliberação unânime do Congresso de Psicocirurgia de 1948, salientando o apoio dos médicos suecos que tinham estado presentes. Conclui: "Julgo que tão relevantes descobertas merecem a gratidão da Humanidade." O Prêmio Nobel constituiria "a mais elevada expressão desse sentimento coletivo". A mensagem foi entregue pelo professor Moses Bensabat Amzalak, reitor da Universidade Técnica, ao tempo vice-presidente da Classe de Letras da Academia.

Em 1948-9 é apresentada nova candidatura, desta vez com muito mais consistência, já que nessa altura a técnica fora adotada em centros neurocirúrgicos mundiais de prestígio e era praticada por neurocirurgiões de nomeada. Em Portugal, Celestino da Costa, Barahona Fernandes, Castro Freire, Maia Loureiro e António Flores, e também Edward Bush, famoso neurocirurgião dinamarquês, empenharam-se nesse propósito. António Flores escrevia à Academia em 8-1-1946, destacando em capítulos separados a angiografia e a leucotomia, e concluía: "Par ses deux conceptions fécondes [...] [il] a ouvert de nouvelles voies à la physiologie et à la médecine, a contribué largement au progrès de la Science et au bienfait de l'humanité."[187] Objetivamente, as duas contribuições de Egas eram completamente distintas na sua natureza: uma era diagnóstica e

---

[187]"Pelas suas concepções fecundas [...] (ele) abriu novos caminhos à fisiologia e à medicina e contribuiu largamente para o progresso da ciência e o bem-estar da humanidade."

FINALMENTE O NOBEL

outra terapêutica. Um certo orgulho patriótico não turvara a visão de Flores, pois, efetivamente, qualquer delas seria "nobelizável", ou seja, Egas teria merecido dois prêmios.[188]

No entanto, foi, como referi, o Congresso de Psicocirurgia realizado em Lisboa que deu maior visibilidade ao procedimento, e a sugestão do Nobel, que partiu da delegação brasileira, colheu apoio unânime das delegações presentes. O contributo dos psiquiatras brasileiros foi, de fato, muito importante. Em 8-9-1948, Aloísio de Castro,[189] presidente da Academia Nacional de Medicina do Brasil, escreve a Egas dizendo que ia convencer os "paulistas" a promover a candidatura. Em 1-12-1948 escreve novamente a comunicar-lhe que conseguira fazer passar por unanimidade uma proposta nesse sentido. Em carta de 22-2-1949, confirma que Pacheco e Silva lhe comunicara que tomara todas as providências para a candidatura e que ele próprio fora à delegação da Suécia entregar os documentos.

A delegação brasileira ao Congresso de Psicocirurgia era constituída por Pacheco e Silva, que presidia, Mattos Pimenta, Mário Yahn, Aníbal Silveira, Hélio Simões, António Carlos Barreto e Paulino Longo. Na sua proposta lia-se: "Considerando os inestimáveis serviços prestados à ciência e Humanidade pelas duas notáveis descobertas do Prof. Egas Moniz [...]" sugeriam "às associações acadêmicas dos diversos países que compareceram à conferência de Lisboa a apresentação do nome do insigne científico português como digno por todos os títulos à candidatura ao Prêmio Nobel da Medicina". Segue depois uma "justificativa" que não resiste a estabelecer a histórica e cansada comparação a que já recorrera Babinski no seu prefácio: "Alienistas, neurologistas e neurocirurgiões de todas as partes do mundo [...] são unânimes em proclamar e enaltecer os grandes méritos e o valor das descobertas do eminente sábio

---

[188]Na área das ciências houve três cientistas que receberam o prêmio duas vezes: Marie Curie (1903, 1911), John Barden (1956, 1972) e Frederik Sanger (1958, 1980). Linus Pauling recebeu o prêmio da Química em 1954 e o da Paz em 1962.

[189]Aloísio de Castro fora também o promotor da candidatura de Egas para a Academia Brasileira de Letras em 1941, para a vaga de Leite de Vasconcelos, disputa que Egas perdeu para Joaquim Leitão, secretário da Academia das Ciências de Lisboa. Egas entraria mais tarde, na vaga de Carlos Malheiro Dias.

português, cujas conquistas no terreno de ciência hão-de permanecer imperecíveis, como eterna será a glória dos navegadores portugueses que realizaram no mundo as maiores conquistas e as mais notáveis descobertas." Em 26-12-1948, Egas, sempre diplomata, escreve a Pacheco e Silva agradecendo e dizendo que "mesmo que se não efetive o bom desejo dos meus queridos amigos, sinto-me já suficientemente honrado muito além dos meus méritos".

Finalmente, em 27 de outubro de 1949, chega à casa de Egas o seguinte telegrama, assinado por Hilding Bergstrand, "Recteur de l'Institut Carolin": "Le Collège des Professeurs de l'Institut Carolin a décidé d'attribuer le Prix Nobel de Physiologie et de Médecine en 1949 moitié à vous pour votre découverte de la valeur thérapeutique de la leucotomie préfrontale chez certaines psychoses." A outra metade fora atribuída a um fisiologista de Zurique, Rudolf Hess. A cada um couberam cerca de 400 contos. A perseguição incansável do galardão máximo da ciência médica tinha finalmente resultado, graças ao apoio de amigos, colegas e admiradores da obra de Egas, mas sobretudo à porfiada ambição deste de que o seu trabalho tivesse o reconhecimento que achava merecido.

Para a concessão do prêmio foi decisivo o parecer de Olivecrona de 3-9-1949. Começa por afirmar que a angiografia cerebral que fora descoberta e em grande parte desenvolvida por Egas constituíra uma contribuição científica significativa, usada diariamente em grande número de clínicas em todo o mundo e tornada um método diagnóstico praticamente indispensável.[190] Afirma ainda que desde 1944 a leucotomia se tornara um método cirúrgico padronizado com "um vasto campo de aplicação". A literatura sobre a técnica, os resultados apresentados no congresso de Lisboa, os estudos do Board of Control for England and Wales de 1947 e do Connecticut Lobotomy Committee de 1948 tinham comprovado o seu interesse. Para ele, tratava-se pois de "uma contribuição de um significado prático excepcionalmente grande e de

---

[190]Por esta altura a ventriculografia era usada apenas no diagnóstico de certos tumores. A invenção da tomografia axial computorizada e mais tarde da ressonância magnética relegou-a para um lugar secundário nas técnicas de diagnóstico radiológico.

interesse teórico significativo", razão pela qual estavam preenchidos os requisitos estatutários do prêmio. Não era tradição do Instituto Karolinska consagrar num prêmio único duas descobertas de um mesmo investigador e a Academia optou pela psicocirurgia. Note-se, contudo, que quer os inventores da tomografia axial computadorizada quer os da ressonância magnética foram galardoados com o prêmio, pelo que não chocaria que Egas o tivesse recebido pela angiografia.

O *Diário de Notícias* de Augusto de Castro, de 28-10-1949, dá notícia do prêmio na primeira página, aliás quase totalmente ocupada com o regresso do Generalíssimo Franco a Madrid, depois de uma visita a Portugal, a primeira vez que o *Caudillo* se deslocara ao estrangeiro. O jornal afirma que a "importância e significado do acontecimento pode avaliar-se ainda pela incessante romaria de correspondentes e cronistas em Lisboa dos mais importantes diários europeus". O *Diário de Lisboa*, de Joaquim Manso, ignora Franco, mas destaca igualmente a queda de um avião da Air France em que morreu o famoso pugilista francês Marcel Cerdan. A notícia do Nobel é redigida por Pedro Almeida Lima, que explica bem a importância dos descobrimentos de Egas.

A imprensa internacional deu igualmente compreensível relevo ao galardão, e quase todos os jornais mencionaram que Egas tinha sido ministro dos Negócios Estrangeiros. Ao *Herald Tribune*, em 28-10-1949, Egas não resiste a afirmar a sua "modéstia": "Na minha idade já não sou vaidoso. Mas estou muito satisfeito por a Ciência portuguesa ser assim distinguida. A minha descoberta da psiconeurologia [sic] é tão importante para mim como o próprio prêmio." Apenas *Le Matin*, em notícia de 29-10-1949, exprime reserva em relação a "esta operação que transformou o homem em robô". Referia-se a um artigo publicado algum tempo antes dizendo "quelle arme d'oppression terrible pourrait être la leucotomie, pratiquée par un gouvernement qui déciderait réduire à l'état d'esclaves agissants, mais sans volonté, une partie de ses assujettis".[191] Este risco seria apontado com fervor cinquenta anos depois pelos críticos da leucotomia.

---

[191]"Que arma de opressão terrível poderia ser a leucotomia, praticada por um governo que decidisse reduzir ao estado de escravos ativos, mas sem vontade, uma parte dos seus súbditos."

Os prêmios desse ano foram entregues em Estocolmo em 10-12-1949. A saúde de Egas não permitia a viagem e por isso nesse dia ele ofereceu aos colaboradores e amigos uma recepção em sua casa. Salazar enviou um cartão de cumprimentos. Na ocasião, Egas leu o discurso seguinte, dirigindo-se ao ministro da Suécia:

> Excelência: Era hoje que devia estar em Estocolmo para receber o prêmio que me foi concedido pelo Colégio Carolino. Infelizmente, devido à falta de saúde — já não falo da minha idade — sinto imenso não poder ter tido a grande honra de aceitar das mãos de Sua Majestade o Rei da Suécia o prêmio Nobel. Nestas condições tomei a decisão de arranjar uma compensação, trazendo à minha casa a Suécia, representada por Sua Excelência o Sr. Ministro e Madame Weidel. A sua bondosa aquiescência ao meu convite traz aqui a atmosfera do seu país e das recepções realizadas em Estocolmo em honra dos que atingem o apogeu no mundo científico.
>
> A distribuição do prêmio Nobel em Estocolmo é uma festa única no mundo. O Rei, a Família Real, o governo, a Faculdade de Medicina, a universidade inteira acorrem à cerimônia. Na sobriedade daquela notável sessão, é o Chefe de Estado que realça o valor do prêmio, dando aos eleitos os seus diplomas. Não se trata, entretanto, duma festa sueca, é uma solenidade internacional de grande repercussão.
>
> Aqui, neste pequeno canto de Portugal, onde a grande distinção chegou pela primeira vez, quis mostrar a V. Exa a gratidão dos médicos portugueses, reunindo aqui todos os que trabalham no setor que me levou ao Prêmio Nobel. A grande maioria dos que hoje aqui vieram são pessoas que se dedicam à medicina e entre elas a maior parte é de neurologistas e psiquiatras que se ocupam mais ou menos da leucotomia pré-frontal que foi realçada em Estocolmo.
>
> O nosso eminente Presidente da Academia das Ciências de Lisboa, o Sr. Dr. Júlio Dantas, quis dar-me a honra de assistir a este jantar. É, como V. Exa. muito bem sabe, um notável escritor, um grande poeta e um dramaturgo de renome mundial. É um brilhante diplomata especializado em assuntos culturais. Mas é também um médico e desse título se orgulha sem que a ele se refira.

FINALMENTE O NOBEL

Os médicos dos hospitais de Santa Marta, Júlio de Matos e Miguel Bombarda estão aqui largamente representados. Seguem todos a escola da angiografia cerebral e da leucotomia pré-frontal.

Os atuais chefes desta escola, professor António Flores, meu sucessor na cadeira de neurologia, e o professor Almeida Lima, no Hospital Santa Marta, o professor Barahona Fernandes e os seus numerosos e excelentes colaboradores no Hospital Júlio de Matos e o Dr. Almeida Amaral no Hospital Bombarda, com os seus assistentes, seguem a boa orientação de procurar alcançar fatos novos a bem da ciência e da humanidade.

Há também nos arredores de Lisboa dois grandes asilos particulares dirigidos, um pelos Drs. Pedro Polónio e Miller Guerra, outro pelo Dr. Almeida Amaral e professor Almeida Lima que trabalham igualmente no mesmo sentido, tendo constituído uma população de enfermos que se aproxima de dois mil. A continuação da obra que a Faculdade de Medicina de Estocolmo pronunciou está pois bem assegurada.

Excelência! Todos estes neurologistas e psiquiatras estão aqui reunidos para saudar a Suécia, o vosso venerando Rei Gustavo V e a vós, Sr. Ministro, e a Madame Weidel.

A cerimônia de entrega ocorreu em 3 de janeiro de 1950, com a presença do ministro da Suécia em Portugal, Gustaf Weidel. As fotografias dessa época mostram Egas muito envelhecido e fatigado. Na ocasião, Júlio Dantas enviou uma mensagem em que concluía no seu melhor estilo: "Não são os sábios que criam as pátrias, mas são eles que as tornam imortais."

O senado da Universidade de Lisboa saúda-o em 24-11-1949 e igualmente os professores e assistentes da Faculdade de Medicina lhe enviam uma mensagem em que se lia "não dispôs V. Exa. dos recursos materiais que poderiam ter facilitado os seus trabalhos". Nessa altura já se tinham calado os seus opositores.

Em Portugal, a comemoração de maior significado terá sido, porventura, a sessão promovida por 26 sociedades científicas e jornais médicos em 17 de fevereiro do ano seguinte, presidida por Henrique de Vilhena, na sua qualidade de presidente da Sociedade das Ciências Médicas de

Lisboa. Vilhena sentiu-se ofendido por a sessão não ocorrer no edifício da sociedade, pois nunca, em qualquer circunstância, a Sociedade saíra de sua casa. Tinham surgido vários alvitres, entre os quais a Casa das Beiras — respeitando a origem do nobelizado — ou até um teatro! Por fim escolheu-se a Faculdade de Medicina de Lisboa. Vilhena, embora presidindo à sessão, renunciou ao cargo, dizendo explicitamente que não era já presidente. Amuado, no seu discurso, conseguiu não falar de Egas mas sim "dos nossos antepassados que foram fazendo gloriosamente a medicina portuguesa" e vai percorrendo os séculos, de Frei Gil de Santarém (século XII) a Jacob de Castro Sarmento (século XVIII). Dedica, já no final do discurso, um extenso parágrafo a Cruz Sobral, que se sacrificara pelos "tíficos de Manteigas", e a Câmara Pestana, que fora vítima da peste bubônica, "dois santos da medicina e, com eles, a Medicina portuguesa adquiriu os títulos duma glória sagrada!". Quanto a Egas, às suas invenções e ao Nobel, nem uma palavra! A Emissora Nacional transmitiu aos ouvintes a informação, errada, de que a homenagem era da Faculdade de Medicina. Enfim, uma trapalhada com intrigas e invejas queirosianas.

Na sessão foram ainda oradores os diretores da Faculdade de Medicina do Porto, Almeida Garrett; de Coimbra, Novais e Sousa; o presidente da Sociedade Portuguesa de Radiologia, Ayres Sousa; e, naturalmente, Lima. O discurso de Lima, ressumando ressentimento, é curioso, porque pretende incitar Egas a continuar a "luta", dizendo "os amigos dedicados não faltarão, e virão apressados também... os adversários fiéis". Na resposta, Egas não deixa de se dirigir a Lima como o "companheiro de todas as vicissitudes dos nossos trabalhos". Com ele fizera toda a parte experimental da angiografia, com ele colaborara na apreciação dos filmes, finalmente fora ele que fizera a primeira leucotomia pré-frontal e as que se seguiram. Conclui ao seu estilo: "Não há couraça que resista aos projéteis laudatórios dos colegas amigos." E ainda: "Não há maior prazer espiritual do que alcançar um fato novo para a ciência! Satisfação íntima que compensa todas as canseiras, porque eleva a atividade do cérebro à comunhão dos deuses."

Em 29-4-1950 Egas regressa a Coimbra para ser homenageado pela Associação Acadêmica. Faz uma conferência que depois publica com o título "Coimbra, nobre cidade". A cerimônia ocorreu na Sala dos Capelos e na ocasião Egas apresentou-se de capa e batina, pormenor que o reitor não deixou de apontar. É saudado pelo presidente da Academia, como "voz da inteligência dos estudantes de Coimbra", dizendo ainda que mais tarde falaria a "voz do coração", ou seja, as guitarras, que, segundo ele, Egas jamais deixara de amar. Egas, na introdução, diz que pretendia "render [...] homenagem à velha universidade" onde se formara. Solicita ao reitor, Maximino Correia, que o considere "aluno perpétuo". Distingue os seus mestres Basílio Freire, João Jacinto, Daniel de Matos, Sousa Refóios e, sobretudo, Augusto Rocha, que o lançara na neurologia. Quanto à conferência, o discurso parece puramente protocolar, excessivamente seco, sem qualquer *vibrato* emocional. Começa aliás por afirmar, e isto sempre foi ponto sensível, que D. Dinis fundara em 1290 a Universidade de Lisboa, mesmo antes de o papa Nicolau IV o autorizar, e que só mais tarde ela se transferira para Coimbra. Disserta sobre a história, a reforma pombalina, evoca Luís António Verney e Ribeiro Sanches, homenageia poetas, declamando Camões, João de Deus, António Nobre, Junqueiro e Eugénio de Castro, mas nada diz sobre ciência. Nota, contudo, que "há [nesse] momento um sopro vivificador a favor da investigação científica em Portugal", algo que negaria mais tarde em carta a Freeman, como vimos. A conclusão é ambígua: "Aqui respira-se a atmosfera da cultura nas suas variadas formas. Com algumas deficiências, mas com campo para grandes ascensões." Encerrou a sessão o reitor Maximino Correia, que não deixa de recordar que fora ali que Egas fizera a sua "formação científica e profissional", dizendo não saber (embora soubesse...) se "solicitações da vida, ou ambições de espírito insatisfeito" o teriam levado para Lisboa. A Associação Acadêmica nomeia-o sócio honorário nº 1 e a Tuna Acadêmica descerra o retrato do seu antigo presidente.

Por toda a parte explodem homenagens, chovem mensagens, da Associação da Voz do Operário à Sociedade de Instrução de Campo de Ourique e a uma associação de coletividades que incluía grupos como

Os Bairristas do Formigueiro, o Grupo Recreativo 7 e 6 = 13 e os Compinchas do Porto. Quem o saudou também foram os presos políticos da Fortaleza de Peniche, em junho de 1950, falando igualmente em nome de outros presos, do Tarrafal, do Aljube e de Caxias, saudando o "homem, sábio, humanista, democrata e antifascista firme e intransigente perante um governo opressor". Egas teria apreciado a saudação.

14. A consagração tranquila

Com a concessão do Prêmio Nobel, dir-se-ia que para Egas chegara ao fim a caminhada de uma vida do modo que ele sempre aspirara, desde que em 1927 obtivera a primeira imagem da circulação cerebral. A sua atividade clínica era então mais limitada, e o que escrevia já pouco tinha de original do ponto de vista científico. Dedicava-se sobretudo a breves ensaios sobre figuras da ciência que admirava, além de escritores e pintores que apreciava. Em 1950 dá à estampa *A nossa casa*, a que me referi extensamente logo no início desta narrativa. A última etapa de uma vida longa e muito aventurosa era a da consagração tranquila, embora a gota continuasse implacavelmente a atacá-lo. Em carta à sua sobrinha-neta Rosarinho Macieira Coelho, de 21-8-1951, dizia: "Escrevo-te a custo, pois a gota, além de me mortificar o pé também me assaltou a mão direita com a sua garra impiedosa. Felizmente vou melhor do estado geral e local, mas seguem as dores e tenho dificuldade em andar."

Em 1950 presta homenagem a Silva Porto, a Abel Salazar, ao poeta João de Deus e a Júlio Dantas. Quanto ao primeiro, Egas volta à Sociedade de Belas-Artes de Lisboa, onde estivera décadas antes dissertando sobre os pintores da loucura, desta vez a pedido de Falcão Trigoso, na ocasião das comemorações do centenário de Silva Porto. É uma análise muito elementar da obra de um grande pintor naturalista, porventura, segundo ele, o nosso maior, o criador da representação pictórica da "paisagem em Portugal", e que fora o mestre de José Malhoa, que, aliás, nunca saiu de Portugal. Também se debruça sobre Abel Salazar — para cujo museu contribui financeiramente —, em carta enviada na altura de uma homenagem que foi feita em janeiro desse ano. É interessante como aqui não conteve um assomo de objetividade crítica, dizendo que faltara a Salazar "uma orientação perfeita na distribuição das suas atividades". Acrescenta que teria marcado "uma época com obra colossal se quisesse dedicar mais tempo num dos setores das suas variadas fulgurações". Abel Salazar foi um investigador imaginativo, cuja carreira foi coarctada não só pelo governo do Estado Novo, mas também, diga-se em abono da verdade, pelos próprios colegas da Faculdade de Medicina do Porto. Foi também desenhador compulsivo e pintor de talento, mas Egas é certeiro quando aponta o fato de ter ficado, de certo modo, aquém do que as suas extraordinárias capacidades prometiam.

A evocação de João de Deus trouxe-lhe à memória a primeira viagem que fizera a Lisboa, ainda estudante em Coimbra, cuja academia se associou à homenagem ao poeta mais popular do seu tempo. No Teatro Avenida a academia de Lisboa recebeu os estudantes de Coimbra e Egas estreou-se nesse dia no meio dos "palradores portugueses".

Na sessão de homenagem a Júlio Dantas em 4-3-1950, que celebrava o percurso do homem público que de algum modo encarnou uma certa *intelligentsia* do regime, escritor de mérito e presidente quase *ad vitam* da Academia das Ciências de Lisboa, Egas passa em revista as primeiras obras dramáticas de Dantas, reconhecendo sobretudo a extraordinária precocidade do seu talento. De fato, Dantas estreara-se em 1899, tinha então 21 anos e era aluno do 5º ano médico, com a peça *O que morreu de amor*, e, em rápida sucessão, escreve várias outras, entre as quais *A severa*, a história dos amores da fadista que nascera "com o sol no fundo dos olhos e a alma na ponta dos dedos a afiar o calão e a navalha", e a famosa *A ceia dos cardeais*, um clássico da dramaturgia lusa, que se estreou em março de 1902. Curiosamente, o tema da tese de licenciatura de Dantas, "Pintores e poetas de Rilhafoles" — o antecessor do Hospital Miguel Bombarda —, aliás um estudo muito interessante, seria retomado na conferência de Egas "Os pintores da loucura", de 1930. A correspondência, abundante, entre os dois acadêmicos continua ininterrupta até o fim da vida de Egas. Em 2-7-1950, Dantas, agradecendo o livro que o outro lhe oferecera, escreve que este ficará guardado no melhor lugar da "estante dos amigos", "que é pequena, porque os verdadeiros amigos não são muitos". Os dois, como já referi, formavam uma exemplar sociedade de elogio mútuo. Dantas escrevia, por exemplo: "singular condão do gênio — que torna claro e simples tudo aquilo que toca" (abril de 1952) e "a glória cansa — é preciso coragem para a suportar" (setembro de 1953).

Em janeiro de 1950 é criado por despacho do secretário do Instituto para a Alta Cultura o Centro de Estudos Egas Moniz, cujos objetivos eram, "além de estudo da neurologia e psiquiatria [...] as investigações no domínio da neurologia iniciadas por aquele professor". Note-se, mais uma vez, que, apesar dos comentários ácidos de Egas, o governo de Salazar o tratou com muito mais respeito do que a vários outros cientistas ilustres. O centro ficou instalado no Hospital Júlio de Matos, tinha orientação e direção técnica da Faculdade de Medicina de Lisboa e estava apenso às cadeiras de neurologia e psiquiatria. Egas era o presidente, Lima o vice-presidente, e da direção faziam parte ainda António Flores, Barahona Fernandes e Almeida Amaral. Já depois da morte de Egas transfere-se, em 1957, para o Hospital de Santa Maria, recebe generoso apoio da Fundação Gulbenkian,[192] que tinha então pouco mais de um ano de existência, e cria vários laboratórios, uma biblioteca — que é ainda a melhor do país na área das neurociências — e um pequeno museu da traça do arquiteto Sommer Ribeiro, genro de Lima, dedicado à vida e à obra do Mestre. O museu, primorosamente mantido, é ainda hoje muito visitado. Na sessão inaugural, Lima chamou a atenção para a "ligação indissolúvel entre o cuidado do doente, o ensino do estudante e a investigação científica", princípios subjacentes à organização dos modernos centros médicos acadêmicos.

---

[192]Segundo depoimento do Dr. Azeredo Perdigão, que era cunhado do malogrado Dr. Almeida Dias, a fundação contribuiu muito generosamente, com um subsídio total de 8-557-663$60.

Um dos traços marcantes da personalidade de Egas era, sem dúvida, a sua preocupação com a posteridade. Sabia que suas invenções iriam garantir para sempre o justo reconhecimento da ciência médica e até da sociedade em geral. Importava-lhe mais o reconhecimento internacional que o local, pois sabia que a "ingênita pecha da inveja", como dizia Ricardo Jorge, não se iria desvanecer. Após o Prêmio Nobel, a Deutsche Gesellschaft für Neurologie, em 1952, e, no ano seguinte, a Harvey Cushing Society, mais tarde American Association of Neurological Surgeons,[193] a mais poderosa sociedade mundial da especialidade, que só muito raramente consagrou especialistas de outras áreas, nomearam-no membro honorário.

Em setembro de 1950 Egas é homenageado pela cidade de Verona, juntamente com Dogmak, que recebera o Prêmio Nobel pela descoberta das sulfamidas. A cidade de Romeu e Julieta nomeia-o cidadão honorário e cunha uma medalha própria. Isto ocorreu durante as Giornate Mediche Internazionali, onde Olivecrona e Lima falaram de psicocirurgia. Este leu ainda um discurso de agradecimento que Egas preparara. Recorde-se que a Itália ficou muito cedo ligada à difusão das invenções de Egas, com Sai em Trieste na angiografia e Rizzatti, que Egas visitou em 1937, na leucotomia.

Sempre houve em Egas um sentimento atávico, uma ligação afetiva profunda à sua terra, Avanca. É por isso natural que tenha apreciado particularmente o monumento que ali lhe dedicaram em 24-9-1950, mesmo junto à igreja onde fora batizado, com uma máscara de bronze da autoria do escultor aveirense e advogado David Cristo. No topo está escrito: "Aqui viu a luz nova da Humanidade". É certo que vivia a maior parte do tempo em Lisboa, homem da sociedade, frequentador do teatro e dos bons restaurantes, que passava fins de semana no Hotel Palace do Estoril, com uma agenda repleta de compromissos sociais com personagens tão distintas como o rei de Itália. A julgar pelo que registra na sua agenda de 1950, Egas mantinha-se ainda ativo na Sociedade de Neurologia e

---

[193]Em anexo, no final deste volume, pode-se encontrar a extensa lista de agremiações de todos os gêneros a que Egas pertenceu.

na Academia das Ciências. Foi presidente da Academia das Ciências em 1928 e 1932. Foi ainda presidente da Classe das Ciências em 1940, 1947, 1948, 1950, 1951 e 1952. Foi na Academia que apresentou, além de numerosas comunicações sobre os seus trabalhos científicos, a maior parte dos ensaios literários que foram referidos ao longo da narrativa.

Continuava a ir regularmente à companhia de seguros A Nacional e ao seu antigo serviço do Hospital de Santa Marta. Ainda atendia no seu consultório e ocasionalmente tinha doentes na Casa de Saúde de Benfica. Em 2 de março registra ter de comprar o emblema do Sport Lisboa e Benfica, de que era o sócio honorário n° 17 e a cujos jogos parece ter assistido. A agenda de 3 de junho aponta uma conferência médica sobre um doente privado com o Dr. Diogo Furtado, que iria disputar com Lima a cátedra de neurologia. Um retrato por Henrique Medina, que Egas conhecia desde o tempo em que este partilhava o ateliê com Maurício de Almeida, obriga-o a posar múltiplas vezes.

No entanto, como disse, o coração estava na sua Avanca e por isso, no fim da vida, procurou regressar simbolicamente, como um emigrante que triunfara em terra estranha, começando a planejar a criação de um museu na sua Casa do Marinheiro, juntando aquilo que colecionara — pintura, louças, objetos de arte — um projeto que por certo germinava já há muitos anos.

De fato, falando em 16 de janeiro de 1916 no Museu Regional de Aveiro acabado de se organizar, numa "conferência sobre arte antiga", Egas lamentava: "Os 80% de analfabetos que possuímos são qualquer coisa parecida com um pesadelo de tragédia; mas ensinando a ler, divulgando a escola primária, julgamos jugular a crise da ignorância que avassala o país. E, contudo, a cultura dos que sabem ler e escrever é por vezes inferior à dos que se não quedaram a estudar o significado e o arranjo das letras..." Por isso, recorde-se, lutou contra Afonso Costa pelo direito ao voto dos analfabetos. E adiante: "Não se compreende a educação, mesmo rudimentar, dum povo, desde que ela ande alheada da arte", e conclui: "As grandes escolas de artes plásticas são os museus." É legítimo concluir pois que, desde sempre, Egas quis instituir um museu onde fosse guardado tudo aquilo que fora colecionando em vida. E essa intenção ficou expressa no testamento que elaborou.

O testamento, datado de 17 de janeiro de 1951, em Lisboa, nomeava "sua única e universal herdeira" D. Elvira, a quem deixa todos os bens. No caso, porém, de esta não lhe sobreviver, dispunha dos seus bens da forma seguinte: "A Casa do Marinheiro, onde passaram e passam longas temporadas sobretudo desde o ano de 1915", que D. Elvira queria que se transformasse em asilo ou casa de repouso, "para o qual não dispunham no entanto de meios", seria sede de um museu. Foi por vontade mútua que se criou portanto a Casa-Museu Egas Moniz, "pois tendo sido um modesto colecionador de alguns objetos de arte, não gostaria que fossem dispersados". No entanto, ainda "pensou em juntar a essa parte artística uma parte científica ligada aos seus trabalhos, e outra mais íntima, dedicada a recordações de família e pessoais". Com esse objetivo deixavam à Casa do Marinheiro um lameiro, uma terra lavrada, um juncal e dois pinhais. Os fundos do museu seriam constituídos pelos rendimentos dessas propriedades, a que acresciam os direitos das suas edições em curso nas livrarias Portugália e Ática, Paulino & Filhos, além de outros.

Indica ainda as obras que se deverão fazer para transformar a casa em museu, dizendo que uma "Comissão Dirigente" do museu se devia constituir o mais rapidamente possível, no prazo máximo de um mês após a sua morte. Esta comissão seria constituída pelo professor primário diretor da Escola Masculina de Avanca, por outro professor (homem ou mulher) eleito pelos professores de Avanca e pelo presidente da Junta de Freguesia de Avanca ou vogal. O presidente seria o professor Boaventura Pereira de Mello, casado com uma prima e afilhada de Egas, Odete de Lemos, da Casa do Mato. Boaventura era professor primário e chegou a presidente da Câmara de Estarreja. Era ele que administrava os bens de Egas em Avanca na ausência deste, e seria também seu testamenteiro, juntamente com o Dr. Vítor Maia Teixeira, médico.[194] Formar-se-ia também uma corporação de amigos da Casa-Museu Egas Moniz, que

---

[194]Pela morte deste, D. Elvira substitui-o pelo sobrinho-neto António Macieira Coelho.

incluía vários familiares, entre os quais a mulher de Eduardo Coelho, sua sobrinha, e os filhos destes, e os presidentes das câmaras municipais de Estarreja e de Murtosa e da Junta de Freguesia de Pardilhó. O primeiro guarda do museu seria o seu antigo empregado e amigo Joaquim Rosado, que o servira toda a vida. Ao museu deixa não só o recheio da Casa do Marinheiro, mas também da casa de Lisboa, quadros, móveis e pratas, incluindo a baixela D. João V. Fez questão de mencionar o faqueiro que adquiriu na Casa Leitão, "com a garantia de ser um terço do faqueiro que pertenceu ao Marquês de Pombal". Quer também que se incluam "objetos referentes às suas descobertas científicas". Deixa no testamento a casa de Lisboa, na avenida 5 de Outubro, 73, adquirida após a venda da casa da avenida Luís Bívar à nunciatura e depois demolida, aos filhos de Eduardo Coelho e de D. Matilde Macieira de Araújo Coelho e a uma filha da irmã daquela, Maria Elvira Macieira Magalhães Diogo, e uma renda à "prima a quem dá tratamento de sobrinha", Maria Cândida de Abreu Freire Metelo. Nota no testamento que a biblioteca de Lisboa estava muito reduzida porque a parte médica fora já por si oferecida ao serviço de neurologia, a que o prendia uma "afeição muito grande". O que lá restava seria entregue ao professor Almeida Lima, seu "querido amigo", que os levaria para a biblioteca do serviço de neurologia, e o *panneau* exposto em Paris, no congresso de psiquiatria de 1950 de Almeida Amaral.

Exprime ainda o "desejo encarecido" de que não fosse dada publicação à notícia da sua morte. Desejava ter um funeral muito modesto, feito de maneira que não desse incômodo aos que o estimaram. "Sendo possível, desejaria repousar num local do cemitério da sua aldeia de Avanca, tendo um lugar, a seu lado, para sua esposa, dedicada e querida companheira de muitos anos, nas alegrias e nas contrariedades que foram aparecendo pela vida fora." Faz votos de que a mulher sobreviva por muitos anos, pois "faria a prolongação da sua vida".

D. Elvira morreu em 4-9-65, e institui, conforme a vontade do marido, a "Corporação perpétua de utilidade pública, denominada Fundação Egas Moniz", com sede em Avanca, tendo "por fim principal a organização, manutenção e conservação da Casa-Museu Egas Moniz".

Os estatutos foram aprovados por despacho do ministro da Educação Nacional em 7-3-1966. De acordo com um artigo dos estatutos, o patrimônio da fundação reverteria para o Estado em "caso de força maior". Dadas as dificuldades de manutenção da fundação com os bens doados, a sobrinha Maria Matilde e seus filhos decidiram fazer a entrega de todo o patrimônio à Câmara de Estarreja, a que ao tempo presidia Maria de Lourdes Bréu. É assim extinta a Fundação Egas Moniz por despacho de 23-5-1985.

Em 1951 a sua produção escrita é ainda mais escassa: escreve um artigo de homenagem ao professor J. Friedrich Wohlwill e uma pequena nota sobre o poeta Teixeira de Pascoaes. Friedrich Wohlwill era um notável patologista que emigrou para Portugal em 1934 para fugir à perseguição nazi. O seu impacto na cena médica lisboeta foi marcante, e terá sido talvez das poucas pessoas acerca das quais as opiniões de Egas e Pulido Valente coincidiam. Em 1937 Egas propô-lo como membro correspondente estrangeiro da Academia das Ciências de Lisboa. Em 1938 e 1939 Wohlwill chamara a atenção sobre a "reação dos tecidos ao torotraste", o contraste que Egas usara na angiografia e que em 1951 já fora abandonado. O artigo de Egas referia-se exclusivamente às comunicações que Wohlwill fizera na Academia.

Egas volta a Pascoaes com uma pequena nota biográfica datada de 15-1-1953, lida em sessão da Academia das Ciências. É uma revisão relativamente sumária da obra escrita do "solitário de Amarante", que conhecera bem. Mais registra que este lhe oferecera a sua biografia de Santo Agostinho, com a particularidade de o poeta ter corrigido do "seu punho algumas pequenas gralhas tipográficas, e que mostra o cuidado e o amor que dedicava à perfeição das suas produções literárias".

Em 1951 houve um novo, mas muito efêmero, rebate político, que vale a pena mencionar. A apreciação do perfil político de Egas por alguns dos poucos estudiosos que se têm debruçado sobre este aspecto da sua personalidade e obra é, certamente, muito discutível. De fato, como sublinha Manuel Correia, desde o tempo em que participara na Assembleia Constituinte, nos alvores da República, fora um republicano moderado, em muitos aspectos conservador e crítico dos excessos jacobinos, e por isso cedo entrou em colisão com Afonso Costa. No período a seguir ao 25 de abril, Mário Silva, que dirigia então o Museu da Ciência,[195] afirmava que, ao contrário do que pensava Lima, Egas fora sobretudo um político e "a sua prometedora carreira" fora "brutalmente e acintosamente cortada pela ditadura salazarista em 1926". Nada mais inexato e disparatado, como vimos. Por outro lado, para a esquerda mais extremada de então, o "caso de Egas Moniz" oferecia "a oportunidade de análise de um comportamento típico: o de um democrata encerrado nas contradições do seu tempo". Se é verdade que o governo do Estado Novo não lhe deu, como não deu a muitos outros, no início do seu labor científico, condições particularmente favoráveis para prosseguir a sua investigação, deve recordar-se que uma forte oposição estava também estabelecida no seio da sua própria faculdade por parte de personalidades de "esquerda".

Egas mantinha excelentes relações com o presidente da República, Óscar Carmona, com quem convivia nas termas de Vidago, e com vários membros do governo, seus antigos condiscípulos em Coimbra, alguns deles companheiros de luta política. O governo apoiou incondicionalmente o Congresso de Psicocirurgia, que o consagrou, e a criação do Centro de Estudos Egas Moniz. Manuel Correia nota que, curiosamente, vivendo o país já em plena democracia, a obra de Egas Moniz não fora referida uma vez sequer na revista *Colóquio Ciência*, editada pela Fundação Gulbenkian no período que decorreu entre 1988 e 2000. Ou seja, Egas pouco contou como glória da ciência portuguesa, nem após a revolução de Abril, não obstante ser uma referência "democrática". De fato, manteve até ao fim uma questão pessoal com o Dr. Salazar, a quem, como contava João Alfredo Lobo Antunes, dedicava um ódio de estimação que não escondia.

Em 22-10-1945, em entrevista ao jornal *República*, declarara já: "Sem liberdade de expressão de pensamento não pode haver progresso social. A

---

[195] Em 1973, Mário Silva pretendeu integrar neste museu a Casa-Museu Egas Moniz, conforme anunciou o jornal *República*, o que levantou grandes protestos da parte da família de Egas. Esta opôs-se igualmente, após a revolução de 25 de abril, a que fossem retiradas peças de Avanca, e acabou por ter apoio do ministro da Educação da altura, major Vítor Alves.

liberdade só existirá quando desaparecerem os censores, carcereiros das ideias, déspotas do pensamento alheio." Aí declara: "Estando jubilado do ensino, também me considero aposentado da política." Isto não impediu que tivesse sido procurado por oposicionistas ao Estado Novo para se candidatar à presidência da República em 1951, na sequência da morte do marechal Carmona, em 18 de abril desse ano. Egas redigiu então um comunicado dizendo que fora procurado em sua casa por "forças republicanas e socialistas organizadas [...] dirigentes de núcleos doutrinários [...] e diversas individualidades com marcada participação nas lutas anteriores pela democracia", procurando a sua anuência. "Infelizmente, a minha falta de saúde é neste momento incompatível com o desejo", acrescenta. Declarou o seu apoio ao almirante Quintão Meireles, que fora proposto por António Sérgio e antigos membros do velho Partido Republicano, se o candidato "conseguir a indispensável fiscalização das urnas, (e) juntar muitos democratas em torno do seu nome, esperança fundamentada de melhores dias para Portugal". Saudava também o general Norton de Matos, que tivera a "amabilidade de indicar o meu nome desde a primeira hora para candidato à presidência". Por essa altura a relação entre os dois parentes era já de grande cordialidade. O livro do general, *Nação una*,[196] tem como prefácio o elogio que Egas pronunciara na Academia das Ciências sobre a obra do antigo comissário do governo em Angola. Egas defende uma "organização em que metrópole e colônias se confundem num todo indivisível" e clamava a obrigação de defender "territórios que nos pertencem por direito, mais de descoberta do que de conquista", posição singularmente semelhante à do presidente do Conselho.

O seu último pronunciamento político é de 28-10-1953, numa entrevista à *República* com o título "A comédia vai repetir-se!", um depoimento, segundo o jornal, "esmagador contra a atual situação". Egas declara: "Eleições sem fiscalização da oposição que, segundo me disseram, o

---

[196]É curiosa a carta de Norton de Matos a Egas em 26-11-1954, a quem se dirige como "Meu querido primo e amigo". Diz a certo passo: "Escrevi ao Nunes a pedir-lhe notícias da *Nação una* quanto à parte financeira. Já teria dado para saldar tudo o que o meu bom amigo desembolsou para a sua publicação."

partido do governo não admite que exista, não merecem esse nome [...].
O totalitarismo não quer fiscalização."

Em 1951 Egas escrevera um prólogo a um livro sobre leucotomia da autoria dos cirurgiões brasileiros Mário Yahn, Matos Pimenta e Sette Júnior. Matos Pimenta fora o primeiro a executar essa intervenção em 1936 no Brasil, no Hospital Junqueri, em São Paulo. Egas recorda a sua viagem ao Brasil e o papel que os colegas brasileiros tinham desempenhado na campanha do Nobel. O escrito é uma dissertação especulativa, algo frouxa, em que Egas conclui, apropriadamente, que a base da neurologia e sobretudo da "nova psiquiatria organicista" deve ser o estudo microscópico (hoje diríamos "molecular") do sistema nervoso Nisto Egas é certeiro.

Em janeiro de 1952 é inaugurada em Jacarepaguá, no Rio de Janeiro, no Hospital Colônia Juliano Moreira, pelo ministro da Educação e Saúde do Brasil, a Clínica Egas Moniz, dedicada à psicocirurgia. Egas envia uma mensagem recordando a viagem de 1928. Ligavam-no ao Brasil e às suas personalidades médicas mais distintas laços muito profundos.

Já próximo do final da vida, em 1952, Egas escreve sobre Ramón y Cajal, a figura das neurociências com quem mais se identificou. Os artigos foram baseados nas conferências que proferiu na Academia das Ciências de Lisboa em 1948 e que veio a publicar num dos volumes das *Conferências médicas e literárias*, o terceiro, que sai em 1950.[197] De fato, Cajal era o seu modelo. É evidente que os *Recuerdos de mi vida*, do sábio espanhol, foram, como já disse, a inspiração das suas *Confidências de um investigador científico*. Segundo Egas, os *Recuerdos* mostravam "quanto valia a sua obra no campo literário". Cajal era igualmente "admirador da beleza da sua natureza" e fora educado "num colégio de padres e esculápios". As semelhanças entre eles, que Egas apontava discretamente, não acabavam aqui, pois Cajal escrevera: "Comecei a trabalhar na solidão, sem mestre e com poucos meios; mas o meu ingênuo entusiasmo e a minha

---

[197]Egas reuniu vários dos seus escritos, quase todos já previamente publicados noutras revistas, em sete volumes intitulados *Conferências médicas e literárias*, o primeiro publicado em 1945 e o último em 1954.

força de vontade tudo supriam." Egas entendia, razoavelmente, que poderia dizer, e disse, o mesmo de si próprio. Mais uma vez, insiste que "sem a doutrina do neurônio [...] eu não teria realizado a leucotomia pré-frontal que colaboradores estrangeiros divulgaram". Note-se a sutileza da afirmação que sugere claramente como foi maltratado em Portugal, não por culpa própria, mas por incompreensão e hostilidade dos psiquiatras locais. Num posfácio adicionado em 1950, Egas não deixa de apontar o apoio que Cajal recebeu do governo espanhol e o pouco incentivo que localmente ele próprio tivera.

É desse ano também uma conferência que realizou na Academia das Ciências intitulada "Sobre uma frase do padre António Vieira". A amargura do não reconhecimento pleno do país é mais uma vez reiterada, e não resiste a citar a famosa frase do "Sermão da Quaresma", de 1669: "Se servistes a pátria que vos foi ingrata vós fizestes o que devíeis, ela o que costuma; mas que paga maior para um coração honrado que ter feito o que devia?" Para caracterizar Vieira escolhe uma fórmula feliz: "Vieira teve uma paixão, a política; uma fraqueza, o profetismo; uma epopeia, a sua ação missionária; uma heroicidade, a defesa acérrima dos oprimidos: índios e cristãos-novos; uma apoteose na sua palavra inspirada e avassaladora." Quanto à frase de Vieira, era parte do famoso "Sermão do demônio mudo", proferido em 1651 no Convento de Odivelas: "Dentro da nossa fantasia, ou potência imaginativa que reside no cérebro, estão guardadas como em tesouro secreto as imagens de todas as cousas que nos entraram pelos sentidos, a que os filósofos chamam espécies." O resto da conferência é uma glosa deste pensamento, que para Egas revela da parte do pregador uma "intuição clara da função do órgão encefálico".

A última consagração internacional em vida recebe-a no ano seguinte com a realização, em setembro de 1953, em Lisboa, do V Congresso Internacional de Neurologia, presidido por António Flores e secretariado por Lima, onde estiveram presentes os grandes nomes da neurologia mundial. Egas é presidente de honra, e fala em francês na sessão inaugural, que teve lugar na Sociedade de Geografia, presidida pelo presidente da República, Craveiro Lopes. Egas declara: "É necessário observar e experimentar, mas também refletir sobre o modo de resolver as dificuldades que as hipóteses de trabalho fazem sucessivamente nascer." O segredo era a virtude que ele sabia ter sido a mais poderosa das suas armas, a persistência, "que um grande mestre considerava a atitude dos modestos". Essa era "a luz que a todos deve guiar". Conta, mais uma vez, a história da angiografia, mas, misteriosamente, nada diz da operação que lhe garantiu o Nobel. Na aula magna do novo Hospital Escolar de Santa Maria disserta longamente sobre "Sémiologie angiographique des anévrismes, varices et angiomes du cerveau", em colaboração com Miller Guerra. Egas estava já muito debilitado. Miller escreve-lhe mais tarde dizendo avaliar "o esforço heroico" (não será de mais, de fato, chama-lhe heroico) que Egas fizera naqueles dias. Segundo contava João Alfredo Lobo Antunes, a apresentação fora um desastre, com as projeções a aparecerem fora de ordem e não sincronizadas com o texto.

Até ao fim da vida, Egas não deixou de interceder por quem lhe pede ajuda, qualquer que seja a sua condição. Em 1949 escreve ao Dr. José António de Almeida, advogado de Ovar e conservador do Registo Predial, amigo, como vimos, de longa data: "Faz-me um grande favor se puderes valer ao portador [...] jardineiro da Câmara de Ovar, a que o presidente castigou por ter ido a uma taberna. O rapaz não é dado a beber. Foi lá por causa de um copo de vinho"... Talvez o mais extraordinário pedido que encontrei no seu espólio seja o que consta na carta de um padre do Mosteiro de Singeverga, que lhe escreve em 1953 pedindo um relatório "a comprovar" que o estado de celibatário lhe era "prejudicial à saúde", tudo por causa de "uma pequena" que lhe queria "aliviar as penas". O apaixonado monge pede a Egas que abrigue a sua amada na Casa do Marinheiro e lhe dê a resposta "cifrada", já que a carta teria de passar pela censura monástica. Desconhece-se se Egas, um eterno romântico, terá abençoado a união...

No final de 1953, com a jubilação de Flores, ficava vaga a cátedra de neurologia e a disputa entre Lima e Diogo Furtado, que frequentara Santa Marta e dirigia então o serviço do Hospital dos Capuchos aberto em março de 1946, perfilava-se feroz. Egas não teria provavelmente particular simpatia por Furtado, pela crítica contundente deste à psicocirurgia. Flores estaria também preocupado, escrevendo a Egas: "Temos de intervir nas condições mais favoráveis possíveis." Insiste com este: "A sua presença na reunião do júri parece-me indispensável quer pela autoridade da pessoa como pela atitude que defendeu como professor jubilado" (10-10-1953). Nesse mesmo dia, Egas escreve ao seu protegido a última carta que encontrei no espólio de Lima, referindo-se ao concurso próximo: "Para si falta uma pequena cerimônia, mas a que tem de dar atenção. Por ser em Coimbra, não deixe de levar assunto para uma nora marcada pelo reitor, dando a entender que mais havia a dizer. É da velha tradição da Sala dos Capelos e tem de segui-la." Lima foi de fato, com todo o mérito, o terceiro catedrático de neurologia.[198] Pouco depois deste concurso, Flores adoece com um cancro na laringe, que lhe veio causar um sofrimento atroz e do qual vem a morrer exatamente dois anos depois de Egas. Vale a pena citar a carta que escreve a Egas, de Castelo de Vide, em 25-1-1955, dizendo que vai lendo "autores modernos e relendo os antigos". "Nestes tenho encontrado prazeres grandes e novos, porque em cada idade as obras de gênio nos dizem coisas diferentes."

Todos os jornais aclamam os 80 anos de Egas, dando notícia pormenorizada da celebração. Egas oferece um jantar em sua casa aos amigos e colaboradores diretos. Fora entretanto eleito membro honorário da Sociedade Alemã de Radiologia. Aleu Saldanha é portador do diploma, que lhe entrega durante o jantar, salientando que se celebravam de fato quatro vezes vinte anos. Egas presidia então à Classe de Ciências da Academia, e aí foi saudado por Lima, Celestino da Costa e António Sousa da Câmara.

A *Medicina Contemporânea* dedica-lhe um volume especial que sai em dezembro desse ano. Lima, subdiretor da revista (Egas mantinha-se como diretor), obtém depoimentos de várias figuras notáveis da neurocirurgia mundial, que mais uma vez sublinham a importância das suas contribuições. Se é verdade que tais testemunhos eram na altura quase triviais, não há dúvida de que representavam um sentimento generalizado

---

[198]A cátedra de neurocirurgia só foi criada trinta anos depois, e foi ocupada pela primeira vez pelo autor desta biografia.

no mundo das neurociências clínicas, sobretudo da neurocirurgia, de reconhecimento pela obra do mestre.

Nos dois últimos anos de Egas, a sua produção escrita foi quase vestigial. Mas publicou ainda os elogios a Barbosa de Magalhães e a José Malhoa. Egas tivera uma relação muito próxima com o pintor. Já em 17-6-1928 discursara num banquete de homenagem presidido pelo ministro da Instrução. O modelo que seguiu então foi o que usaria mais tarde sempre que falava de pintores: um exórdio ao talento do artista — "Mestre! Como deves estar cansado de ouvir palavras de justiça a martirizar a tua modéstia" —, a que se seguia a descrição de uma série de quadros. Esta sessão foi depois recordada numa entrevista ao *Jornal da Voz do Operário*, por ocasião do centenário do pintor, em 1955. Para Egas, Malhoa terá sido por excelência um observador da gente portuguesa na sua vida tranquila ou agitada pelos desgostos e contrariedades que surgem a cada passo. São exemplo disso os célebres quadros *Os Bêbados* e *O Fado*. Egas devia a Malhoa, além de um retrato com traje acadêmico que se encontra no museu do Centro de Estudos Egas Moniz, o retrato que pintou de sua mãe a partir de uma fotografia tirada já depois da morte desta.

Um dos últimos escritos de Egas, publicado na *Seara Nova* de março-abril de 1955, "A folia e a dor na obra de José Malhoa", é a comunicação que faz na Academia das Ciências quando do centenário do mestre. Recorda então a visita que Malhoa fizera à sua aldeia e um passeio num moliceiro na ria de Aveiro. A análise da obra do pintor segue o modelo habitual, sem escrutínio de escola ou de técnica, sustentado apenas pela descrição no seu melhor estilo literário de pinturas escolhidas. Por exemplo, no quadro *Vou ser mãe*, Egas vê "o grito daquela rapariga que, em desalinho, se prostrou por terra, ao sentir a verdade de alguma coisa grave de que vinha suspeitando [...]. Desvairo do momento, ingenuidade e imprudência e por acreditar nas promessas formais que lhe fizera o namorado!".

É também desse ano o seu elogio do Dr. Barbosa de Magalhães, "Parlamentar e político", na celebração em Aveiro do seu centenário, que publica em edição de autor, uma evocação muito curiosa da sua própria experiência como parlamentar e uma reminiscência dos seus duelos oratórios. Egas diz, sem o explicar, que se situava na "extrema-esquerda da monarquia".[199] Sobre a sua experiência partidária declarava que "os que pensavam pelo seu cérebro, sem pedir licença ao chefe intangível e quase sagrado, eram expulsos do partido, como nadas desprezíveis, passando à categoria de perturbadores da disciplina partidária". Mais de cinquenta anos depois, e já com trinta de democracia, esta observação mantém uma pungente verdade.

Um artigo sobre António Saúde não chega a ser publicado em vida. É uma evocação nostálgica de seu convívio com o pintor, que deverá ter sido escrita em fins de 1954. Há uma carta a J. Moreira Fernandes, em cartão do presidente da Academia de Ciências, explicando como quer ler as provas e que as gravuras "sejam da [sua] conta para não sobrecarregar a despesa do volume" (25-1-55). Egas diz que lhe falta competência técnica para apreciar a obra, mas que "a apreciação das produções artísticas não carece dessa competência", o que, sendo discutível, é uma confissão inocente da insuficiência da sua cultura nesta área, amplamente demonstrada noutros escritos deste tipo. Para Egas, "o belo impressiona sempre e traz ao cérebro a emoção artística que enleva e delicia". Afirma a sua origem de "aldeão": "Nunca me canso de contemplar a Natureza, um lausperene primaveril ou nas sombras invernais." E depois descreve os quadros. Recorda que "três nomes de grandes artistas dominavam a metade do último século e primeira do século XX: Columbano, Malhoa e Carlos Reis". "Todos conheci, Columbano de cumprimento [...]. Malhoa tratava-me com intimidade e devo-lhe muitos favores" e "com Carlos Reis também privei de perto [...]. Tenho um quadro deste grande Mestre de um milheiral com cabaças amarelas que é um prodígio da sua paixão campesina".[200]

A morte chegou em 13 de dezembro de 1955, precipitada por uma hemorragia digestiva violenta às 9h da manhã. Egas adoecera cerca de três semanas antes com um ataque de gota gravíssimo, que o impediu de

---

[199]Na Primeira República estava claramente à direita...

[200]Este quadro está exposto na Casa-Museu Egas Moniz, em Avanca, e é de fato belíssimo.

ir ao consultório. A despeito dos cuidados de Eduardo Coelho e de sucessivas transfusões, vem a falecer às quatro horas da tarde. João Alfredo Lobo Antunes conta que, ao aperceber-se da morte próxima, Egas terá retirado o capachinho que há anos usava, conforme tinha anunciado à mulher que faria.[201] Lima escreveria depois que a poucos instantes do fim murmurara a um dos antigos colaboradores, ele próprio, que se abeirara do leito: "Vem assistir à morte de um amigo." No cofre da sua casa de Avanca deixara uma carta lacrada com a indicação de que só poderia ser aberta depois da sua morte. A carta datada de 10-8-1951 agradecia a D. Elvira a "dedicação e amizade de mais de cinquenta anos de constante convívio", mas destinava-se sobretudo a reiterar as suas disposições testamentárias, particularmente no que se referia ao funeral, que desejava expedito e simples. Guardara no cemitério de Avanca espaço para a sepultura dos dois em campa rasa e queria que o trajo acadêmico fosse conservado no futuro museu. Vigilante até o fim em matérias financeiras, recorda à mulher que a Sociedade de Produtos Lácteos (Nestlé) ficaria a dar-lhe "uma pequena coisa". Acrescenta: "É gente séria, mas podem esquecer por ser assunto de pouca monta."

Na morte Egas recusou honrarias que enquanto vivo muito apreciou. Assim, no cemitério da sua terra, jaz ao lado da companheira de toda a vida, em cova rasa de uma nobre simplicidade, no meio da gente da sua Avanca.

---

[201] O capachinho era uma pequena vaidade de Egas, que não escapou ao jornal satírico *Sempre Fixe* de 1-10-1931. Este publica uma caricatura com a legenda: "Mestre dos mestres na medicina, na política e nas letras. A uns tira os tumores no cérebro a outros tira os macaquinhos do sótão. Um completo homem de ciência, a quem não faltava nada senão... (com coisas físicas não se brinca)."

15. Epílogo

A morte de Egas recebeu larga cobertura na imprensa da época. *O Século*, do seu amigo João Pereira da Rosa, dedicou-lhe um extenso artigo biográfico que documentava pormenorizadamente os passos fundamentais com subtítulos como "[...] foi, na vida social, política, artística, literária e científica, uma figura de extraordinário relevo", "a obra científica [...] é a afirmação absoluta de um dos mais notáveis homens de ciência do nosso tempo" e "um Prêmio Nobel que foi justo galardão para uma obra de alto valor científico". A notícia do *Diário de Lisboa* tinha como título "O corpo de Egas Moniz repousará numa campa simples no meio de terra recolhida na sua propriedade de Avanca". O jornal escrevia que, dado o desejo de Egas de que o seu falecimento não fosse anunciado, não tinham sido publicadas as habituais participações. Entre as individualidades que enviaram condolências contava-se o presidente do Conselho.

D. Elvira recebeu dezenas de telegramas das mais variadas personalidades e instituições. Assim, para além de um número apreciável de titulares, membros do governo — que se fez representar no funeral pelo ministro da Educação, Leite Pinto — e da Academia, neurocirurgiões espanhóis, atores, como o casal Rey Colaço-Robles Monteiro, chegaram telegramas de "um grupo de democratas amigos da liberdade reunidos no Café da Brasileira" e até de um antigo doente, que escreve "neurastênico obsessivo curado pela leucotomia jamais poderá esquecer memória do mestre e amigo".

Sir Geoffrey Jefferson publica na *Lancet* em 31-12-1955 uma nota biográfica destacando como a vida de Egas fora "unusually productive" e que o Prêmio Nobel fora "a fitting crown". E acrescenta: "Those of us who knew Egas Moniz personally and his charming wife will regret greatly that so intelligent, so human, and so charming personality has gone from amongst us."[202] Os *Archives of Neurology* publicaram um obituário da autoria de Walter Freeman, aliás com diversas incorreções, tais como ele ter assumido o nome Egas Moniz enquanto estudante, nome que fora buscar a um seu antepassado, herói da resistência contra os mouros na Idade Média. No telegrama que enviou a D. Elvira lia-se: "Deep sympathy in the loss of a great man who will always be remembered."[203]

Nos anos que se seguiram à morte, a sua obra científica pouca atenção mereceu entre nós. Egas não deixou no entanto de receber a seu tempo a consagração filatélica que a pátria reserva aos seus heróis. Assim, surge três vezes em selos portugueses. Em 1966 aparece num selo de 50 centavos que era parte de uma série dedicada a cientistas portugueses, com desenho de Cândido da Costa Pinto. Tinha como companheiros Câmara Pestana, o seu amigo Ricardo Jorge e José António Serrano, um anatomista do século XIX, autor de um famoso tratado de osteologia. Em 1974 há uma emissão dedicada ao centenário do seu nascimento, que circulou entre dezembro de 1974 e dezembro de 1983, da autoria de Álvaro Lucas. Era uma série de três selos com taxas diferentes. O de 1$50 retrata o Egas acadêmico com as insígnias doutorais, o de 3$50 é ilustrado com o Prêmio Nobel da Medicina e uma imagem do leucótomo, enquanto o de 10$00 diz respeito à angiografia. A emissão de 1983 é constituída por um único selo de 37$50 e nele está representado o rosto de Egas Moniz fazendo alusão ao Prêmio Nobel e às suas invenções. Em 1999 há uma emissão de "vultos da medicina portuguesa", com dese-

---

[202]Fora "invulgarmente produtiva" e o Prêmio Nobel fora "uma coroação justa". E acrescenta: "Aqueles de nós que conheceram Egas Moniz e a sua encantadora mulher pessoalmente lamentarão que nos tenha deixado uma personalidade tão inteligente, humana e encantadora."
[203]"Profunda simpatia pela morte de um grande homem que será sempre recordado."

EPÍLOGO

nho de João Machado. Egas apresenta-se de capelo e com uma imagem angiográfica. Fizeram-lhe companhia Câmara Pestana, Ricardo Jorge, Francisco Gentil e Reinaldo e João Cid dos Santos, seu filho.

Em 1989 Egas passou também a figurar numa nota de 10 mil escudos, que se manteve em circulação até maio de 1991, com maquete de Luís Filipe de Abreu. Na frente estava representado, aliás numa reprodução de péssimo gosto, o busto de Egas, e uma alegoria à angiografia e à leucotomia, e no verso uma alegoria com a medalha do Prêmio Nobel.

No oitavo aniversário da sua morte, em 13-12-1962, é dado o seu nome à avenida que dá acesso à entrada principal do Hospital de Santa Maria. D. Elvira descerrou a lápide e Eduardo Coelho fez o elogio. Desde então, segundo apurou a Dra. Rosa Maria Rodrigues, o nome de Egas Moniz foi dado em Portugal a 48 ruas, sete avenidas, três travessas e seis largos, praças e pracetas em vilas e cidades de norte a sul. Existem ainda ruas com o seu nome no Brasil: em Fortaleza, no Rio de Janeiro e em São Paulo. Também receberam o seu nome escolas e agrupamentos escolares em Avanca, Massamá, Queluz e Lisboa.

No ano do centenário do seu nascimento inaugurou-se, em 30-9-1974, na entrada do edifício do Hospital de Santa Maria, uma estátua da autoria do escultor Euclides Vaz.[204] Era então ministro da Educação e da Cultura Vitorino Magalhães Godinho. Também nesse ano o governo decide dar o seu nome ao antigo Hospital do Ultramar. Em 2005 a Faculdade de Medicina pôs igualmente o seu nome ao novo edifício onde está albergado o Instituto de Medicina Molecular, hoje uma das instituições de investigação biomédica de maior prestígio em Portugal.

O centenário de Egas também foi celebrado pela Academia das Ciências de Lisboa, pelas Universidades de Lisboa e Coimbra, pela Academia Brasileira no Rio e em São Paulo, e até em La Paz, na Bolívia! Em discurso no salão nobre dos Paços do Concelho em Lisboa, Lima registrava que Egas era "muito mais apreciado no estrangeiro que em Portugal" e, deve dizer-se, continua a sê-lo.

---

[204]Diz Barahona Fernandes na sua biografia que "após a inauguração da estátua não faltou uma tentativa de destruição por um grupo de fanáticos extremistas da 'anticultura'".

Do ponto vista científico, a homenagem mais significativa foi a reunião internacional que ocorreu em final de setembro de 1974, em grande parte devido ao esforço de António Vasconcelos Marques, que foi o secretário da comissão executiva. As comunicações então apresentadas e outras colaborações avulsas só foram publicadas alguns anos mais tarde. No prefácio que escreveu, Marques sublinha que "inexplicavelmente a figura e a obra de Egas Moniz continuaram em Portugal mergulhadas num relativo silêncio". Nessa reunião prestaram depoimentos uma série notável de neurocirurgiões, sobretudo europeus, que falaram não só da angiografia mas também da psicocirurgia, além de um neurologista inglês de grande reputação, MacDonald Critchley. A ele coube falar sobre as lesões dos lobos frontais. Conta então uma versão muito diferente (e certamente apócrifa) do que se passara anos antes no congresso de Londres. Critchley era um dos secretários do congresso e um dos tópicos era precisamente "The frontal lobe". Conta que Egas saiu da conferência com Almeida Lima e que estava "very silent, seemingly deep in thought. Eventually, Egas Moniz turned to his companion and said with some diffidence, 'Could it be that in the intact brain the frontal lobes naturally play a fundamental role in determining personality? And if, as the result of some super-added psychosis, that personality had become unacceptable — socially and subjectively — then an inhibitory effect deliberately brought about by a relatively minor surgical intervention might even prove beneficial.' This inspiration constituted the origin of his remarkable work on lobotomy, which first reached the attention of neurological readers in December, 1936".[205] Creio que esta descrição deve muito à imaginação do neurologista inglês, cuja posição em relação à psicocirurgia não primou pela coerência, como se verá adiante.

---

[205] "Muito silencioso, parecendo embrenhado nos seus pensamentos. Egas voltou-se então para o companheiro e disse com alguma reserva: 'Será que no cérebro intacto os lobos frontais desempenham naturalmente papel fundamental na determinação da personalidade? E se, em consequência de uma psicose adicional, essa personalidade se tornar inaceitável — quer social, quer subjetivamente —, um efeito inibitório causado de forma deliberada por uma intervenção cirúrgica relativamente menor pode ser benéfico.' Esta inspiração constituiu a origem do seu trabalho notável sobre a lobotomia, que chamou a atenção dos neurologistas pela primeira vez em dezembro de 1936."

EPÍLOGO

A. Earl Walker, professor de neurocirurgia no Johns Hopkins Hospital, em Baltimore, falou da história da psicocirurgia e recordou que o 2º Congresso de Psicocirurgia tinha ocorrido em Copenhague, 22 anos depois do primeiro, explicando que o intervalo se devia ao aparecimento do eletrochoque e das drogas psicotrópicas e ao relativo desinteresse pela psicocirurgia. Mas nessa altura esta estava já, timidamente, a ressurgir.

Como é hoje considerada a obra de Egas? Vale a pena refletir um pouco sobre o sentido da história das suas contribuições e por essa razão seja-me permitida uma breve digressão pelo tema. Disse um filósofo que o único poder que os deuses não possuem é o de apagar o passado. Não admira pois que os mortais não o consigam também, mas no juízo que dele fazem só raramente conseguem libertar-se das amarras da contemporaneidade em que firmam as suas raízes. Assim, todo o olhar para trás é inevitavelmente deformado pelo óculo do tempo em que se vive. Por isso, em boa verdade, a história deveria limitar-se à narrativa dos fatos provados, livre de interpretações, juízos e preconceitos.[206] A história das ciências, que é a melhor garantia da sua liberdade, não teria dificuldade em consegui-lo se aceitasse as premissas da fria neutralidade da prova científica, se não a cegasse o esplendor de uma nova descoberta ou não fosse seduzida pela utilidade de uma nova invenção. Infelizmente, as premissas são falsas. A ciência é feita por homens e mulheres, e a sua humanidade revela-se no pulsar único das suas virtudes e defeitos. Sabedoria, competência, preguiça, ambição, vaidade, loucura, ingenuidade, teimosia, inspiração, desleixo, generosidade, malvadez, tudo isto a exalta ou diminui. Por vezes até, demonstrando que a imaginação científica e a imaginação artística são afinal consanguíneas, é ao sentido estético dos fenômenos e das leis que ela se verga.

Mais simples — e menos arriscado talvez — é apurar como uma descoberta resiste ao tempo, como passou incólume aos testes de falsificação, que, como queria Sir Karl Popper, são a prova última da verdade em

---

[206]Mesmo Miguel Castelo Branco, notável neurocientista, não escapa a essa pecha. A sua afirmação de que "o tempo veio a confirmar que a leucotomia pré-frontal era um equívoco científico e até ético" é de incompreensível ambiguidade, sem qualquer fundamento factual.

ciência, como foi absorvida no seu crescimento orgânico, cumulativo, como não envelheceu e, pelo contrário, conservou a frescura com que brotou, para espanto e maravilha de quem pela primeira vez a surpreendeu. Em medicina, particularmente no que toca às armas do diagnóstico e da terapêutica, a longevidade é muito mais breve. Recordo, e o exemplo não é inocente, que Julius Wagner Von Jauregg recebeu o Prêmio Nobel de Medicina em 1927 — o único psiquiatra assim distinguido — pelo uso da infecção pela malária no tratamento da sífilis do sistema nervoso. Ninguém alguma vez propôs retirar-lhe o Prêmio Nobel, o que já não é verdade em relação a Egas, embora uma análise isenta de paixão não possa deixar de concluir que os seus dois inventos — a angiografia cerebral e a psicocirurgia — se mantêm contribuições importantíssimas para a medicina do nosso tempo.

De fato, a história que me propus contar demonstra sem rebuço a modernidade do pensamento de Egas, entendida aquela num sentido não infalivelmente positivo, pois não exclui atitudes, comportamentos ou até traços de personalidade que o nosso tempo consagrou como sua marca. Não tenho dúvida de que Egas tinha realmente estofo de investigador de excelência, ele, político desiludido, clínico carismático, burguês rico, humanista atento, no fundo, cientista improvável. Mas esse espírito de investigador revelava-se particularmente naquela intuição que é atributo de quem possui olhos de bicho noturno, olhos que conseguem discernir o que se oculta no escuro. Isto permitiu-lhe desbravar dois trilhos que tinham sido apenas nebulosamente entrevistos, e em relação aos quais ninguém ousara o primeiro passo. Alguns detratores de Egas acusam-no de que nada na sua obra foi original, como se o progresso em ciência não fosse habitualmente aditivo e não resultasse também da articulação, por vezes anárquica, de conhecimentos e de provas.

Egas tinha, além disso, uma espantosa capacidade de discernir analogias inesperadas nos fenômenos de doença. Por exemplo, muitos anos antes de se introduzir o conceito biológico, doce e triste, de "apoptose" — uma espécie de "morte programada" —, Egas percebeu que a poliomielite (paralisia infantil) não era afinal uma doença estática, fixada pela infecção viral inicial, mas parecia predispor para uma deterioração futura. Ou ainda, como nota num apontamento manuscrito que herdei, e que já referi, que haveria semelhanças entre a esclerose múltipla e os "reumatismos", adivinhando, sem claramente o formular, o efeito benéfico dos corticosteroides.

Notável foi também o modo como percebeu a importância de comunicar o que inventava, e a história da introdução da angiografia cerebral é, nesse sentido, como se viu, particularmente exemplar. Alguém disse que a ciência não existe até ser publicada e o *publish or perish* que é hoje mandamento imperioso na comunidade científica foi por ele percebido melhor que por qualquer outro na sua faculdade. A sua prodigiosa produção escrita foi fundamental para revelar os sucessivos avanços na definição da imagem de diferentes doenças neurológicas por meio de uma técnica de que o grupo português parecia possuir uma inviolável patente. Durante anos, o desenvolvimento da angiografia foi pois uma caminhada nacional e solitária, o que nos tempos de hoje seria impensável. Note-se que para lá da publicação dos resultados ele se bateu ferozmente quanto à precedência das suas descobertas.

O sucesso da psicocirurgia foi de outra natureza. Como nota Pressman numa análise muito interessante sobre o desenvolvimento e a expansão da psicocirurgia, particularmente nos EUA, onde se terão realizado cerca de 50 mil intervenções, "the extent to which the treatment flourishes is directly dependent upon the specific features of the day's clinical landscape. In the long hand, viability is a matter of ecology, not virtue".[207] A conclusão que tira é, em minha opinião, um juízo particularmente equilibrado da questão: "If there is a single set of lessons to be learned from the story of psychosurgery is that the success of a research venture in medicine is never a safe bet; the evaluation of therapeutic success is not an absolute measure but is relative to time and the place and the standard of what constitutes valid medical science is itself never fixed but evolving [...]. And if there is a warning to be derived from medicine's cautionary

---

[207] "A medida em que um tratamento se desenvolve depende diretamente das condições específicas do panorama clínico numa determinada ocasião. A longo prazo, a viabilidade é uma questão de ecologia, não de virtude."

tales, it is to be aware of relying upon simplistic morals."[208] Em sua opinião, a "ecologia" era particularmente favorável a uma terapêutica como a psicocirurgia, pois havia nos EUA, por essa altura, algumas dezenas de milhares de doentes psiquiátricos internados. O reconhecimento da utilidade prática da técnica no contexto do tempo em que apareceu — e este é um aspecto que os seus detratores deliberadamente ocultam — ficou contudo a dever-se em grande parte a Walter Freeman. Este foi um dedicado profeta da psicocirurgia, que proclamou incansavelmente nos Estados Unidos o seu valor, convencendo neurologistas, psiquiatras e a fina flor da neurocirurgia.

Se Egas não tivesse recebido o Prêmio Nobel, a autoria de um tratamento que ainda hoje é questionado pelos que não aprofundaram a sua história, não só quanto às indicações e resultados, mas principalmente quanto ao seu fundamento ético, provavelmente teria passado desapercebida. Mas sucedeu-lhe o que sempre desejou, e a notoriedade do Nobel ampliou o ruído da campanha contra a psicocirurgia e o seu autor, campanha que não tem amainado, levando mesmo a um movimento, aliás fútil, para que lhe fosse retirado o prêmio. Após a atribuição deste, em 1949, a psicocirurgia continuou a ser praticada pelos nomes mais ilustres da neurocirurgia mundial, até a introdução dos psicofármacos, começando com a clorpromazina, em 1954. A pouco e pouco foram surgindo críticas, nem sempre substanciadas, quanto ao uso da técnica em situações de dúbia indicação ou, pior ainda, de abjeta fundamentação. A psicocirurgia servia, dizia-se, para controlar o comportamento de prisioneiros e jovens delinquentes. Embora não haja na literatura prova segura de abusos desta natureza, certamente terão sido praticados procedimentos de indicação mais que discutível, mas isto sucede invariavelmente com qualquer intervenção cirúrgica inovadora. Em

---

[208] "Se há um conjunto de lições que se podem aprender com a história da psicocirurgia é que o sucesso de um projeto de investigação em medicina nunca é uma aposta segura; a avaliação de um sucesso terapêutico não é medida por critérios absolutos mas é relativa ao tempo e ao lugar e o padrão do que constitui uma ciência médica válida não é fixo mas evolui [...]. Se há um aviso a colher das histórias exemplares da medicina, é o de ter cuidado em relação à confiança em morais simplistas."

EPÍLOGO

1947, o neurocirurgião sueco Gösta Rylander observou que após uma intervenção um fervoroso comunista perdera o interesse pela política e até já não se preocupava com a ameaça de guerra nuclear. Uma revista de Nova York proclamava, cinicamente, que a melhor maneira de o mundo se ver livre dos comunistas seria fazer-lhes um buraco na cabeça, não com balas, mas com um trépano. Já a revista *Suppressed* publicava em 1956 um artigo mirabolante sobre o uso da psicocirurgia nos países comunistas, referindo o cardeal Mindszenty, primaz da Hungria, como uma das vítimas.

As críticas continuaram até ao dia de hoje, sob diversas formas, mas com a mesma violência. Da história trágica de Rosemary Kennedy ou da irmã de Tennessee Williams à peça de Ken Kesey *One flew over the cuckoo's nest*, depois filmada por Milos Forman, e do filme *Frances*, que reportava a vida da artista e ativista Frances Farmer, que, sabe-se hoje, nunca foi lobotomizada, tudo serve como arma.

Em Portugal apenas se reconhecem duas personalidades públicas que foram submetidas à leucotomia, mas nenhuma delas originou igual polêmica. Uma foi a mulher de Marcello Caetano, que ocupou sempre um lugar muito discreto na vida pública de seu marido. A outra foi Raul Proença, autor, entre outras obras, do *Guia de Portugal*,[209] político e intelectual republicano, colaborador da Seara Nova, cujo "mergulho na loucura" é descrito em pormenor na monumental biografia de António Reis. A saúde mental de Proença começou a ficar abalada com a notícia da morte inesperada de sua mãe, em 1930. Em meados de junho desse ano Proença refere um ataque de loucura "curto mas muito violento", nas palavras de Jaime Cortesão em carta a José Rodrigues Miguéis. O diagnóstico deste de "sífilis cerebral" não tem comprovação fidedigna. Mais tarde, o professor Henri Claude, de Paris, que o internara, e que Egas conhecia bem, ter-lhe-á diagnosticado uma forma de "esquizofrenia com episódios paranoides e tendências autodestrutivas". Havia de fato uma clara ideação paranoide, expressa, por exemplo, num delírio de ciúme em relação a sua mulher. Em 1932 Proença é internado no

---

[209]Neste guia, Egas é o autor, em parceria com Proença, do artigo dedicado a Ovar.

Hospital do Conde de Ferreira, no Porto. Entretanto a situação clínica continuava a deteriorar-se e em 17 de abril de 1937 Raul Proença sai pela primeira vez do Hospital do Porto para ser submetido a uma leucotomia em Santa Marta, sendo operado por Lima. Aparentemente houve melhoria sensível e em 5 de junho escreve do Porto a Egas, a quem trata por "Exmo. amigo", anunciando-lhe que nada de notável tinha a acrescentar sobre a sua saúde. Egas, otimista incorrigível, responde-lhe em 13-6-37: "Vejo por ela [a carta] que está melhor; mas esperava que já fosse confirmando o que deduzi da sua carta." Em carta à filha, Proença diz: "Quanto à minha saúde, correm boatos de que está melhor." A verdade é que em abril de 1938 Proença publica na *Seara Nova* um artigo a corrigir uma interpretação de Sant'Anna Dionísio sobre o seu pensamento a propósito de uma questão filosófica. Egas felicita-o em 10-4-1938 pela "forma admirável como disseca a argumentação do seu crítico e ainda pela elegância do estilo precioso e rico". E não ficou por aqui a sua atividade intelectual, sinal de que o procedimento cirúrgico não afetara esta esfera da sua personalidade. O delírio persecutório regressaria, no entanto, em novembro desse ano.

O artigo sobre Egas que consta da página oficial da Fundação Nobel escrito por Bergt Jannson está igualmente cheio de incríveis imprecisões, entre as quais as de que a psicocirurgia era usada sobretudo no tratamento da esquizofrenia e Egas tinha sido ferido numa perna por um doente e passara o resto da vida em cadeira de rodas. O biógrafo de Freeman, El-Hai, não é mais rigoroso, dizendo que Egas tinha ficado parcialmente paralisado e não recuperara o uso da mão. Igualmente leviano foi, por exemplo, um artigo do *Público* de 17-11-2004 intitulado "Egas Moniz desnobelizado", que diz, entre outras coisas, que Freeman acabara por ser proibido de exercer a profissão em 1965, por ter matado um paciente com um "golpe mais profundo" em plena operação.

Talvez a argumentação mais violenta seja a do livro de Elliot Valenstein, intitulado *Great and desperate cures*, publicado em 1986. Valenstein, psicólogo, esteve em Portugal e entrevistou vários colaboradores de Egas, entre os quais Lima. Não me vou alongar sobre o chorrilho de falsidades e aleivosias que o livro contém. Cito apenas, entre muitas,

EPÍLOGO

que Egas teria começado a angiografia porque Sicard, um neurologista francês, o encorajara, e que "well aware that several other groups were planning to do similar research as the essential technique already existed, continued to work with amazing speed".[210] O livro mereceu uma revisão encomiástica de MacDonald Critchley no *New York Review of Books* de 24-4-1986. Intitulava-se "Unkind cuts". Critchley afirma que fora em relação à lobotomia "little more than a disapproving onlooker"; "I was never an active protester, I regret to say".[211] O ataque a Egas é miserável e mesmo o prefácio de Babinski ao livro da angiografia não é poupado: "He was being extravagant in his praise, for to design a clinical device entails ingenuity rather than inspiration."[212] A explicação do comportamento de Egas vai encontrá-la numa nota biográfica, aliás muito equilibrada, de António Damásio. Para Critchley, "he was a life long gambler, something that implies an innate recklessness".[213] Recorde-se que em Lisboa, em 1974, Critchley falara da importância da contribuição de Egas nos seguintes termos: "We owe, and shall continue to owe, so much to the imaginative genius of Professor Egas Moniz."[214] Igualmente violento foi Oliver Sacks, neurologista e autor de vários *best-sellers*, que num ensaio que intitulou "The last hippie" diz de Egas: "His lack of rigor, his recklessness, and perhaps dishonesty were all overlooked in the flush of therapeutic enthusiasm",[215] observação que sustenta na crítica de Critchley.

Uma viagem pela Web revela-nos as mais incríveis acusações. A *www.simpleton.com* equipara Freeman ao Dr. Kevorkian, o paladino do suicídio assistido nos EUA, e explica o comportamento daquele pelo fato de ter sido flagelado em criança pelo pai. A *Autonomy & Solidarity* diz

---

[210] "Conhecedor de que vários outros grupos planeavam investigação semelhante porque a técnica fundamental já existia, continuou a trabalhar com uma velocidade incrível."

[211] "Pouco mais que um espectador crítico"; "Nunca fui um adversário ativo, lamento dizê-lo."

[212] "Estava a ser excessivo no seu elogio, pois inventar um instrumento clínico implica mais engenho que inspiração."

[213] "Foi toda a vida um jogador, algo que implica uma temeridade inata."

[214] "Devemos e continuaremos a dever muito ao gênio imaginativo do professor Egas Moniz."

[215] "A sua falta de rigor, a sua temeridade, e talvez desonestidade, foram ignoradas na torrente do entusiasmo terapêutico."

que a lobotomia foi usada para curar uma série de "males", incluindo a ninfomania, o socialismo e uma sede insaciável de liberdade. A mais ativa, no entanto, é a *www.psychosurgery.org*, fundada por Christine Johnson, uma bibliotecária médica cuja avó terá sido lobotomizada em 1954 e que está envolvida numa cruzada violenta para retirar o Nobel de Egas. Assim, foi recolhendo depoimentos no seu *site*, entre eles o de alguém que diz que a mãe foi lobotomizada, estando grávida, para tratar cefaleias crônicas. Por seu lado, Álvaro Macieira Coelho, um outro sobrinho-neto de Egas, cientista de reputação internacional, diretor de um programa do INSERM em França e agora retirado, mantém um blogue, *http://egas-moniz.blogspot.com*, muito interessante, que tem contribuído para contrapor argumentos sólidos a esta cruzada.

Têm surgido igualmente outras análises seguindo uma perspectiva mais sociológica, como a de Manuel Correia,[216] focando, por exemplo, o que consideram a extrema violência da psicocirurgia. Embora cobrindo as várias modalidades cirúrgicas e o seu sucessivo refinamento técnico, não são isentas de um profundo preconceito anticientífico, argumentando, por exemplo, que o grau de precisão era "improvavelmente baixo", os resultados "duvidosos", o seguimento "breve" e revelava "desprezo" pelo que mais tarde se viria a chamar "consentimento informado", questão sempre avaliada à luz das exigências éticas atuais. A outra comparação é com os medicamentos psicotrópicos, que, na realidade, estão longe de ser inócuos, fato que em análises comparativas é sempre conveniente esquecer. A hipótese de que a "contenção e moderação das práticas associadas à psicocirurgia" se deveram a alterações históricas de relevo, como "a derrota das potências do Eixo na Segunda Guerra Mundial, a recodificação dos direitos e dos deveres de médicos, cientistas e pacientes", não tem qualquer fundamento. De fato, o declínio da psicocirurgia a partir da década de 1950 deveu-se, fundamentalmente, ao aparecimento dos medicamentos psicotrópicos.

É um exercício espúrio e inconsequente julgar as duas contribuições de Egas Moniz à luz dos preceitos éticos atuais. Infelizmente, este jul-

---

[216]Cf: "O caráter histórico-social da violência: o exemplo da psicocirurgia."

EPÍLOGO

gamento retroativo está muito na moda, sabe-se lá se para absolvição de más consciências, se para ocultar alguns desvarios da modernidade. É indispensável por isso colocar as apreciações éticas no contexto do tempo em que ocorreram as práticas médicas que se propõem avaliar. Recorde-se que o primeiro código ético nasceu em 1947, na sequência do julgamento de Nuremberg que tinha no banco 23 réus, entre os quais vinte médicos. No Código de Nuremberg, salientava-se a necessidade do consentimento informado, a importância do recurso à experimentação animal, a necessidade de avaliar riscos e benefícios e a importância da competência profissional de quem conduz a experimentação. A angiografia surge vinte anos e a leucotomia pré-frontal dez anos antes da codificação destes princípios. Em ambas se pode legitimamente alegar que houve experimentação animal prévia. É certo ainda que ambas as investigações respondiam a necessidades diagnósticas e terapêuticas. No entanto, não teria sido fácil hoje prosseguir nas tentativas angiográficas depois dos nove primeiros casos se saldarem num insucesso, e ter mesmo ocorrido uma morte. Quanto à psicocirurgia, para uma comissão de ética *atual* que eventualmente a julgasse, seria certamente uma decisão muito difícil. Note-se, em abono da verdade histórica, que em relação à questão do consentimento informado aplicada a estes dois procedimentos reinava na altura um paternalismo absoluto, uma espécie de despotismo clínico esclarecido, mas mesmo assim Egas revelou prudência e tato. Mais tarde, porém, quando se perceberam os riscos envolvidos na psicocirurgia, particularmente pelas alterações irreversíveis da personalidade, a questão passou a ser considerada com outra reserva. Setenta anos depois, vai amadurecendo cada vez mais um novo ramo da ética médica, a neuroética, que estuda matérias tão diversas como as bases neurológicas dos comportamentos sociais ou da moralidade, a investigação e a prática da psicocirurgia e a aplicação das neurotecnologias, e o desafio é tremendo. De certo modo, a psicocirurgia teve o mérito de suscitar uma reflexão acadêmica, filosófica e moral que hoje se estende a muitos outros domínios das neurociências.

Deixei propositadamente para o fim o mais importante e, para mim, paradoxalmente, também o mais fácil. Que valem hoje as duas contribuições de Egas Moniz? A angiografia manteve-se viva durante décadas como técnica de diagnóstico quase exclusiva das lesões tumorais, vasculares e traumáticas do sistema nervoso. Com o tempo, tem sido pouco a pouco substituída por técnicas não invasivas, quer de tomografia axial, quer de ressonância magnética. No entanto, desempenha hoje um papel indispensável e previsivelmente perene como técnica de intervenção terapêutica, a única aplicação que Egas não terá previsto, que permite, por exemplo, tratar um aneurisma intracraniano sem cirurgia ou desentupir uma artéria coronária. O alargamento da área das aplicações das novas tecnologias médicas é uma característica intrínseca destas e a angiografia cumpre assim o seu destino.

Quanto à psicocirurgia, depois de se ter recolhido na quase clandestinidade durante anos, ressurge hoje com renovado entusiasmo e com outra maturidade científica, pelo progresso da biologia das doenças psiquiátricas, por maior rigor na sua aplicação, pelo desenvolvimento de novas técnicas da imagiologia funcional e por outra exigência quanto à ética do consentimento. É evidente na literatura médica mais recente um claro revisionismo da posição crítica em relação à psicocirurgia. Lerner escrevia em 2005, num editorial no prestigiado *New England Journal of Medicine*: "Lobotomy was not, as it was long considered, an aberrant and cruel therapy promulgated by fringe practioners. Rather, it exemplified a common characteristic of medical practice, in which doctor and patients have often felt the need to 'do something' in the face of seemingly hopeless situations."[217] George Tezar, um psiquiatra, escrevia recentemente na revista *Neurosurgery*: "The medical profession owes no apologies for the practice of lobotomy. Instead, it should celebrate the practice as a bold beginning of a evolution that continues to enfold rather than life and scapegoat the likes of Walter Freeman."[218]

---

[217]"A lobotomia não foi, como durante muito tempo se considerou, uma terapia aberrante e cruel propagada por médicos marginais. Pelo contrário, exemplifica uma característica comum da prática médica, em que médicos e doentes muitas vezes sentem a necessidade de 'fazer alguma coisa' em face de situações aparentemente desesperadas."
[218]"A profissão médica não deve desculpas pela prática da lobotomia. Em vez disso, deve celebrar esta prática como um começo ousado de uma evolução que continua a progredir e não procurar bodes expiatórios como Walter Freeman."

EPÍLOGO

Já em 31-7-1948, no discurso de recepção de Walter Freeman na Academia das Ciências, Lima declarara que Egas e o norte-americano tinham aberto uma caixa de Pandora, "but unlike the one in the fable it contains a mixture of very good things and dangerous ones too". E acrescentava: "I cannot foresee what the fate of cerebral leucotomy as a therapeutic method will be. It is probable that sooner or later it will be superseded by better and safer methods."[219] A psicocirurgia está praticamente confinada à doença obsessiva-compulsiva e a estados de ansiedade refratários a qualquer outra terapêutica, mas é possível que as suas indicações se alarguem, por exemplo, a situações de dependência e toxicofilia e até ao tratamento da obesidade. À ablação de áreas de extensão variável e limites imprecisos sucedeu a inibição reversível de circuitos restritos através da estimulação cerebral profunda, que tem como consequência o silenciamento temporário dos neurônios e dos circuitos que integram. O procedimento foi aprovado pela Food and Drug Administration norte-americana em novembro de 2009. A este propósito lia-se no *New York Times*: "The great promise of neuroscience at the end of the last century was that it would revolutionize the treatment of psychiatric problems. But the first real application of advanced brain science is not novel at all. It is a precise, sophisticated version of an old controversial approach: psychosurgery in which doctors operate directly in the brain."[220] Não há dúvida, pois, de que a intuição de Egas e o seu destemor abriram um caminho sem retorno na cirurgia funcional do sistema nervoso.

Em 26-3-2010, um artigo que agregava como autores, entre outros, três nobelizados — Sidney Brenner, Eric Kandel e James Watson —, publicado na revista *Science*, afirmava que doenças como a esquizofrenia,

---

[219]"Mas, ao contrário da caixa da fábula, esta contém uma mistura de coisas muito boas mas também muito perigosas." "Não consigo prever qual será o destino da leucotomia como método terapêutico. É provável que mais cedo ou mais tarde seja ultrapassada por métodos melhores e mais seguros."

[220]"A grande promessa da neurociência no princípio do século passado era revolucionar o tratamento dos problemas psiquiátricos. Mas a primeira aplicação real da neurociência avançada não é nada nova. É uma versão precisa, sofisticada, de uma abordagem antiga e controversa: psicocirurgia em que o médico intervém diretamente no cérebro."

o autismo, a depressão ou a doença obsessiva seriam provavelmente resultantes de disrupções dos circuitos neuronais. Um defeito no desenvolvimento, na estrutura anatômica, na integração funcional ou na dinâmica destes circuitos poderia ser o causador destas constelações de sintomas. De fato, a ideia original de Egas da perturbação de circuitos neuronais é agora reforçada pelas modernas técnicas de biologia molecular e das neurociências.

O lugar na história que Egas Moniz procurou com tanta persistência e perícia é seu e de pleno direito. Estou convicto, e as suas cartas a Almeida Lima mostram-no bem, que tudo nasceu na mente de um clínico pragmático e impaciente quanto às limitações da sua arte, que, simplesmente, decidiu deitar mãos à obra. A perseverança e a ambição fizeram o resto. O juízo que dele fez Norman Dott, o grande neurocirurgião escocês, certamente ter-lhe-ia agradado: "He was a kind, cultured, Portuguese gentleman of quiet, serene disposition, but with a flair for active leadership, an historian, a politician and a gourmet, a doctor of medicine and primarily a clinical therapist, one who viewed his patients suffering with intolerance, who ardently desired to help the sick."[221]

---

[221]"Ele era um gentleman português amável, culto, com um feitio sereno, mas com um instinto para a liderança ativa, um historiador, um político e um gourmet, um médico, e, principalmente, um terapeuta clínico, que via o sofrimento dos pacientes com intolerância, que desejava ardentemente ajudar os doentes."

Agremiações e sociedades científicas a que Egas Moniz pertenceu

Academia de Direitos Humanos — Advisory Member;

Academia Mundial dos Artistas e Professores de Roma — Presidente da Classe de Medicina;

Academia Americana de Neurologia — Membro;

Academia Brasileira das Letras — Sócio correspondente;

Academia das Ciências de Lisboa — Presidente, vice-presidente da Classe de Ciências, sócio de mérito;

Academia de Ciências e Belas-Artes de Lyon — Membro associado;

Academia de Medicina de Madrid — Acadêmico de honra;

Academia de Medicina Fancesa — Membro correspondente;

Academia Médico-Cirúrgica de Ferrara — Membro honorário;

Academia Mexicana de Cirurgia — Membro honorário;

Academia Nacional de Medicina do Rio de Janeiro — Membro honorário;

Associação Acadêmica de Coimbra — Sócio honorário nº 1;

Associação de Jornalistas e Homens de Letras do Porto — Sócio honorário;

Associação de Neurocirurgia Americana (Harvey Cushing Society) — Membro honorário;

Associação de Neuropsiquiatria da Espanha — Sócio correspondente estrangeiro;

Associação Espanhola de Escritores Médicos — Membro correspondente;

Associação Paulista de Medicina — Sócio honorário;

Bombeiros Voluntários de Sintra — Sócio honorário;

Grupo de Estudos Brasileiros do Porto — Sócio honorário;

Instituto Brasileiro de História da Medicina — Membro honorário;

Instituto de Coimbra — Sócio honorário;

Real Academia das Ciências de Madrid — Membro correspondente;

Real Sociedade de Medicina de Londres — Membro honorário;

Royal Medico-Psychological Association — Membro honorário;

Sociedade Alemã de Neurocirurgia — Membro honorário;

Sociedade Brasileira de Neurologia, Psiquiatria e Medicina Legal do Rio de Janeiro — Sócio honorário;

Sociedade das Ciências Médicas de Lisboa — Presidente;

Sociedade de Cirurgia de Língua Francesa — Membro honorário;

Sociedade de Hidrologia e Climatologia de Paris — Membro correspondente estrangeiro;

Sociedade de Medicina e Cirurgia de São Paulo — Sócio honorário;

Sociedade de Neurologia de Nova York — Sócio honorário;

Sociedade de Neurologia e Psiquiatria de Buenos Aires — Membro correspondente estrangeiro;

Sociedade Humanitária do Porto — Presidente honorário de mérito;

Sociedade Luso-Espanhola de Neurocirurgia — Presidente honorário;

Sociedade de Oto-Neuro-Oftalmologia de Estrasburgo — Sócio correspondente estrangeiro;

Sociedade Portuguesa de Medicina Veterinária — Sócio honorário;

Sociedade Portuguesa de Radiologia Médica — Sócio honorário;

Société de Neurologie de Paris — Membro correspondente estrangeiro;

Society of British Neurological Surgeons — Membro emérito;

Sport Lisboa e Benfica — Sócio honorário nº 17.

Doutoramentos Honoris Causa

Bordeaux;
Lyon.

Condecorações

Comendador da Legião de Honra;
Grã-Cruz de Santiago da Espada;
Grã-Cruz de Isabel de Castela;
Grã-Cruz Ordem de Instrução Pública e Benemerência;
Grande Oficial da Ordem da Coroa de Itália;
Medalha de Ouro da Cruz Vermelha Alemã.

Bibliografia de Egas Moniz

Pareceu-me importante registrar separadamente os artigos, prefácios e monografias de Egas Moniz. Nem todos são mencionados no texto. Selecionei apenas os que me pareceram mais relevantes para a narrativa. Socorri-me da bibliografia editada em 1963 pelo Centro de Estudos Egas Moniz, corrigida e anotada para seu uso, por meu pai, João Alfredo Lobo Antunes. Dei-lhe também um arranjo um pouco diferente, distinguindo os vários tipos de publicações e tornando assim mais acessível ao leitor a extensíssima bibliografia de Egas Moniz.

Artigos científicos

1906 — "O perigo alcoólico", *Boletim da Assistência Nacional aos Tuberculosos.*

1911 — "Tabes Juvenil. Um caso aos 18 anos", *Medicina Contemporânea.*

1912 — "Um caso de tumor da protuberância", *Medicina Contemporânea.*

"Réflexes du coude chez les hémiplégiques", *Revue Neurologique.*

"Trois cas de tumeurs de l'angle ponto-cérébelleux", *Nouvelle iconographie de la Salpêtrière.*

"Curso de Neurologia — Lição de abertura", *Medicina Contemporânea.*

"Inversion du reflèxe du radius dans un cas de syringomyélie", *Revue Neurologique.*

1913 — "Um caso de tumor intrapontino", *Gazeta dos Hospitais do Porto.*

"Um caso de hemianestesia dissociada", *Jornal da Sociedade das Ciências Médicas.*

"Myoclonies essentielles", *Nouvelle iconographie de la Salpêtrière.*

1914 — "Um caso de polioencefalite subaguda, hemorrágica, de Wernicke, com síndroma do núcleo vermelho", *A Medicina Contemporânea.*

"As novas ideias sobre hipnotismo. Aspectos médico-legais", *Revista da Universidade de Coimbra.*

"O síndroma bulbar inferior", comunicação feita à Sociedade das Ciências Médicas de Lisboa, *A Medicina Contemporânea.*

1915 — "As bases da psicanálise — Lição do Curso de Neurologia da Faculdade de Medicina de Lisboa", *A Medicina Contemporânea.*

"Polioencéphalite subaiguë hémorragique de Wernicke, avec syndrome du noyau rouge. Modifications du liquide céphalorachidien et complications optiques", *Revue Neurologique.*

"O síndroma de Brown-Séquard nas mielites", *A Medicina Contemporânea.*

1916 — "Um caso de acromegalia", em colaboração com Cancela de Abreu, *A Medicina Contemporânea.*

"Le signe de la flexion plantaire du gros orteil avec la jambe en flexion", *Revue Neurologique.*

"Sobre a sintomatologia de tumores e abcessos cerebrais", *A Medicina Contemporânea.*

"Tumor cerebral da circunvolução frontal ascendente direita", *A Medicina Contemporânea.*

1917 — "Un cas de tumeur de l'angle ponto-cérébelleux", *Nouvelle iconographie de la Salpêtrière.*

"Os comocionados da guerra", *Portugal Médico.*

"Um erro da pessoa, como causa de nulidade de casamento (parecer médico-legal, em colaboração com Carneiro Pacheco)", *Boletim da Faculdade de Direito de Coimbra.*

"Simuladores e exageradores", *A Medicina Contemporânea.*

"O torpedeamento de Vincent", *Portugal Médico.*

1918 — "Sur la symptomatologie des tumeurs et des abcès cérébraux. Considérations sur le centre cortical de la déviation conjuguée des yeux et de la tête. À propos d'un (cas) de sarcome profond dans la partie antérieure de la circonvolution frontale ascendante à la hauteur de la seconde frontale. Extirpation", *Nouvelle iconographie de la Salpêtrière.*

1919 — "As substituições no sistema nervoso", *A Medicina Contemporânea.*

1921 — "O conflito sexual", *Portugal Médico.*

"Sur le trophoédème chronique de Meige. Nouveaux cas. Considérations générales", *Revue Neurologique.*

1922 — "Síndromas hipofisários", *Portugal Médico.*

1923 — "Maladie de Recklinghausen. Gros neurofibrome de la langue", *Revue Neurologique.* Publicado em português no *Jornal* de Ciências Matemáticas, Físicas e Naturais, da *Academia das Ciências de Lisboa.*

"Sur la sclérodermie de forme radiculaire", *Revue Neurologique.*

Publicado em português no Jornal *de Ciências Matemáticas, Físicas e Naturais*, da Academia das Ciências de Lisboa.

"Trois cas de compression médullaire, dont deux ont été opérés avec succès", *Revue Neurologique.*

1924 — "Parkinsonismo tardio post-encefalítico", *Lisboa Médica.*

1925 — "L'acromacrie", *Revue Neurologique.*

"Um caso de encefalite epidêmica letárgica de forma mental", *A Medicina Contemporânea.*

"Compressões intrarraquídias e a prova lipiodolada de Sicard", *Lisboa Médica.*

"La pachyméningite spinale hypertrophique et les cavités médullaires", *Revue Neurologique.*

"A propósito de um caso de epilepsia jacksoniana", *Revista Médica de Barcelona.*

"A propósito de um caso de síndroma talâmico puro", *A Medicina Contemporânea.*

"Sobre a encefalite letárgica", *Jornal de Ciências Matemáticas, Físicas e Naturais*, da Academia das Ciências de Lisboa.

1926 — "Compression médullaire après la fracture de la IV vertèbre chez un malade atteint de spondilose rhizomélique. Opération. Amélioration", *Revue Neurologique.*

"Formas atípicas de encefalite epidêmica", *Lisboa Médica.*

"Neoplasias da medula cervical. Tratamento eficaz em dois casos, pela radioterapia", *Lisboa Médica.*

"Perturbações esfincterianas e espina bífida oculta", *Lisboa Médica.*

"Sur les symptômes sympathiques des tumeurs justa-vertebrales cervico-dorsales. À propos d'un cas de sarcome de la seconde côté droite", *Revue Neurologique.*

1927 — "L'encéphalographie artérielle, son importance dans la localisation des tumeurs cérébrales", *Revue Neurologique.*

"Injections intracarotidiennes et substances injectables opaques aux rayons X", *Presse Médicale*.

"Marcha 'a fundo' num antigo encefalítico", *A Medicina Contemporânea*.

"Mioclonias de origem cortical", *Lisboa Médica*.

"A prova da encefalografia arterial", *Lisboa Médica*.

"La radioartériographie cérébrale", *Bulletin de l'Académie de Médecine*.

"Radiografia das artérias cerebrais", *Jornal da Sociedade das Ciências Médicas de Lisboa*.

"A radioterapia cerebral", *A Medicina Contemporânea*.

"Tumeur du lobe frontal droit visible à la radiographie", *Revue Neurologique*.

"Une tumeur visible à la radiographie chez un épileptique", *Journal de Neurologie et Psychiatrie de Bruxelles*.

"Les tumeurs du corps calleux. Rapport entre l'âge et les troubles mentaux", *L'Encéphale*.

1928 — "Accès épileptiques à aspect jacksonien homolateral déterminés par l'injection d'iodure de sodium", em colaboração com Almeida Lima, *Comptes rendus Société Portugaise de Biologie*.

"L'action spasmodique de l'iode libre dans l'arbre artériel de la carotide interne", *Revue de Oto-Neuro-Ophtalmologie*.

"Considérations anatomiques sur le paquet sylvien vu à la radiographie chez le vivant", *Arquivo de Anatomia e Antropologia*.

"A encefalografia arterial no diagnóstico dos tumores cerebrais", *Boletim da Academia Nacional de Medicina* (Brasil).

"L'encéphalographie artérielle", *Journal de Médecine de Bordeaux*.

"L'encéphalographie artérielle et le diagnostic d'une tumeur de la partie antérieure du lobe temporal gauche", em colaboração com Almeida Lima, *L'Encéphale*.

"L'épreuve de l'encéphalographie artérielle dans le diagnostic de quatre cas de tumeurs cérébrales opérés", em colaboração com Almeida Lima e Amândio Pinto, *Presse Médicale*.

"L'injection de la solution d'iodure de sodium dans la carotide externe. Réflexe d'expectoration", em colaboração com António Martins e Almeida Lima, *Comptes-Rendus des Séances de la Société de Biologie — Section Portugaise*.

"Les méthodes radiodiaphoriques dans la localisation des tumeurs cérébrales. Nouvelle technique radiologique de l'encéphalographie artérielle", *Revue Neurologique*.

BIBLIOGRAFIA DE EGAS MONIZ

"Un nouveau cas de diagnostic de tumeur cérébrale 'post mortem' par l'encéphalographie artérielle", em colaboração com Almeida Lima, *Revue Neurologique*.

"Nouvelle technique de l'encéphalographie artérielle. Quelques cas de localisation de tumeurs cérébrales", *Presse Médicale*.

"A propósito das injeções carotídeas. Aspectos fisiológicos e fisiopatológicos", *A Patologia Geral*.

"La radioartériographie et la topographie cranio-encéphalique", em colaboração com Almeida Lima e Almeida Dias, *Journal de Radiologie et d'Électrologie*.

"A técnica da encefalografia arterial no homem; sua importância na localização das neoplasias cerebrais", *Atas do III Congresso Nacional de Medicina*.

"Tumeur cérébrale localisée par l'encéphalographie artérielle. Opération", *Revue Neurologique*.

"Zones réflexogènes carotidiennes chez l'homme, excitées par les injections d'iodure de sodium dans la carotide primitive", em colaboração com António Martins e Eduardo Coelho, *Comptes rendus des séances de la Société de Biologie — Section Portugaise*.

1929 — "Ação terapêutica das injeções intracarotídeas de iodeto de sódio", *Lisboa Médica*.

"Die arterielle Enzephalographie als Methode zur lokälisierung von Hirntumoren", *Klinische Wochenschrift*.

"A encefalografia arterial como subsídio operatório", *A Medicina Contemporânea*.

"A arteriografia cerebral na meningite serosa circunscrita", *A Medicina Contemporânea*.

"L'artériographie cérébrale de l'hypertension crânienne", *Revue Neurologique*.

"Dentição tardia numa centenária", *A Medicina Contemporânea*.

"Le diagnostique différentiel entre les méningiomes et les autres tumeurs cérébrales par l'épreuve de l'encéphalographie artérielle", em colaboração com Amândio Pinto e Almeida Lima, *Revue Neurologique*.

"Diagnóstico encefalográfico dos tumores cerebrais", *A Medicina Contemporânea*.

"Encefalografia arterial. A propósito de las infecciones carotídeas", *Revista d'Oto-Neuro-Oftalmológica y de Cirurgía Neurológica de Buenos Aires*.

"L'encéphalographie artérielle", *Bruxelles-Médical*.

"L'épreuve encéphalographique dans un cas de tumeurs multiples du cerveau", em colaboração com Almeida Lima, *Revue Neurologique.*

"Les injections carotidiennes dans le but thérapeutique", em colaboração com Almeida Lima, *Jornal da Sociedade das Ciências Médicas de Lisboa.*

"Le luminal comme préventif des accès épileptiques provoqués", *Jornal da Sociedade das Ciências Médicas de Lisboa.*

"La ponction lombaire comme préparation opératoire dans les cas de tumeurs cérébrales", *Jornal da Sociedade das Ciências Médicas de Lisboa.*

"À propos de l'hypertension crânienne", em colaboração com Amândio Pinto e Almeida Lima, *Revue d'Oto-Neuro-Ophtalmologie.*

"Sobre a circulação dos meningiomas", *Portugal Médico, Comptes rendus Société de Biologie.*

"Le syndrome de la pseudohypertension crânienne artérioscléreuse. Aspects radioartériographiques", *L'Encéphale.*

"Trois nouveaux cas de cure, au moins provisoire, du syndrome d'hypertension crânienne par les injections intracarotidiennes d'iodure de sodium", *Revue Neurologique.*

1930 — "Aspectos arteriográficos del cérebro en los casos de tumor del lobulo frontal", em colaboração com Amândio Pinto e Almeida Lima, *Revista Médica de Barcelona.*

"Aspectos arteriográficos num caso de tumor da glândula pineal e tubérculos quadrigêmeos", *Lisboa Médica.*

"Aspects artériographiques du cerveau dans les tumeurs de la fosse cérébelleuse", em colaboração com Almeida Lima, *Revue Neurologique.*

"Considérations sur la pathogénie de l'hypertension crânienne", *L'Encéphale.*

"Le diagnostic des tumeurs cérébrales par l'encéphalographie artérielle", *Clinique et Laboratoire.*

"Myopathies myocloniques", *Revue Neurologique.*

"La palpation des carotides comme élément de diagnostic de l'artériosclérose cérébrale", *Revue Neurologique.*

"Uma primeira série de casos de cirurgia medular", em colaboração com Amândio Pinto e Almeida Lima, *Lisboa Médica.*

"A propósito de dentição tardia múltipla", *A Medicina Contemporânea.*

"Sur la nature des tumeurs cérébrales", *Journal de Médecine de Bordeaux.*

"Tratamento cirúrgico dos tubérculos solitários do encéfalo", comunicação à Academia das Ciências de Lisboa, *A Medicina Contemporânea.*

BIBLIOGRAFIA DE EGAS MONIZ

"Tumeur de la glande pinéale, irriguée par un seul des groupes sylviens. Diagnostic par l'épreuve encéphalographique", em colaboração com Amândio Pinto e Almeida Lima, *Revue Neurologique.*

"Tumeurs cérébrales visibles aux rayons X chez les épileptiques", *Revue Neurologique.*

1931 — "Ablação dos dois terços anteriores do lobo temporal esquerdo num caso de tumor cerebral. Cura", em colaboração com Amândio Pinto, Luís Pacheco e Almeida Lima. *Lisboa Médica.*

"Alguns casos de tumores cerebrais tornados visíveis pela prova encefalográfica", em colaboração com Amândio Pinto e Almeida Lima, *Revista d'Oto-Neuro-Oftalmológica y Cirugía Neurológica.*

"Alguns novos aspectos das encefalografias arteriais", *A Medicina Contemporânea.*

"Angiopneumographie", em colaboração com Lopo de Carvalho e Almeida Lima, *La Presse Médicale.*

"Arterial encephalography and its value in the diagnosis of brain tumors", em colaboração com Amândio Pinto e Almeida Lima, Surgery, *Gynecology and Obstetrics.*

"Aspergillose cérébrale", em colaboração com Romão Loff, Boletim da Academia das Ciências de Lisboa. *Presse Médicale.*

"Aus dem Gebiete der Angiopneumographie. Vorläufige Mitteilung", em colaboração com Lopo de Carvalho e Almeida Lima, *Beiträge zur Klinik der Tuberkulose.*

"La circulation veineuse du cou et la décharge veineuse de l'encéphale", em colaboração com Lopo de Carvalho e Almeida Lima, *Comptes rendus des séances de la Société de Biologie — Section Portugaise.*

"Diagnostic encéphalographique des tumeurs cérébrales par visibilité et déplacement des artères", em colaboração com Âmandio Pinto e Almeida Lima, *Bordeaux Chirurgical.*

"La encefalografía arterial", *Archivos de Neurobiología.*

"Guérison de l'hypertension intracrânienne dans un cas de tumeur du 'septum lucidum'. III ventricule et ventricule latéral", em colaboração com Almeida Lima, *Journal de Médecine de Lyon.*

"Hemibalismo. A propósito de três casos", *Lisboa Médica.*

"La localisation des tumeurs cérébrales par l'encéphalographie artérielle", rapport présenté au Congrès Neurologique International de Berne, *Revue*

Neurologique. Lisboa Médica. Revista Oto-Neuro-Oftalmológica y de Cirugía Neurológica.

"O opistótono, sintoma dominante num caso de tumor do cerebelo", *Lisboa Médica.*

"Le sondage des veines et la pression dans les troncs veineux de l'homme", em colaboração com Lopo de Carvalho e Almeida Lima, *Comptes rendus des séances de la Société de Biologie — Section Portugaise.*

"À propos de l'article 'Nouvelle méthode de radiographie des artères et des veines sur le vivant, ses applications cliniques au diagnostic'", *Presse Médicale.*

"A prova encefalográfica por injeções livres na carótida interna e na carótida primitiva", em colaboração com Almeida Lima, *A Medicina Contemporânea, Jornal da Sociedade das Ciências Médicas de Lisboa.*

"Reflexões a propósito de dois casos de tumores do lobo frontal com prova encefalográfica", *Acta Médica Latina.*

"Resultados do emprego do 'thorotrast' na prova de encefalografia arterial", em colaboração com Amândio Pinto e Almeida Lima, *A Medicina Contemporânea.*

"Sintomatologia intermitente nos tumores do lobo frontal", *Portugal Médico.*

"Sur la sensibilité des veines du cou et de l'oreillette droite", em colaboração com Lopo de Carvalho e Almeida Lima, *Comptes rendus des séances de la Société de Biologie — Section Portugaise.*

"Le thorotrast dans l'encéphalographie artérielle", em colaboração com Amândio Pinto e Almeida Lima, *Revue Neurologique.*

"Tumeurs cérébrales visibles par l'épreuve encéphalographique", em colaboração com Amândio Pinto e Almeida Lima, *Lyon Chirurgical.*

"Tumor intramedular. Tetraplegia. Cura pela radioterapia", *Boletim da Academia das Ciências de Lisboa.*

"A visibilidade aos raios X dos vasos pulmonares obtida por injeções de líquido opaco na aurícula direita", em colaboração com Lopo de Carvalho e Almeida Lima, *Boletim da Academia das Ciências de Lisboa, Bulletin de l'Académie de Médecine de Paris.*

"A visibilidade dos vasos pulmonares. Primeiros ensaios de angiopneumografia", em colaboração com Lopo de Carvalho e Almeida Lima, *A Medicina Contemporânea.*

"Vitiligo en nappe. Symétrie des taches pigmentées restantes", *Revue Neurologique.*

BIBLIOGRAFIA DE EGAS MONIZ

1932 — "Alguns aspectos da encefalografia arterial", *A Medicina Contemporânea*.

"L'angiopneumographie et son application dans la tuberculose pulmonaire", em colaboração com Lopo de Carvalho e Almeida Lima, *La Presse Médicale*.

"L'artério-phlébographie comme moyen de déterminer la vitesse de la circulation du cerveau, des méninges et des parties molles du crâne", *Bulletin de l'Académie de Médecine, Annales de Médecine*.

"Aspectos radiográficos da circulação cerebral. Sua importância clínica", *Revista de Radiologia Clínica*.

"L'aspect à l'épreuve encéphalographique des angiomes artérielles dans le domaine de la carotide interne", em colaboração com Cancela de Abreu e Cândido Oliveira, *Revue Neurologique*.

"Aspects anatomiques, physiologiques et cliniques de l'artériographie cérébrale. Nouvelle technique par le thorotrast", *Revue Médicale de la Suisse Romande*.

"Nuevos aspectos de angiografía cerebral", *Revista d'Oto-Neuro-Oftalmológica y de Cirugía Neurológica Sud-Americana*.

"Paraplégie et macrogénitosomie précoce dans un cas l'hydrocéphalie congénitale avec os du crâne épais. Aspects en 'pattes d'araignée' de la circulation artérielle cérébrale des hydrocéphaliques", em colaboração com Almeida Lima, *Revue Neurologique*.

"Phlébographie cérébrale. Essais de détermination de la vitesse du sang dans les cappillaires du cerveau chez l'homme", em colaboração com Almeida Lima, *Comptes rendus des séances de la Société de Biologie — Section Portugaise*.

"Los progresos de la angiografía cerebral", *Revista Médica de Barcelona*.

"La sintomatología neurológica en el diagnóstico de los meningoblastomas y fibromas cerebrales. A propósito de dos nuevos casos", em colaboração com Almeida Lima, *Anales de Medicina Interna*.

"Seio reto e seio longitudinal inferior", em colaboração com Fernando de Almeida, *Folia Anatomica Universitatis Conimbrigensis*.

"Os seios venosos da dura mater, sua visibilidade aos raios X", em colaboração com Abel Alves e Fernando de Almeida, *Lisboa Médica*.

"Sintomatologia neurológica e arteriográfica dum volumoso tumor do lobo frontal esquerdo", *Hygia*.

"Sur la capacité des capillaires cérébraux", *Comptes rendus des séances de la Société de Biologie — Section Portugaise*.

"Sur le diagnostic de la cysticercose cérébrale. A propos de deux cas", em colaboração com Romão Loff e Luís Pacheco, *L'Encéphale*.

"La valeur diagnostique de l'épilepsie jacksonienne dans les tumeurs du lobe frontal. Trois cas opérés et guéris", em colaboração com Amândio Pinto e Almeida Lima, *Bordeaux Chirurgical*.

"Vantagens do método arterioflebográfico no estudo da velocidade de circulação do sangue no homem", *A Medicina Contemporânea*.

"Visibilidade aos raios X das veias profundas do cérebro", em colaboração com Fernando de Almeida e Abel Neves, *Lisboa Médica*.

"A visibilidade dos vasos pulmonares (angiopneumografia)", em colaboração com Lopo de Carvalho, Aleu Saldanha, Almeida Lima, José Rocheta, V. Lacerda, A. Carvalho e C. Vidal, *Lisboa Médica*.

"Visibilidade das veias do cérebro pela prova encefalográfica — Flebografia normal", em colaboração com Almeida Lima, *Lisboa Médica*.

"La visibilité des sinus de la dure-mère par l'épreuve encéphalographique", em colaboração com Abel Alves e Fernando de Almeida, *La Presse Médicale*.

"La visibilité des vaisseaux pulmonaires (angiopneumographie)", em colaboração com Lopo de Carvalho e Aleu Saldanha, *Journal de Radiologie et d'Électrologie*.

"Die Vorzüge des Thorotrast bei arterieller Enzephalographie", em colaboração com Amândio Pinto e Almeida Lima, *Röntgenpraxis*.

1933 — "Anévrisme intracrânien de la carotide interne droite rendu visible par l'angiographie cérébrale", Revue d'Oto-Neuro-Ophtalmologie, *Revista Oto-Neuro-Oftalmológica y de Cirugía Neurológica Sud Americana*.

"L'angiografia cerebrale", *Archivio di Radiologia*.

"L'angiographie cérébrale chez le vivant, son importance anatomique", *Folia Anatomica Universitatis Conimbrigensis*.

"Artériographie du cervelet et des autres organes de la fosse postérieure", em colaboração com Amândio Pinto e Abel Alves, *Bulletin de l'Académie de Médecine de Paris*.

"Aspecto flebográfico de um meningioma", em colaboração com Almeida Lima, *A Medicina Contemporânea*.

"Causalgia do membro superior esquerdo. Extração dos gânglios estrelado, primeiro e segundo dorsais. Cura", em colaboração com Romão Loff e Amândio Pinto, *Lisboa Médica*.

BIBLIOGRAFIA DE EGAS MONIZ

"Cerebral angiography, its application in clinical practice and physiology", *The Lancet*.

"Cerebral angiography with thorotrast", *Archives of Neurology and Psychiatry*.

"Circulation artérielle capillaire et veineuse des méningiomes", em colaboração com Almeida Lima, *Volume Jubilaire de Marinesco, Anales de Medicina*.

"As compressões medulares de linfogranulomatose maligna. Doença de Hodgkin. Tratamento operatório de um caso", em colaboração com Diogo Furtado, *Arquivos Rio Grandenses de Medicina*.

"Consideraciones sobre la angiografía normal y patológica del cerebro", *Actas Ciba*.

"Contribution à l'étude de l'arachnoidite spinale", em colaboração com Amândio Pinto e Diogo Furtado, *Revue Neurologique*.

"Dois casos raros de tumores medulares", em colaboração com Diogo Furtado, *Revista de Radiologia Clínica*.

"A filmagem da circulação cerebral", em colaboração com Almeida Lima e Pereira Caldas, *Medicina Contemporânea*.

"Grandes tumores cerebrais, sem síndroma de hipertensão craniana", em colaboração com Luís Pacheco, *Lisboa Médica*.

"L'importance diagnostique de l'artériographie de la fosse postérieure", em colaboração com Abel Alves, *Revue Neurologique*.

"Interpretação das opacidades nas séries angiográficas da cabeça", em colaboração com Abel Alves e Pereira Caldas, *Lisboa Médica*.

"Neurographie", em colaboração com Luís Pacheco, *Journal Belge de Neurologie et Psychiatrie*.

"Physio-Roentgenologie des Blutkreislaufs in Gehirn, in den Meningen und in den 'übrigen Geweben des Kopfes'", *Fortschritte auf den Gebiete der Roentgenstrahlen*.

"Produção esclerogomosa da dura-máter simulando um tumor cerebral", *A Medicina Contemporânea*.

"Production scléro-gommeuse de la dure mère simulant une tumeur cérébrale. Opération. Guérison", em colaboração com Âmandio Pinto, *A Medicina Contemporânea*.

"A prova encefalográfica do cérebro feita dos dois lados na mesma sessão operatória", em colaboração com Abel Alves, *Revista de Radiologia Clínica, Revue Neurologique*.

"A prova angiográfica nos casos de aneurismas e angiomas cerebrais", *Boletim da Academia das Ciências de Lisboa.*

"Le sinus droit et l'ampoule de Galien opacifiés par la voie du tronc basilaire", em colaboração com Fernando de Almeida, *Lisboa Médica.*

"Tronc basilaire et artères dérivées", *L'Encéphale.*

"Troubles circulatoires du cerveau produits par les tumeurs cérébrales dans le voisinage du siphon carotidien", em colaboração com Almeida Lima e Diogo Furtado, *La Presse Médicale.*

"Visibilidade aos raios X do tronco basilar, artéria cerebral posterior e artérias cerebelosas", em colaboração com Amândio Pinto e Abel Alves, *A Medicina Contemporânea.*

"Visibilidade em série da circulação cerebral tornada visível pelo iodeto de sódio e pelo thorotrast", em colaboração com Abel Alves, Pereira Caldas e Diogo Furtado, *Lisboa Médica.*

"Visibilité aux rayons X des veines temporales superficielles et occipitales", em colaboração com Diogo Furtado, *Folia Anatomica Universitatis Conimbrigensis.*

"The visibility of the pulmonary vessels (Angiopneumography)", em colaboração com Lopo de Carvalho, *Acta Radiológica.*

1934 — "Abcès isolé du bulbe", *Revue d'Oto-Neuro-Ophtalmologie.*

"Alterações do sistema venoso de Galeno em alguns casos de hemorragia cerebral profunda", *Boletim da Academia das Ciências de Lisboa.*

"Angiographies en série de la circulation de la tête", em colaboração com Almeida Lima e Pereira Caldas, *Revue Neurologique.*

"La barrera capilar en el cerebro y en los otros tejidos de la cabeza", *Boletin de la Universidad de Santiago de Compostela*, número especial in memoriam do professor Cadarso.

"Déformation et déplacement de l'ampoule et des veines de Galien par certains tumeurs cérébrales", *A Medicina Contemporânea.*

"L'épreuve angiographique dans les cas d'abcès cérébraux", em colaboração com Romão Loff, *Bordeaux Chirurgical.*

"L'évolution de la technique de l'angiographie cérébrale", *Progrès Médical.*

"Les hématomes sous-arachnoïdiens et les anévrismes cérébraux", *La Presse Médicale.*

"La phlébographie dans l'hémorragie cérébrale profonde", *Revue Neurologique.*

"A visibilidade das veias profundas do cérebro, importância de sua deformação e deslocação como elemento de diagnóstico em alguns casos de tumores cerebrais", *Boletim da Academia das Ciências de Lisboa.*

BIBLIOGRAFIA DE EGAS MONIZ

1935 — "Angiomes cérébraux. Importance de l'angiographie cérébrale dans leur diagnostic", *Bulletin de l'Académie de Médecine, Presse Médicale.*

"A angiografia no diagnóstico dos aneurismas e angiomas do cérebro", *Lisboa Médica, Comptes rendus of the International Congress of Neurology*, Londres, *Revue Neurologique.*

"Tumores da fossa posterior. Aspectos arteriográficos do cérebro nas dilatações ventriculares", *A Medicina Contemporânea.*

"Aspectos arteriográficos e flebográficos dos meningiomas da asa do esfenoide", *Lisboa Médica.*

"Aumento de circulação do diplóico da calote craniana na doença óssea de Paget", em colaboração com Almeida Dias e Luís Pacheco, *Lisboa Médica.*

"Avantages de l'épreuve angiographique dans la carotide primitive", *Clínica, Higiene e Hidrologia.*

"Les hallucinations auditives verbales dans un cas d'astrocytome du lobe temporal gauche", em colaboração com Romão Loff, *L'Encéphale.*

"Pseudoangiomes calcifiés du cerveau. Angiome de la face et calcifications corticales du cerveau (Maladie de Knud H. Krabbe)", em colaboração com Almeida Lima, *Revue Neurologique.*

"Résultats cliniques et physiologiques de l'angiographie cérébrale", *Schweitzerische Medizinische Wochenschrift*, 47.

"Terminologia médica", *A Medicina Contemporânea.*

1936 — "A angiografia cerebral no diagnóstico das lesões vasculares do cérebro", *Boletim da Academia das Ciências de Lisboa, Minerva Médica.*

"A angiografia cerebral ao serviço da clínica", *Coimbra Médica.*

"A cirurgia ao serviço da psiquiatria", Boletim da Academia das Ciências de Lisboa, *A Medicina Contemporânea.*

"Cirurgia das psicoses. Novos resultados terapêuticos", *Boletim da Academia das Ciências de Lisboa.*

"Essai d'un traitement chirurgical de certaines psychoses", *Bulletin de l'Académie de Médecine, Strasbourg Médical.*

"Obstrução da carótida interna à altura da carótida primitiva, denunciada pela arteriografia", em colaboração com Almeida Lima e Ruy Lacerda, *Boletim da Academia das Ciências de Lisboa, A Medicina Contemporânea.*

"Les possibilités de la chirurgie dans le traitement de certaines psychoses", *Lisboa Médica.*

"Les premières tentatives opératoires dans le traitement de certaines psychoses", *L'Encéphale*.

"Premiers essais de psychochirurgie. Technique et résultats", em colaboração com Almeida Lima, *Lisboa Médica*.

"Radiodiagnostic de la circulation cérébrale (Angiographie cérébrale)", rapport présenté à la Réunion Neurologique Internationale de Paris, 26 e 27 de maio de 1936, *Revue Neurologique*.

"Symptômes du lobe pré-frontal", em colaboração com Almeida Lima, *Revue Neurologique*.

"Trombose da carótida interna", em colaboração com Almeida Lima e Ruy de Lacerda, *Imprensa Médica*.

1937 — "Arteriografia acidental da fossa posterior por injeção na artéria vertebral", em colaboração com Joaquim Imaginário, *Boletim da Academia das Ciências de Lisboa*.

"Déformations des sinus droit et longitudinal inférieur et des veines profondes du cerveau dans le diagnostic des néoplasies cérébrales", *Zentralblatt für Neurochirurgie*.

"Essais de traitement de la schizophrénie par la leucotomie préfrontale", em colaboração com Diogo Furtado, *Annales Médico-Psychologiques*.

"Hémiplégies par thrombose de la carotide interne", em colaboração com Almeida Lima e Ruy de Lacerda, *La Presse Médicale*.

"Idées générales sur l'angiographie cérébrale", *Bolletino dell'Associazione Médica Triestina*.

"La leucotomie pré-frontale. Traitement chirurgical de certaines psychoses", *Schizophrénie*.

"Pre-frontal leucotomy in the treatment of mental disorders", *American Journal of Psychiatry*.

"I principie fisiopatologici della psicochirurgia", *Giornale di Psiquiatria e di Neuropatologia*.

"À propos de l'artériographie de la fosse postérieure. Anomalie de position de l'artère vertébrale occupant la place de la carotide interne", em colaboração com Joaquim Imaginário, *A Medicina Contemporânea*.

"Psychochirurgie", *Der Nervenartz, Portugal Médico*.

"Syndrome de l'hemicône médullaire par hématomyélie", em colaboração com Luís Pacheco, *Revue Neurologique*.

"La technique psychochirurgicale", *Archives Franco-Belges de Chirurgie*.

BIBLIOGRAFIA DE EGAS MONIZ

"Visibilité de la jugulaire interne chez le vivant", *Folia Anatomica Universitatis Conimbrigensis.*

1938 — "Alterações do calibre da comunicante anterior em casos de lesões vasculares do cérebro", *Boletim da Academia das Ciências de Lisboa.*

"Circulation double d'un angiome cérébrale", *Zentralblatt für Neurochirurgie.*

"Clinica della angiografia cerebrale", Torino, I.T.E.R.

"L'hyperostose frontale interne. Étude angiographique d'un cas chez une jeune femme. Syndrome de Morgagni-Stewart-Morel", *Schizofrenie.*

"As más arteriografias cerebrais podem induzir em erros de diagnóstico", *Actas Ciba.*

"Visibilité par contraste des gaines vasculo-nerveuses du cou et leurs prolongements", em colaboração com Luís Pacheco e Joaquim Imaginário, *Imprensa Médica.*

1939 — "Considerações sobre a comunicação do Prof. Wohlwill", *Memórias da Academia das Ciências de Lisboa.*

"Nota sobre algumas expressões neurológicas", *Clínica, Higiene e Hidrologia.*

"Thromboses des artères carotides dans la fièvre typhoïde", em colaboração com Romão Loff e Joaquim Imaginário, *Bulletin de l'Académie de Médecine.*

"Alterações angiográficas nos tumores da porção anterior do corpo caloso", em colaboração com Almeida Lima, *Imprensa Médica.*

"Diagnóstico radiológico das obstruções carotídeas", *Boletim da Sociedade Portuguesa de Radiologia Médica.*

"Os sulcos dos vasos meníngeos nas radiografias podem induzir em erros de localização dos tumores cerebrais", em colaboração com Almeida Lima, *Coimbra Médica.*

"O valor das demonstrações cinematográficas em medicina", *Boletim da Academia das Ciências de Lisboa.*

1941 — "Angiomas profundos do cérebro", em colaboração com Almeida Lima, *Lisboa Médica.*

"Tumores da glândula pineal. Diagnóstico angiográfico", *Actas Españolas de Neurología y Psiquiatría.*

"Visibilidade do seio cavernoso", *Memórias da Academia das Ciências de Lisboa.*

1942 — "Circulação cerebral intermitente", *Imprensa Médica.*

"Angioma venoso do corpo estriado. Síndroma parquinsônico lateralizado", *Imprensa Médica, Memórias da Academia das Ciências de Lisboa.*

EGAS MONIZ – UMA BIOGRAFIA

"Diferenças de opacidades nos aneurismas cerebrais", *Lisboa Médica*.

"Projeção, em arteriografia lateral, da circulação anormal da carótida externa sobre a circulação cerebral", *Lisboa Médica*.

"Sobre a identificação angiográfica das artérias e veias do cérebro", *Folia Anatomica Universitatis Conimbrigensis*.

1943 — "Aspectos angiográficos dos glioblastomas", em colaboração com J. A. Lobo Antunes, *Lisboa Médica*.

"Colesteatomas cerebrais", Memórias da Academia das Ciências de Lisboa, *Lisboa Médica*.

"Diagnostique angiographique des méningiomes de l'arête sphénoïdale", *Schweizerische Medizinische Wochenschrift*.

"Diagnóstico angiográfico dum angioma arteriovenoso cerebral com aneurisma intercalar", *Memórias da Academia das Ciências de Lisboa*.

"Faisceau paracentral parafrontal", *Folia Anatomica Universitatis Conimbrigensis*.

"De la thérapeutique chirurgicale dans la maladie de Parkinson et les états similaires", *Chirurgie Suisse*.

1944 — "Alterações da ampola e veias de Galeno nas dilatações ventriculares", em colaboração com Lídia Manso Preto, *Lisboa Médica*.

"Anciania", *Imprensa Médica*.

"A angiografia cerebral no diagnóstico das espécies tumorais", *Memórias da Academia das Ciências de Lisboa*.

"Angiome de l'angle ponto-cérébelleux", em colaboração com Abel Cancela de Abreu e J. A. Lobo Antunes, *Praxis*.

"Capillaires du cerveau et de la tête. Déductions angiographiques", volume de homenagem ao professor A. Celestino da Costa, *Amatus Lusitanus*.

"No cinquentenário de Brown Séquard", *Jornal do Médico*.

"Novo aspecto angiográfico dos tumores da hipófise", em colaboração com Joaquim Imaginário e Cruz e Silva, *Imprensa Médica*.

1945 — "A geração humana e as doutrinas de Exeter", *Jornal da Sociedade das Ciências Médicas*.

"Os raios Roentgen na neurologia", *Amatus Lusitanus*.

"Exoftalmo unilateral", *Amatus Lusitanus*.

1946 — "As pupilas dos mortos reagem à luz. Um artigo de Sousa Martins", Jornal da Sociedade das Ciências Médicas de Lisboa, *A Medicina Contemporânea*.

BIBLIOGRAFIA DE EGAS MONIZ

1947 — "Aspecto anormal da circulação do seio longitudinal inferior devido a compressão tumoral", *Memórias da Academia das Ciências de Lisboa.*

"Thrombosis of the internal carotid and its branches", apresentado em sessão da Society of British Neurological Surgeons, *A Medicina Contemporânea.*

1948 — "Alocução na inauguração da Sociedade Peninsular de Neurocirurgia", lida em Barcelona, em 1948, pelo professor Almeida Lima, *Conferências Médicas e Literárias*, vol. 4.

"Como consegui realizar a leucotomia pré-frontal", *Jornal do Médico.*

"How I came to perform pre-frontal leucotomy", *Psychosurgery* — 1st International Conference.

"Mein Weg zur Leukotomie", *Deutsche Medizinische Zeitschrift.*

"Trombose da carótida interna de etiologia traumática", *Memórias da Academia das Ciências de Lisboa.*

1949 — "Die präfrontale Leukotomie", *Archiv für Psychiatrie und Nervenkrankheiten.*

1950 — "Sichtbarmachung von Gehirnblutgefässen und Entwicklung der Stirnhirnleukotomie", *Umschau.*

"Conceitos neurológicos em psiquiatria", *A Medicina Contemporânea.*

"Contribuição da escola portuguesa para o futuro da neurocirurgia", oração pronunciada em francês pelo professor Almeida Lima na sessão de abertura das Giornate Mediche Internazionali de Verona, em 20 de julho de 1950, por delegação do professor Egas Moniz, *Conferências Médicas e Literárias*, vol. 5.

1951 — "Angioma arteriovenoso do cérebro", *A Medicina Contemporânea.*

"Carta de Mensagem lida no Brasil — Homenagem aos médicos brasileiros, irmãos pela língua e afinidade racial". Foi levada ao Brasil pelo professor Almeida Lima. *Conferências Médicas e Literárias*, vol. 7.

"Fisiologia do cérebro", *O Instituto.*

"Investigação científica", *Anhembi.*

1953 — "No Congresso Internacional de Neurologia", alocução pronunciada em francês na sessão de abertura do V Congresso Internacional de Neurologia em 7 de setembro de 1953, *Conferências Médicas e Literárias*, vol. 7.

"Sémiologie angiographique des anévrismes, varices et angiomes du cerveau", em colaboração com Miller Guerra, *Rapports du Vème Congrès Neurologique International.*

"Trombose da carótida interna. Visibilidade dos vasos da fossa posterior", Memórias da Academia das Ciências de Lisboa, *A Medicina Contemporânea*.

1954 — "A leucotomia está em causa", Revista Filosófica de Coimbra.

1955 — "Subsídios para a história da angiografia", Anais Azevedos.

Artigos de índole não científica

1904 — "Bases para a criação em Portugal duma lei protetora da primeira infância", Coimbra, *Imprensa da Universidade*.

1916 — "Conferência de arte", Museu Regional de Aveiro, *Empresa Gráfica Universal*.

1920 — "Do valor e da saudade", conferência realizada na inauguração do monumento aos soldados do Concelho de Estarreja mortos na Grande Guerra, edição da Câmara Municipal de Estarreja.

1924 — "Júlio Dinis e a Psicanálise", *A Medicina Contemporânea*.

1925 — "A necrofilia de Camilo Castelo Branco", *In Memoriam de Camilo*.

1928 — "Um discurso na recepção da Academia Brasileira de Letras", *Revista da Academia Brasileira de Letras*.

"Ao mestre José Malhoa", Lisboa, Imprensa Libânio da Silva, edição dos amigos de José Malhoa.

1929 — "O papa João XXI (Petrus Lusitanus, também chamado Petrus Hispanus)", *Biblos*.

"Elogio de Magalhães Lemos", *A Medicina Contemporânea*.

1930 — "Discours prononcé dans la Séance d'ouverture du XIIème Congrès International d'Hydrologie, Climatologie et Géologie Médicale", *A Medicina Contemporânea*.

"Fernando de Magalhães", *A Medicina Contemporânea*.

"Os pintores da loucura", *Arquivo de Medicina Legal*.

1931 — "Professor Magalhães Lemos", *Lisboa Médica*.

1932 — "Dr. Joseph Babinski", *Lisboa Médica*.

1935 — "O padre Faria", comunicação à *Academia das Ciências de Lisboa* em 6 de junho.

1937 — "Belo de Morais", discurso do Prof. Egas Moniz lido pelo Dr. Homem da Cruz em Crato, Alentejo, durante a sessão de homenagem a Belo de Morais.

"Os médicos no teatro Vicentino", *Imprensa Médica*.

1939 — "Psicoses sociais", Boletim da Ordem dos Advogados.

"Ricardo Jorge", *Lisboa Médica*.

1940 — "Algumas palavras", *Memórias da Academia das Ciências de Lisboa* (Classe de Letras).

"Teatro inédito de Gomes Coelho (Júlio Dinis)", *Memórias da Academia das Ciências de Lisboa* (Classe de Letras).

"Transmissão de poderes na Academia das Ciências de Lisboa", sessão de 1º de fevereiro de 1940, discurso do prof. Egas Moniz em resposta a outros proferidos na mesma sessão.

1941 — "À memória do prof. Sobral Cid", *Imprensa Médica*.

1942 — "Belo de Morais", *Jornal do Médico*

"Ottfried Foerster", *Lisboa Médica*.

1943 — "Lavoisier na fisiologia", *Imprensa Médica, As comemorações do 2º Centenário de Lavoisier*, número único da Academia.

"Maurício de Almeida — Escultor (1897-1923)", *Arquivo do Distrito de Aveiro*.

"Por Coimbra — João Francisco de Almada, *In Memoriam*".

1944 — "Última lição", *Portugália Editora*.

1945 — "O abade Faria e o hipnotismo científico", *Boletim da Sociedade de Geografia*.

"Nova fase", artigo de apresentação de *A Medicina Contemporânea*, em continuação da antiga, *A Medicina Contemporânea*.

1947 — "O abade de Baçal", Memórias da Academia das Ciências de Lisboa, *A Medicina Contemporânea*.

"Afrânio Peixoto (Notas biográficas e panegírico)", *A Medicina Contemporânea*.

1948 — "Discurso proferido na sessão conjunta da Academia das Ciências de Lisboa, para a recepção do acadêmico e neurologista norte-americano Walter Freeman, em 31 de julho de 1948", *Boletim da Academia das Ciências de Lisboa. A Medicina Contemporânea*.

"O domínio do delírio e da alucinação", *A Medicina Contemporânea*.

"Ramón y Cajal. Uma doutrina e uma época", *Memórias da Academia das Ciências de Lisboa*.

1949 — "Guerra Junqueiro", *Opúsculo da Empresa de Publicidade do Norte*.

"Thebar de Oliveira", *Anais Azevedos*.

1950 — "Silva Porto", *O Médico*.

"Abel Salazar", palavras enviadas ao professor Ruy Luís Gomes, lidas na sessão de homenagem à memória do professor Abel Salazar em janeiro, *Conferências Médicas e Literárias*, vol. 4.

"Coimbra, nobre cidade", *A Medicina Contemporânea*.

"O poeta João de Deus (Esboço de estudo psicológico)", conferência proferida no Jardim Escola João de Deus, *A Medicina Contemporânea*.

"O primeiro Teatro de Júlio Dantas", Memórias da Academia das Ciências (Classe de Letras), *A Medicina Contemporânea*.

1951 — "Prof. Joachim Friedrich Wohlwill na Academia das Ciências de Lisboa. Considerações sobre a obra do douto professor", *Gazeta Médica Portuguesa*.

"O solitário de Amarante (Homenagem amiga de Egas Moniz)".

1952 — "Algumas palavras de agradecimento", *A Medicina Contemporânea*.

"Los últimos años de Ramón y Cajal", *Folia Clinica Internacional*.

"Sobre uma frase de padre António Vieira", *A Medicina Contemporânea*.

1953 — "Teixeira de Pascoaes", nota biográfica pronunciada na sessão da Classe de Ciências de 15 de janeiro, *Conferências Médicas e Literárias*, vol. 7.

1954 — "Uma entrevista sensacional com o prof. Egas Moniz", *Portugal Ilustrado*.

"A obra social de S. Martinho da Gândara, vista pelo prof. Egas Moniz", 1ª e 2ª edições.

"Palavras de saudação ao acadêmico Sir George Paget Thompson", *Memórias da Academia das Ciências de Lisboa*.

1955 — "Dr. Barbosa de Magalhães — Parlamentar e político", Aveiro, edição do autor.

"A folia e a dor na obra de José Malhoa", conferência realizada na sessão da Academia das Ciências de Lisboa (Classe de Ciências) em 21 de abril.

Publicação póstuma — "António Saúde, grande paisagista", *Egas Moniz — Primeiro Centenário*, publicação do Museu da Ciência e da Técnica.

Prefácios

1928 — Prefácio do livro de Almeida Paiva *Oscar Wilde — pensamentos e paradoxos, traduzidos, coligidos e acompanhados de notas críticas e biográficas*.

1942 — Prólogo intitulado "História das cartas de jogar" ao livro do Dr. José Henriques da Silva, *Tratado do jogo do boston*.

1944 — Prefácio do volume do Dr. Almeida Amaral *O tratamento cirúrgico das doenças mentais*.

1951 — Prólogo do volume de Mattos Pimenta, Mário Yahn e Sette Jr., *Tratamento cirúrgico das moléstias mentais*.

BIBLIOGRAFIA DE EGAS MONIZ

Monografias

1900 — *Alterações anátomo-patológicas na difteria*, Coimbra, Imprensa Médica.

1901 — *Teses de medicina teórica e prática que na Universidade de Coimbra se propõe defender em 8 e 9 de julho de 1901*.
A vida sexual (Fisiologia), 1ª edição, Coimbra.

1902 — *A vida sexual (Patologia)*, 1ª edição, Coimbra.

1913 — *A vida sexual (Fisiologia e patologia)*, junção dos dois volumes, Lisboa.

1917 — *A Neurologia na Guerra*, Lisboa, Livraria Ferreira.

1920 — *Um ano de política*, Rio de Janeiro, Portugal-Brasil Editora, Companhia Editora Americana, Livraria Francisco Alves.

1924 — *Júlio Dinis e a sua obra*, com inéditos do romancista e uma carta-prefácio do professor Ricardo Jorge, Lisboa, Casa Ventura Abrantes.

1925 — *O padre faria na história do hipnotismo*, conferência plenária do primeiro centenário da Régia Escola de Cirurgia de Lisboa, Lisboa, edição da Faculdade de Medicina.

1931 — *Diagnostic des tumeurs cérébrales et épreuve de l'encéphalographie artérielle*, prefácio do Sr. Dr. J. Babinski, Paris, Masson.

1934 — *L'angiographie cérébrale. Ses applications et résultats en anatomie, physiologie et clinique*, Paris, Masson.

1936 — *Tentatives opératoires dans le traitement de certaines psychoses*, Paris, Masson.

1939 — *Die cerebrale Arteriographie und Phlebographie*, Berlim, Springer.

1940 — *Ao lado da medicina*, Lisboa, Livraria Bertrand.

1941 — *Trombosis y otras obstrucciones de las carótidas*, Barcelona, Salvat.

1949 — *Confidências de um investigador científico*, Lisboa, Edições Ática.

1950 — *A nossa casa. Vida de família e dos primeiros anos do autor*, Lisboa, Paulino Ferreira.

Bibliografia selecionada

"A reunião da Society of British Neurological Surgeons", *Med Contemp* 65, 147-164, 1947.

A Sociedade das Ciências Médicas de Lisboa e os seus presidentes (1835-2006), Artur Torres Pereira, Luiz Silveira Botelho e Jorge Soares (eds.), Fundação Oriente, 2006.

AKIL, H., BRENNER, S., KANDEL, E. et al., "The future of psychiatric research: genomes and neural circuits", *Science 327*, 1580-1581, 2010.

ALVES, J. F., "A lei das leis. Notas sobre o contexto da produção da Constituição de 1911", *Revista da Faculdade de Letras*, História III série 7, 169-180, 2006.

AMARAL, D. F., *O Antigo Regime e a Revolução*, Círculo de Leitores, 1995.

AMARAL, I., "Egas Moniz, o homem, as ideias e a época", *Pubs Centenário de Egas Moniz*, vol. II, 241-259, 1978.

ANTUNES, J. A. L., entrevista a Ana Sousa Dias, *Público*, 16-5-1999.

ANTUNES, J. L., "Egas Moniz and cerebral angiography", *J Neurosurg 40*, 427-432, 1974.

_____. "Pedro Almeida Lima", *Surg Neurol* 11, 405-406, 1979.

_____. "Pedro Almeida Lima — fundador da neurocirurgia portuguesa", *J Soc Ciên Méd Lisboa* 150, 119-121, 1986.

_____. "Harvey Cushing e Reinaldo dos Santos", *Um modo de ser*, Gradiva, 1996, 163-172.

_____. "As cartas de Egas Moniz para Almeida Lima", *Um modo de ser*, Gradiva, 1996, 173-201.

_____. "Egas Moniz homem de letras", *Numa cidade feliz*, Gradiva, 1999, 213-223.

_____. "Psicocirurgia — uma história", *Numa cidade feliz*, Gradiva, 1999, 225-248.

EGAS MONIZ – UMA BIOGRAFIA

——. "Egas Moniz hoje", *O eco silencioso*, Gradiva, 2008, 97-109.

——. "Porque o cérebro é diferente", *O eco silencioso*, Gradiva, 2008, 111-132.

BAILEY, P., "The present state of American Neurology", *J Neurop Exp Neurol* 1, 111-117, 1942.

"Barahona Fernandes: um trabalhador apaixonado pelo saber", Exposição ícono-bibliográfica comemorativa do seu centenário, Universidade de Lisboa, 2007.

BARKER, F. G., "Phineas among the phrenologists: the American crowbar case and nineteenth century theories of cerebral localization", *J Neurosurg* 82, 672-682, 1995.

BELCHIOR, M. L., "Egas Moniz — rigor e intuições de homem de letras", *Pubs Centenário de Egas Moniz*, vol. II, 337-342, 1978.

BIVER, F., GOLDMAN, S., FRANÇOIS, A. et al., "Changes in metabolism of cerebral glucose after stereotactic leukotomy for refractory obsessive-compulsive disorder: a case report", *J Neurol Neurosurg and Psychiatry* 58, 502-505, 1995.

BLISS, M., Harvey Cushing. *A life in surgery*, Oxford University Press, 2005.

BOLÉO, J. P., "A geração humana e as doutrinas de Exeter (crítica à conferência do prof. doutor Egas Moniz)", *Ação Médica* 10, 229243, 1945.

BOMBARDA, M., *A consciência e o livre-arbítrio*, Parceria A. M. Pereira, 1898.

——. *A sciencia e o jesuitismo. Réplica a um padre sábio*, Parceria A. M. Pereira, 1900.

BRANCO, M. C., "O legado de Egas Moniz", *Egas Moniz em livre exame*, Ana Leonor Pereira e José Rui Pita (coords.), Minerva, 2000, 127-148.

BRANDÃO, A. S., *A ascendência avancanense do professor Egas Moniz*, ed. do autor, Porto, 2003.

BRANDÃO, R., *Memórias*, t. 1, Relógio d'Água, 1998, 245.

BRIDGES, P. K., Bartlett, J. R., Hale, A. S. et al., "Psychosurgery: stereotactic subcaudate tractomy. An indispensable treatment", *Brit J Psych* 165, 599-611, 1994.

CABRAL, A., *Aspecto literário da obra do professor Egas Moniz. Prêmio Nobel 1950*, Portugália, 1950.

CAEIRO, A., "Elementos sobre a história do seguro de vida em Portugal", *APS Notícias*, ano 1, 1, 2003.

Centenário do Hospital Miguel Bombarda. Antigo Hospital de Rilhafoles, Ed. Hospital Miguel Bombarda, 1948.

BIBLIOGRAFIA SELECIONADA

"Centro de Estudos Egas Moniz — sessão inaugural", Publicações do Instituto de Alta Cultura, 1957.

CERQUEIRA, E., "Uma faceta olvidada de Egas Moniz", *Revista da Secção Filatélica e Numismática do Clube dos Galitos de Aveiro*, ano XIII, 47, 1975.

"Clínica de Egas Moniz de Jacarepaguá", *Med Contemp* 70, 235-246, 1952.

COELHO, A. M., *Egas Moniz. Perfil Político*, Ed. Câmara Municipal de Estarreja, 1999.

COELHO, A. M., "Vivências na intimidade de Egas Moniz", *Egas Moniz em livre exame*, Ana Leonor Pereira e José Rui Pita (coord.), Minerva 2000, 51-65.

COELHO, A. M., *Egas Moniz e o Brasil*, Ed. Câmara Municipal de Estarreja, 2008.

_____. *Egas Moniz, das origens telúricas à celebração internacional*, no prelo, 2010.

COELHO, E., "O sentido da cultura e da investigação científica em Egas Moniz", *Da filosofia da medicina e outros ensaios*, Livraria Luso-Espanhola, Lisboa, 1960.

COELHO, T., *In Illo Tempore*, Portugália Ed., 1902.

COLLIER, J., "The false localizing signs of intracranial tumours", *Brain* 27, 490-508, 1904.

"Comemoração do 80º aniversário de Egas Moniz", *Med Contemp* 72, 573-685, 1954.

CONDE DE AZEVEDO, *O ex-libris do Dr. Egas Moniz*, Livraria Universal de Armando J. Tavares, 1927.

CORREIA, M., "O político na sombra do cientista. Considerações acerca da importância e do alcance de dois enigmas monizianos — o 'periférico' e o 'político'", *Vértice* 119, 57-74, 2004.

_____. "Egas Moniz. Imagens e representações", *Estudo do Século XX*, 5, 65-82, 2005.

_____. "Egas Moniz: o político na sombra do cientista. Liberal ou conservador? Investigador científico e místico da objectividade", *Vértice* 123, 20-38, 2005.

_____. "Egas Moniz e a leucotomia pré-frontal: ao largo da polêmica", *Análise Social* 41, 1197-1213, 2006.

_____. "Egas Moniz e o Prêmio Nobel," Imprensa da Universidade de Coimbra, 2006.

_____. "O carácter histórico-social da violência: o exemplo da psicocirurgia", J Hist Ideias 27, 511-527, 2006.

COSTA, J. C., "Reynaldo dos Santos. Personalidade singular 1880-1980", *J Soc Ciên Méd Lisboa* 145, 249-265, 1981.

———. "Pulido Valente e a educação médica", *Bolet Facul Med de Lisboa*, Julho de 1985.

———. "Almeida Lima, um tributo", *J Soc Ciên Méd Lisboa* 150, 128-129, 1986.

———. *Um certo conceito da medicina*, Gradiva, 2001.

COSTA, N., "Catamnèse de 197 leucotomies", *An Port Psiq* 9, 1-66, 1957.

COSYNS, P., CAEMAERT, J., HAAIJMAN, W. et al., "Functional stereotactic neurosurgery for psychiatric disorders: an experience in Belgium and the Netherlands", *Adv Tech Stand Neurosurg* 21, 241-279, 1994.

CRITCHLEY, M. D., "Frontal lobe syndromes", *Publ Centenário de Egas Moniz*, vol. I, 139-143, 1977.

———. "Unkind cuts", *New York Review of Books*, 24.4.1986.

CUNHA-OLIVEIRA, J., PEDROSA, A., "Quando da etherea gávea um marinheiro", *Egas Moniz em livre exame*, Ana Leonor Pereira e José Rui Pita (coords.), Minerva, 2000, 177-219.

CUSHING, H., *From a surgeon's journal*, Little, Brown, and Co, 1936.

DAMÁSIO, A. R., "Egas Moniz pioneer of angiography and leucotomy", *The Mount Sinai J of Med* 12, 502-513, 1975.

DAMÁSIO, H., GRABOWSKI, T., FRANK, R., et al., "The return of Phineas Gage: clues about the brain from the skull of a famous patient", *Science* 264, 1102-1105, 1994.

EL-HAI, Jack, *The lobotomist: A maverick medical genius and his tragic quest to rid the world of mental illness*, John Wiley & Sons, 2005.

Estratégia portuguesa na Conferência de Paz. 1918-1919. As Actas da Delegação Portuguesa, pesquisa e introdução de Duarte Ivo Cruz, Fundação Luso-Americana, 2009.

FERNANDES, B., "Prof. Pedro d'Almeida Lima", *Bol Acad Ciências de Lisboa*, vol. 31, jan.-fev. de 1959.

———. "Egas Moniz, cientista, criador e homem social", *Pubs Centenário de Egas Moniz*, vol. II, 147-175, 1979.

———. Egas Moniz, *Pioneiro de descobrimentos médicos*, Biblioteca Breve, 1993.

FERREIRA, A. S., "Egas Moniz e o Instituto de Anatomia Normal da Faculdade de Medicina de Lisboa", *O Médico* 73, 633-637, 1974.

BIBLIOGRAFIA SELECIONADA

FERREIRA, D. B., *Estarreja. Cidade município*, Câmara Municipal de Estarreja, 2009.

FINS, J. J., REZAI, A., GREENBERG, B. D., "Psychosurgery: avoiding an ethical redux while advancing a therapeutic future", *Neurosurg* 59, 713-716, 2006.

FLORES, A., "O professor Egas Moniz e a sua obra", *Semana Med* 10, 2122, 1944.

FONSECA, G., "Recado carioca", *Folha da Manhã*, São Paulo, 3-7-1951.

FOX, W. L., *Dandy of Johns Hopkins*, William & Wilkins, 1984.

FRAENKEL, G. J., *Hugh Cairns. First Nuffield professor of surgery*, University of Oxford, Oxford University Press, 1991.

FREITAS, D. G., "O estudante coimbrão Egas Moniz", *Pubs Centenário de Egas Moniz*, vol. II, 207-219, 1978.

FULTON, J. F., "Functional localization in relation to frontal lobotomy", *The William Withering Memorial Lectures*, Oxford University Press, 1949.

GARNEL, M. R. L., "Médicos e saúde pública no Parlamento republicano, respublica: cidadania e representação política em Portugal, 1820-1926", Fernando Catroga e Pedro Tavares de Almeida (coords.), Assembleia da República, Biblioteca Nacional de Portugal, 2010.

GASPAR, J. G., "Egas Moniz e a Igreja Católica", *Aveiro e o seu Distrito* 10, dezembro de 1970.

GAVIRIA, M., ADE, B., "What functional neurosurgery can offer to psychiatric patients: a neuropsychiatric perspective", *Surg Neurol* 71, 337-343, 2009.

GREENBLATT, S. H., "Phrenology in the Science and Culture of the 19th century", *Neurosurg* 37, 790-805, 1995.

GREENBLATT, S. H., "Cerebral localization: from theory to practice. Paul Broca and Hughlings Jackson to David Ferrier and William Macewen", *A history of neurosurgery*, GREENBLATT, S. H. (ed.), AANS, 1997, 137-152.

———. SMITH, D. C., "The emergence of Cushing's leadership: 1901-1920", *A history of neurosurgery*, GREENBLATT, S. H. (org.), AANS, 1997, 167-190.

GUERRA, M., "O primeiro tumor medular diagnosticado e operado em Portugal", *Semana Med* 32, 6-12, 1959.

———. "Os primeiros passos na clínica de há 70 anos descritos por Romão Loff", *Acta Med Port* 4, 379-380, 1983.

HELLER, A. C., AMAR, A. P., LIU, C. Y. et al., "Surgery of the mind and mood: a mosaic of issues in time and evolution", *Neurosurg* 59, 720-749, 2006.

HENRIQUES, M. et al., *Dossier regicídio. O processo desaparecido*, SIG, 2008.

HORWITZ, N., "Library: Historical perspective. John F. Fulton", *Neurosurg* 43, 178-184, 1998.

HOY, P., SACHDEV, P., CUMMING, S. et al., "Treatment of obsessive-compulsive disorder by psychosurgery", *Acta Psychiat Scand* 87, 197-207, 1993.

JANSSON, B., *Controversial psychosurgery resulted in a Nobel Prize*, http:// nobelprize°rg/nobel_prizes/medicine/laureates/1949/monizarticle.html.

JEFFERSON, G., "Professor Egas Moniz", *The Lancet* 31, 1397, 1955.

———. "Memoires of Hugh Cairns", *J Neurol Neurosurg Psych* 22, 155-166, 1959.

JOANETTE, Y., STEMMER, B., ASSAL, G. et al., "From theory to practice: the unconventional contribution of Gottlieb Burckhardt to Psychosurgery", *Brain and Language* 45, 572-587, 1993.

JUDT, T., *Postwar. A history of Europe since 1945*, Heinemann, 2005.

KIHLSTROM, K. M., GUO, W. Y., LINDQUIST, C., et al., "Radiobiology of radiosurgery for refractory anxiety disorders", *Neurosurg* 36, 294302, 1995.

KULISEVSKY, J., BERTHRIER, M. C., AVILA, A., "Longitudinal evolution of prefrontal leucotomy in Tourette's syndrome", *Mov Disord* 10, 345348, 1995.

LEITÃO, J., "Egas Moniz, escritor", *Mem Acad Ciên de Lisboa*, t. III, 1940.

LEMOS, M. M., "Egas Moniz 'desnobelizado'", *O Público*, 17-11-2004.

LERNER, B. H., "Last-ditch medical therapy — revisiting lobotomy", *N Engl J Med* 353, 119-120, 2005.

LICHTERMAN, B. L., "On the history of psychosurgery in Russia", *Acta Neurochir* 125, 1-4, 1993.

LIGHTMAN, A., "A sense of the myterius", *Daedalus*, outono de 2003.

LIGON, B. L., "The mistery of angiography and the 'unawarded' Nobel prize: Egas Moniz and Hans Christian Jacobaeus", *Neurosurg* 43: 602-611, 1998.

LIMA, P. A., "Harvey Cushing", *Lisboa Médica* 17, 752-760, 1940.

———. "Discurso de recepção a Walter Freeman em 31.7.1944", *Bol Acad Cienc Lisboa*, jun.-jul. de 1948.

———. *Cerebral angiography*, Oxford University Press, 1950.

———. "O 'Bromo'", *Semana Médica* 8, 406, 1967.

———. *Egas Moniz. O homem, a obra, o exemplo*, Câmara Municipal de Lisboa, 1975.

———. *Egas Moniz, o homem, a obra, o exemplo*, Pubs Centenário de Egas Moniz, vol. II, 398-417, 1978.

BIBLIOGRAFIA SELECIONADA

LIMA, P. A., PRETO, L. M., "A anestesia em neurocirurgia", *Lisboa Médica* 14, 323-359, 1937.

LYONS, A., "The crucible years 1880 to 1900: Mcewen to Cushing", *A history of neurosurgery*, GREENBLATT (ed.), AANS, 1997, 153-166.

MACHADO. F., "Ouvindo o professor Dr. Egas Moniz", *Rev. Internacional* 15-12-1949.

MADAHIL, A. G. R., "Instituição da Fundação Egas Moniz e da sua Casa-Museu em Avanca", *Arquivo Distrital de Aveiro*, vol. 32, 1966.

MAGALHÃES, A. J., "Miguel Bombarda e Fernandes Santana", *As grandes polêmicas portuguesas*, direção literária de Artur Anselmo, Ed. Verbo, 1964, 53-73.

MAGALHÃES, J. R., *Tranquilidade — história de uma companhia de seguros*, Ed. Companhia de Seguros Tranquilidade, 1997.

MALLET, L., POLSAN, M., JAAFARI, N et al., "Subthalamic nucleus stimulation in severe obsessive-compulsive disorder", *N Engl J Med* 359, 2121-2134, 2008.

MALPIQUE, C., "Egas Moniz. Um paradigma como professor-investigador universitário. Considerações marginais", *Arquivo Distrital de Aveiro*, vol. 35, 1969.

MARQUES, A. H. O., *História de Portugal. Das revoluções liberais aos nossos dias*, vol. III, Ed. Presença, 1998, 280-372.

MARTINS, E., *De Colégio de S. Fiel a reformatório (séculos XIX-XX). Contributos à (re)educação em Portugal*, Instituto Politécnico de Castelo Branco.

MARTINS, R., *João Franco e o seu tempo*, Ed. Acta, 1928.

MATTOSO, J., *D. Afonso Henriques*, Círculo de Leitores, 2006.

MILHEIRO, J., "Contributos de Egas Moniz para a psiquiatria e para a psicanálise", *Egas Moniz em livre exame*, Ana Leonor Pereira e José Rui Pita (coord.), Minerva, 2000, 165-174.

MORBEK, E., PEREIRINHA, F., "A presença (in)discreta da psicanálise em Portugal", *Afreudite*, ano II, 3/4, 2006.

MOREIRA, T., "Translation, difference and ontological fluidity: cerebral angiography and neurosurgical practice (1926-1945)", *Social Studies of Science* 30, 421-446, 2000.

MOURA, F., "Egas Moniz — o investigador e o homem no polimorfismo dos seus interesses intelectuais e humanos", *1º Centenário do Nascimento de Egas Moniz*, 3 Panegíricos, Ed. Junta Distrital de Aveiro, 1975, 37-57.

EGAS MONIZ – UMA BIOGRAFIA

NAVARRO, A. R., "Júlio Dinis revisitado: uma homenagem de Egas Moniz", *Homenagens: des(a)fiando discursos*, Universidade Aberta, 2005, 495-501.

Nestlé Notícias nº 5, outubro de 1986.

"Neurosurgical giants: feet of clay and iron", BUCY, P. C., (eds.) Elsevier, 1985.

Número dedicado à angiografia cerebral, *Lisboa Médica* vol. 14, 12, 1937, 153-166.

PAIXÃO, B., "Egas Moniz nas Letras," *Pubs Centenário de Egas Moniz*, vol. II, 177-194, 1978.

PARANHOS, S., "A neurocirurgia em Portugal. Sua criação, desenvolvimento e autonomia como especialidade", Sociedade Portuguesa de Neurocirurgia, 2000.

PEIRONE, F. J., "Três cartas inéditas de Egas Moniz ao poeta Afonso Lopes Vieira", *Med Contemp* 74, 579-582, 1956.

PERDIGÃO, J. A., "O doutor António Caetano de Abreu Freire Egas Moniz, amador de arte", *Pubs Centenário de Egas Moniz*, vol. II, 283-299, 1978.

PEREIRA, A. L., PITA, J. R., RODRIGUES, R. M., *Retrato de Egas Moniz*, Círculo de Leitores, 1999.

PEREIRA, J. M., "O início da leucotomia em Portugal e a querela entre Egas Moniz e Sobral Cid", *Egas Moniz em livre exame*, Ana Leonor Pereira e José Rui Pita (coord.), Minerva, 2000, 151-161.

PERES, D., *História de Portugal*, Suplemento, Portucalense Editora, 1954.

PESSOA, F., *Escritos sobre gênio e loucura*, organização de Jerónimo Pizarro, Imprensa Nacional-Casa da Moeda, 2006.

PHILIPPON, J., POIRIER, J., *Joseph Babinski. A biography*, Oxford University Press, 2009.

PINTO, A., *Cirurgia dos tumores intracranianos*, Oficinas Gráficas, 1932.

PINTO, F., *Contribuição para a história das ciências neurológicas em Portugal* (III) *Neuronotícias, Bol Soc Port Neurol*, ano 3, 4, 1992.

PITA, J. R., "Egas Moniz nos selos portugueses: o homem, o universitário e o cientista", *Cábula Filatélica* 14, 24-27, 1998.

PIZARRO, J., *Fernando Pessoa: entre gênio e loucura*, Imprensa Nacional-Casa da Moeda, 2007.

PRESSMAN, J. D., *Last resort. Psychosurgery and the limits of medicine*, Cambridge University Press, 1998.

QUEIROZ, M. V., *História da gota e de gotosos famosos*, Lidel, 2010.

RAMOS, A., *Egas Moniz, criador da radiologia, centenário de Egas Moniz*, vol. II, 107-129, 1978.

BIBLIOGRAFIA SELECIONADA

RAMOS, R., "A cultura republicana", *História de Portugal*, Mattoso, J. (org.), *A Segunda Fundação*, vol. 6, 1994, 401-517.

———. *D. Carlos*, Círculo de Leitores, 2006.

RASTEIRO, A., "Egas Moniz — pupilas e queratoplaxias", 1946, *Egas Moniz em livre exame*, Ana Leonor Pereira e José Rui Pita (coord.), Minerva, 2000, 331-341.

REGO, A., *Egas Moniz visto por um condiscípulo*, Tip. Gráfica de Coimbra, 1939.

REIS, A., *Raul Proença. Biografia de um intelectual político republicano*, Imprensa Nacional-Casa da Moeda, 2003.

RODRIGUES, R. M., "Egas Moniz. O encontro espiritual com o belo", *Egas Moniz em livre exame*, Ana Leonor Pereira e José Rui Pita (coords.), Minerva, 2000, 323-327.

SÁ, V., "A personalidade política de Egas Moniz", *1º Centenário do Nascimento de Egas Moniz*, 3 Panegíricos, Junta Distrital de Aveiro, 1975, 9-22.

SACKS, O., *An anthropologist on Mars*, Vintage Books, 1995.

SALAZAR, A., "96 cartas a Celestino da Costa", Coimbra, A. (organização, introdução e notas), Gradiva, 2006.

SALDANHA, A., "Egas Moniz. O cientista e o homem", *Pubs Centenário de Egas Moniz*, vol. II, 131-136, 1978.

SAMARA, M. A., TAVARES, R., *O regicídio*, Tinta da China, 2008.

SANTOS, J. C., "Aortografia e angiografia dos membros", *Centenário de Egas Moniz*, vol. II, 265-273, 1978.

SEABRA, J., "A 'Lei da Separação' de 1911", *Communio* 27, 28-32, 2010.

SERRÃO, J. V., *História de Portugal*, vol. x, 1890-1910, Verbo, 1988.

———. *História de Portugal*, vol. xi, 1910-1926, Verbo, 1989.

"Sessão solene de homenagem ao prof. Egas Moniz", *J Soc Cienc Med Lisboa*, 114, 1-41, 1950.

SICARD, J. A., FORESTIER, J., "Méthode radiographique d'exploration de la cavité epidurale par le lipiodol", *Rev Neurol* 28, 1264-1266, 1921.

SILVA, A. R. M., "Egas Moniz e a política. Notas avulsas para uma biografia indiscreta", *Egas Moniz em livre exame*, Ana Leonor Pereira e João Rui Pita (coords.), Minerva, 2000, 237-311.

SILVA, M., "Egas Moniz, político e diplomata", *Domingo*, 18-8, 1974.

SOUSA, A. T., *Egas Moniz, escolar e doutor da Universidade de Coimbra*, Museu Nacional da Ciência e da Técnica 4, 5-40, 1974.

EGAS MONIZ – UMA BIOGRAFIA

SPANGLER, W. J., COSGROVE, G. R., BALLANTINE, H. T., JR., "Magnetic ressonance image-guided stereotactic cingulotomy for intractable psychiatric disease", *Neurosurg* 38, 1071-1078, 1996.

SWAYZE, V. W., "Frontal leukotomy and related psychosurgical procedures in the era before antipsychotic drugs (1935-1954): a historical overview", *Amer J Psych* 152, 505-515, 1995.

TAJU, T. N. K., "The Nobel chronicles", *The Lancet* 353, 1281, 1999.

TAVARES, A. S., "Os métodos angiográficos na investigação experimental", *Centenário de Egas Moniz*, vol. II, 63-106, 1978.

"Uma homenagem de Castelo de Vide ao prof. António Flores", *Terra Alta*, 60, 13-4-1958.

VALENSTEIN, E. S., *Great and desperate cures*, Basic Books, 1986.

_____. "History of psychosurgery", *A history of neurosurgery*, Greenblat, S. H., AANS, 1997, 499-516.

VALENTE, F. P., *In memoriam — Francisco Pulido Valente (1884-1963)*, Imp. Nacional-Casa da Moeda, 2008, 2ª ed.

_____.*O poder e o povo. A Revolução de 1910*, Moraes Editores, 2ª ed., 1982.

_____. *A República Velha (1910-1917)*, Gradiva, 1997.

WALKER, A. E., "The historical setting for the advent of psychosurgery", *Pubs Centenário de Egas Moniz*, vol. I, 145-156, 1977.

YAHN, M., PIMENTA, A. M., SETTE, JR. A., *Tratamento cirúrgico das moléstias mentais (leucotomia)*, São Paulo, 1951.

Índice de autores

ALMEIDA, António José de, 58-61, 63, 65, 66, 69, 73, 75, 77, 78, 84, 94, 105

ALPOIM, José Maria de, 29, 46, 47n, 56-58, 60, 61, 62n, 64, 69, 70, 74, 75, 78, 79, 113

AMARAL, Diogo Freitas do, 81n

AMARAL, Ferreira do, 33n, 62-64

ANTUNES, João Alfredo Lobo, 12, 99, 154, 171, 181n, 225, 255, 259, 263, 285

ARAÚJO, Norberto de, 228

BABINSKI, Joseph, 50, 51, 98, 99, 104, 112, 133, 134, 142, 143, 181, 239, 275, 302, 305

BAILEY, Percival, 221, 223

BECHTEREW, Vladimir, 177, 184

BELCHIOR, Maria de Lourdes, 104, 107

BESSA-LUÍS, Agustina, 67n

BIGELOW, Henry J., 179

BOMBARDA, Miguel, 33, 64-66, 71, 73, 201, 213, 214, 216, 243

BORGES, António França, 60, 61, 64

BOSWELL, James, 20

BRAGA, Alexandre, 59, 60

BRANDÃO, Raul, 54, 58n

BRICKNER, Richard M., 187, 191

BROCA, Paul, 119-122, 177

BULLARD, Dexter, 193

BURCKHARDT, Gottlieb, 176, 177

CAJAL, Ramón y, 16, 138, 159, 182, 221, 257, 258

CALDAS, Pereira, 143-145

CAMACHO, Manuel de Brito, 59, 63, 64, 66, 69, 75, 77, 82, 86, 96

CASTRO, Eugénio de, 41, 140, 245

CASTRO, João de Canto e, 87, 89

CASTRO, José Luciano de, 30, 41, 46, 55, 57, 58, 64, 69

CEREJEIRA, Gonçalves, 41

CHARBONNEL, 143

CHARCOT, Jean-Martin, 50n, 51, 98, 99, 103-105, 112, 181

CHATEAUBRIAND, François-René, 107, 113, 142

CID, José de Matos Sobral, 14n, 49, 66, 77, 180, 188, 202, 204, 205, 208, 209, 216, 303

CLAUDE, Henry, 183, 191

COELHO, Álvaro Macieira, 203

COELHO, António Macieira, 7, 19, 45, 64, 67, 68, 71, 73, 74, 88, 95, 114, 252

COELHO, Eduardo, 14, 19, 101, 108, 127, 132, 140, 172n, 174, 186, 213, 215, 219, 263, 267

COELHO, Eduardo Macieira, 95, 96, 203n

COELHO, José Trindade, 39n, 42

COLLIER, James, 121

CORREIA, Manuel, 233n, 254, 255, 276

CORREIA, Maximino, 51, 245

COSTA, Afonso, 39, 55, 58-65, 67-73, 75, 77-79, 81, 83, 86-90, 251, 255

COSTA, Augusto Celestino da, 163, 165, 208, 230, 238, 260

COSTA, Jaime Celestino da, 138, 170, 172

CRITCHLEY, MacDonald, 268, 275

CRUZ, Duarte Ivo, 86, 89

CUSHING, Harvey, 98, 122-126, 141n, 148n, 150, 157, 159, 160, 161, 163-167, 169, 171, 184, 221n, 229

DAMÁSIO, António, 180, 275

DAMÁSIO, Hanna, 180

DANDY, Walter E., 124-126, 148-150, 160, 164, 171, 172, 187, 191, 235-237

DAVID, Marcel, 191

DEJERINE, Jules, 50, 98

DELBRUCK, Max, 17

DEUS, João de, 108, 113, 224, 245, 247, 248, 304

DIAS, Ana Sousa, 181n, 307

DIAS, Arnaldo de Almeida, 100n, 131n, 132, 140, 143, 224, 249n, 289, 297

DINIS, Júlio, 19, 27, 104-106, 113, 219, 230, 302, 303

DOTT, Norman Mcomish, 141, 145, 150, 166, 280

DUCOSTÉ, M., 178

DUMAS, Alexandre, 107

EL-HAI, Jack, 192, 193, 274, 310

FERNANDES, Barahona, 14, 16, 19, 26, 27, 54, 100, 165, 173, 189, 190, 197, 199, 202, 238, 243, 249, 267n, 308

FERRIER, David, 121, 122, 180, 310, 311

FLORES, António, 13, 99, 100, 153, 159, 161, 170, 176, 217, 223, 224, 238, 243, 249, 258, 316

FOERSTER, Ottfried, 146n, 153, 154, 171, 217, 223, 229, 303

FRACOSTORO, Girolamo, 184

FRANCO, João, 55, 57-62, 97, 313

FREEMAN, Walter J., 123n, 146, 151, 186, 192, 193, 197, 203, 237, 266, 272, 278, 279, 303

FREUD, Sigmund, 48, 99, 105, 181

FRITSCH, Gustav, 121

FULTON, John Farquhar, 126, 146, 184

ÍNDICE DOS AUTORES

FURTADO, Diogo, 200, 251, 259, 295, 296, 298

GAGE, Lyle, 153
GALL, Franz Joseph, 120
GARNEL, Rita, 8, 65

HALSTED, William Stewart, 123-125
HARLOW, John, 179
HERCULANO, Alexandre, 21
HITZIG, Eduard, 121
HOLMES, Oliver Wendell, 125
HORTA, Jorge, 144
JACOBI, Walter, 141, 146, 147, 223, 235
JEFFERSON, Geoffrey, 123, 148, 150, 152, 187, 229, 266
JOÃO XXI, 107, 218, 302
JOHNSON, Christine, 276
JORGE, Ricardo Almeida, 105n, 210, 219, 230, 250, 266, 267
JR., Sette, 257, 304

KEEN, W. W., 123, 193
KRAFFT-EBING, Richard von, 48
KRAUSE, Fédor, 147n, 159
KROHN, Monrad, 228

LABORIE, Bruneau de, 75
LAMAS, Augusto, 143, 144, 214, 215
LEITÃO, Joaquim, 78, 218, 239n
LEONE, José, 90n
LERNER, Barron H., 278
LEWIS, Dean, 149
LIGHTMAN, Allan, 119
LIMA, Joaquim Espírito Santo, 94

LIMA, Pedro de Almeida, 11, 77, 126-128, 162, 174, 241, 307
LÖHR, Wilhelm, 124, 141, 146-148, 151, 223, 235

MADUREIRA, Alberto, 81
MADUREIRA, Joaquim, 67n
MAFRA, Aprígio, 228
MAGALHÃES, Alfredo, 21, 82
MAIRET, Albert, 177
MALPIQUE, Manuel da Cruz, 69, 313
MARTINEZ, Pedro Soares, 69
MARTINS, Rita, 82
MARTINS, Rocha, 58, 61-62
MASSÉ, 143
MATOS, Lourenço de, 33n
MATTOSO, José, 24n
MEYER, Adolf, 194
MILHEIRO, Jaime, 181n
MONCADA, Luís Cabral, 31
MOTA, Cayolla da, 144

NORTHFIELD, Douglas, 150, 151

OLIVECRONA, Herbert, 126, 141, 148, 150, 167, 228, 236, 237, 240, 250

PACHECO, Zeferino Cândido Falcão de, 51n
PAIVA, Almeida, 45n, 304
PASCOAES, Teixeira de, 27, 112, 254, 304
PEIXOTO, Afrânio, 105, 303
PENFIELD, Wilder, 151, 157, 187
PEREIRA, Acúrcio, 228

PEREIRA, Ana Leonor, 19, 308-310, 313-315
PERES, Damião, 91
PESSOA, Fernando, 30, 95, 96, 113
PIMENTA, Matos, 257
PINTO, Amândio, 132, 140, 143, 152, 158-163, 166
PITA, João Reis, 42, 109
PITRES, Albert, 50, 112
PRESSMAN, Jack, 187, 196, 271
PRETO, Lídia Manso, 170, 173
PROENÇA, Raul, 273, 274
PUUSEPP, Ludvig, 177, 178

RAMOS, Rui, 7, 54, 56, 59, 62n, 64-66, 71, 72n
RAPOSO, Pedro António Bettencourt, 184, 233, 234
RASTEIRO, A., 90
REGO, Alberto, 38, 40, 41, 47n, 51, 115, 133, 217
RIOCH, David, 196
RODRIGUES, Rosa Maria, 7, 19, 20, 267
ROSA, João Pereira da, 158, 228

SÁ-CARNEIRO, Mário de, 95, 97
SACKS, Oliver, 275
SANTANA, Manuel Fernandes, 33
SANTOS, Reinaldo dos, 19, 137, 143, 144, 148, 159, 169, 218, 222, 235

SEABRA, João, 72
SÉRGIO, António, 27, 256
SILVA, Armando B. Malheiro da, 19, 65, 67, 68
SILVA, José Henriques da, 110, 219, 304
SILVA, Luciano Pereira da, 37
SOUSA, Tavares de, 38, 47, 50, 52
SPURZHEIM, Johann, 120
STRACHEY, Giles Lytton, 20

TAVARES, Joaquim Silva, 33
TEZAR, George, 278
TÖNNIS, Wilhelm, 141, 147, 151, 167

VALENSTEIN, Elliot, 178, 274
VALENTE, Joaquim, 107
VALENTE, Vasco Pulido, 14n, 55, 65, 70, 72, 86, 138, 151, 169, 170, 173, 230, 254
VIEIRA, Afonso Lopes, 40, 43, 46
VINCENT, Clovis, 102, 134, 142, 157, 167, 168, 191

WAGNER-JAUREGG, Julius, 178
WALSH, Frank B., 150
WERNICKE, Karl, 177

YAHN, Mário, 239, 257, 304

ZOLA, Émile, 40, 57

O texto deste livro foi composto em Sabon,
desenho tipográfico de Jan Tschichold de 1964
baseado nos estudos de Claude Garamond e
Jacques Sabon no século XVI, em corpo 11/15.
Para títulos e destaques, foi utilizada a tipografia
Frutiger, desenhada por Adrian Frutiger em 1975.

A impressão se deu sobre papel off-white
pelo Sistema Cameron da Divisão Gráfica
da Distribuidora Record.